歷史深處有暗角

中國現代名人訪談錄

向繼東 著

【序】

丁東

向繼東要出版新書，邀我作序，我欣然從命。

我和向繼東相識已經十八年了。一九九四年，我在《黃河》雜誌上發表了一篇文章，編輯謝泳轉我一信，說他是《湘聲報》編輯向繼東，希望和我建立聯繫，向我約稿，接著又打來電話，說報紙要辦一個「文化人物」版，突出思想性，希望我給他一篇談顧准的稿子。其他不好發的稿子，也可以給他。於是，我寄去了一批稿子，其中好幾篇是被別的報刊槍斃的稿件，果然在他的版面上一一登出來。寫文章是為著感應時代的神經，不是為藏之名山，傳之後世。只有發得出去，才能刺激思考的衝動。當時我等一般人還沒有進入互聯網，文章能有報紙發表，對繼續表達是很大的激勵。我和向繼東雖未見面，便已神交。後來，他到北京組稿，得以見面。我才知道，他是土家族，大學畢業後在當地工作多年，不惑之年才移居長沙，到《湘聲報》供職。他編的雖然只是地方報紙的副刊，品味卻相當高，幾乎每期都有名家亮相，經常提出一些新鮮的話題。朱正戲言，這個版面不是「地方軍」，而是「中央軍」。傅國湧也撰寫長文，從百年文化史的高度評述這個副刊的追求。但我知道，向繼東維持這個副刊的品質很不容易。報紙稿費不高，各路名家供稿，都是因為向繼東誠意的感召。

除了編副刊，他還編書。影響最大的是在廣東人民出版社出版的《新史學叢書》。這套叢書已經出版二十餘種，在內地讀者中口碑甚佳。中國大陸的出版環境是，越是能夠說出真相的史學著作越不容易出版。向繼東知其不可為而為之，鍥而不捨地與出版社周旋、磨合，終於推出了一批又一批敢說真話的史著。比如已故史學家高華，早已在知識界名聞遐邇，但在大陸就是出不了書。向繼東主持《新史學叢書》，幫助高華在大陸實現了零的突破，總算出了一本名為《革命年代》的文集。

向繼東編輯工作名聲越來越大，在文壇人脈越來越廣，於是有出版社請他主編一年一度的專題年選。先是編「雜文精選」，這倒不是向繼東的首創，但他又提出編「文史年選」和「民間記事年選」，這兩個品種是向繼東的首創。新的品種，更能反映時代的脈搏。向繼東雖然不在出版社供職，但他的成就早在許多專業出版家之上。

向繼東不但是個不懈追求的編輯，還是一個頗具學術眼光的記者。這本《歷史深處有暗角》，就是極好的體現。他在長沙供職，從地理條件上說，並不是很有利。長沙雖然也有一些有份量的人物，如本書展示的楊第甫，但放到更大的格局中比較，畢竟有明顯的局限。於是，他就儘量捕捉和把握機會。以本書份量最重的第一篇為例，就是趁閻長貴先生路經長沙時作的採訪。我和閻長貴先生也很熟悉。他既是親歷過高層政治漩渦的歷史當事人，又是清醒的歷史研究者，他和王廣宇合著的《問史求信集》一經問世，就得到了史學界高度評價。這樣的採訪對象在中國大陸可謂鳳毛麟角。向繼東對閻長貴作長篇採訪，算是找對了人。中共高層的行為方式、人際關係和心理氛圍，是一個巨大的黑箱，公眾沒有機會看見裏面的真面目。檔案又不解密，於是一些似是而非、以訛傳訛的說法不脛而走，流行開來。閻長貴的口述不但澄清了真相，而且提供了許多歷史不曾記載的細節，其史學價值自然非同一般。此外，與楊小凱的對話，對龔育之的回憶等，亦有獨特的價值。

對武文俊的挖掘，是向繼東對當代史學的另一貢獻。武文俊和向繼東是溆浦同鄉，原來是一個農村教師。一九七六年上書中央，提出十條改革建議，一九七七年卻被判處死刑，是那個年代一樁重要的文字獄。一九八〇年代初家屬再三申訴，法院承認錯殺，但只給家屬補償了八百元人民幣。這件事本來已經被湮沒。但向繼東想方設法，查到武文俊冤案的原始檔案，寫成文章，為中國當代史增添了不可磨滅的一頁。

王躍文的長篇小說《國畫》裏有一個記者曾俚，是一位在社會風氣普遍沉淪的年代裏，仍然執著於理想的君子，其原型正是向繼東。王躍文和向繼東是朋友，他把向繼東寫進了自己的小說。這部作品已經成為中國政治小說的里程碑。向繼東的精神追求，也不該被浮躁的時代所掩埋。

二〇一二年八月十一日於北京香堂村

目次

其人其事

書裡書外

人在江湖

江青秘書談江青
——閻長貴訪談錄

閻長貴，山東聊城人。生於一九三七年二月，一九六一年中國人民大學哲學系畢業後分配到《紅旗》雜誌（今《求是》雜誌），隨後參加過「哲學反修寫作小組」及北京通縣「四清」等工作。一九六七年七月至一九六八年一月任江青機要秘書，後被江青投入秦城監獄近八年。一九七五年五月流放湖南西洞庭農場勞動和工作近五年。一九七九年九月平反，次年三月調回《紅旗》雜誌，著有《閻長貴學術文集》等。一九九八年退休後，主要從事文革回憶和研究。二〇〇八年十一月，閻長貴重回湖南西洞庭農場看望老友，之後轉道長沙訪友。在湖南省社科院研究員王興國家，筆者採訪了閻長貴先生。

閻長貴先生

上篇 廟堂與地獄

進入《紅旗》，師從關鋒

向繼東（以下簡稱向）：閻老您好！先談談你是怎樣去《紅旗》的吧。

閻長貴（以下簡稱閻）：我是一九六一年夏中國人民大學哲學系畢業後分去的。至於怎麼分去的，我不知道。那時我們的心態是「黨和祖國的需要就是我的志願」，一切聽從黨安排。

向：完全是組織的安排？

閻：是的。直到二十多年後，我問當時負責我們畢業分配的人，他的回答竟使我大吃一驚。

向：為什麼？

閻：一九八三年春，我和大學同班同學、班黨支部書記李冠英一起到讀書時的副系主任、黨總支書記齊一老師（時任中國社會科學院哲學研究所黨委書記）家去看望他。一進門，齊一就說：「我把你們兩個都送到火坑裡去了！」齊一說的「你們兩個」，並不是我和李冠英，而是我和李春生。李春生是我的系友，比我晚一年畢業，分配到解放軍政治學院，後調任林彪的學習秘書。林彪事件後，他受到好幾年審查。齊一看到我吃驚，就向我解釋說，你們的分配都是我做的。接著問我：「你知道你是怎樣分到《紅旗》去的嗎？」我說不知道，也確實不知道。

向：齊一是怎麼說的？

閻：他說，一九六一年夏的一天，康生辦公室給中國人民大學哲學系打來電話，要我們從哲學系中給《紅旗》雜誌挑一個人，條件是：不要「又紅又專」的，要走「白專道路」的。齊一說，作為總支書記，他聽到這個消息，不知怎麼應對。他想：我們不是天天宣傳走「紅專道路」，教育學生「又紅又專」，怎麼要走「白專道路」的呢？齊一和總支副書記馬奇等人商量說：「康辦可以這樣說，但我們不能這樣做，如果出了問題，我們負不起責任啊！」齊一對著我說：「那時論學習，在你們年級幾個班裡，你不是最突出的，在你們同學中已經有人在報刊上發表論文了。我們商量，要挑一個不論在『紅』的方面，還是『專』的方面都過得去的人。這樣，我們就選定了你，向《紅旗》推薦，接著《紅旗》來人看了你的檔案……」

向：在學校，齊一那時認識你嗎？

閻：認識。我不能不相信齊一的話，但我心裡總有狐疑：康辦怎麼能這樣說、這樣做呢？到了一九九〇年代，我又問了我到《紅旗》雜誌時的頂頭上司關鋒，他也把類似的情況說了一遍。

向：當時大力宣傳要「又紅又專」，而選用又要走「白專道路」的人，這也就叫「二律背反」吧？

閻：我想也是的。關鋒告訴我，一九六一年夏，《紅旗》雜誌領導去北戴河休息。有一天，《紅旗》雜誌副總編輯兼秘書長鄧力群來到他房間說：「老關，給你成立一個中國哲學史研究組，你帶幾個人，一方面幫你做點工作，一方面你也把他們培養培養。」關鋒說，他很贊成鄧力群這個建議，於是鄧力群說：「那好，咱們去找康老！」關鋒和鄧力群一起到康生那裡把此事一說，康生也很贊成，他並且強調了調人的條件：要走「白專道路」的，不要「又紅又專」的。關鋒說，他聽到康生這樣說，很不以為然，但在康生面前又不好說什麼。後來，大概康生要他的秘書給中國人民大學哲學系打了電話。

向：你到《紅旗》後是怎麼分工的？

閻：就分在關鋒的「中國哲學史組」。當時，關鋒在中國哲學界是有一定知名度的。要我跟他學習和研究中國哲學史，我當然高興。關鋒原名周玉鋒。山東慶雲人。一九一九年生，一九三三年秋在山東慶雲

文革初期中央文革小組「四秀才」，左起為戚本禹、王力、關鋒、穆欣

縣立簡易師範學校加入中共，在部隊任過連指導員，在地方任過縣委書記、地委宣傳部長等職，建國後任山東省委宣傳部理論處處長等職。一九五六年從山東調北京，任中共中央政治研究室哲學組組長。一九五八年《紅旗》雜誌創刊後，任《紅旗》雜誌編委兼中國哲學史組組長。一九六六年四月被任命為《紅旗》雜誌副總編輯。

向：「文革」初期，關鋒任中央文革小組成員，後來還兼任中央軍委文革小組副組長，並主持《紅旗》雜誌的常務工作。

閻：關鋒在「文革」前，其文章和觀點甚得毛澤東賞識。毛澤東不止一次批示、稱讚他的文章，召見他談話，布置這樣或那樣的任務。關鋒在「文革」中是衝鋒陷陣的。從「文革」開始（按照毛的說法，「文革」是從發表姚文元批判《海瑞罷官》開始的）到一九六七年八月，關鋒不僅撰寫署名的大批判文章，還積極組織和推動工農兵群眾走上大批判舞臺。他成為「中央文革小組」成員後，《紅旗》雜誌和《人民日報》的社論大部分都是他和王力寫的。可以說，關鋒是製造和鼓吹「文革」輿論的總管和先鋒之一，為毛澤東領導和發動文化大革命「立下了汗馬功勞」。

向：但後來怎麼一下就把他抓了呢？

閻：我想是為了某種政治需要吧，如安撫和穩定軍隊等——因為當時「文革」觸動軍隊了，在全國到處掀起「揪軍內一小撮」的聲浪。一九六七年八月三十日，關鋒被毛澤東拋出來，實際上是作「替罪羊」和「犧牲品」的。對他先是實行隔離審查，一九六八年被關入秦城監獄，關了十四年多。一九八二年初釋放出獄，處分是：開除黨籍，免予刑事起訴。

向：出獄後給他安排了嗎？

閻：沒有安排，就發生活費，開始是一百五十元一月，後來加到五百元。當時要他離開北京，在山東德州市給他蓋了一棟二層小樓，他因身體不好沒去。可能是上世紀九〇年代，中紀委同意，不讓他去山東了，讓他留在北京，與家人在一起；其生活（包括住房、經濟收入、醫療等）責成《求是》雜誌社按局級待遇負責管理。關鋒去世前，其月收入（不知是否叫「工資」？）可能是三四千元。關鋒剛出獄時，神情比較呆滯。經過一兩年的恢復，就「重操舊業」，開始中國哲學史和思想史的研究，用他自己的話說，做「蛀書蟲」了，「兩耳不聞窗外事，一心唯讀聖賢書」。

向：他算《求是》的離休人員嗎？

閻：不算，他不享受離休待遇。我和他都住在北京沙灘北街二號院。一九八二年至一九八八年，組織上告訴我不要與他聯繫；我執行了組織的決定。從一九八九年起，我和關鋒開始聯繫，經常去看他，和他聊天與討論問題。我感謝他把我帶入理論研究之門，因此對他終身執弟子禮。我們在一起能夠敞開思想，無所不談，談哲學，談過去的人和事。談到他被抓的原因，他說是自己與周恩來、陳伯達有的觀點不一致，可能是周和陳要整他。他從來沒說過，也不認為是毛和江青要整他。

最近（即二〇〇八年十二月），戚本禹兩次來京。我們見面時，戚談到一九六七年八月三十日周恩來主持的那次中央文革小組碰頭會，傳達毛澤東的決定，宣布對關鋒、王力隔離審查。宣布審查後，是戚本禹把他兩個送到釣魚臺二號樓隔離的。戚本禹對二號樓的警衛戰士說，他們還是首長，你們要好好對待他們。戚回到十六號樓會議室後，大家都沒說什麼；一會兒，周恩來離開會場，江青哭了。「文革」後，戚本禹把江青哭的事情告訴關鋒，關鋒認為江青哭是真的，所以他對江青始終懷有好感。

向：關鋒晚年是不是有所覺悟？

閻：怎麼說呢？關鋒看過高文謙的《晚年周恩來》，他說大致是那樣。書中高文謙對毛的批評，他不認同。他對毛一直懷有知遇之恩。毛澤東關於《海瑞罷官》的談話，是他和艾思奇記錄的。田家英把毛澤東所談「《海瑞罷官》的要害是罷官」從記錄中刪去了，關鋒不同意，反映到毛澤東那裡，說田家英篡改毛的指示。

向：關鋒是什麼時候去世的？

閻：他是二〇〇五年去世的，活了八十六歲。

向：一九八二年出獄到去世有二十多年。他搞學術研究，有什麼著作問世？

閻：他著述很多，如吉林人民出版社出版的一百多萬字的《老子通》（此書臺灣還出了繁體字本子），中國人民大學出版社出版的《法學發生學》，還有和別人合著的在上海出版的一百多萬字的《孫子兵法大詞典》等等。他說自己「文革」後的研究成果遠遠超過「文革」前。

向：關鋒還做過法學研究？

閻：是的。他是從思想史的角度做的，正因為這樣他寫了一部《法學發生學》。

向：你和康生接觸過嗎？

閻：「文革」前，康生我不認識，沒有近距離和他見過面，但我在無形中被他「關照」過。因為他要挑選走「白專道路」的人，我幸運地被選上了。

戚本禹推薦我給江青當秘書

向：關鋒是你的老師，戚本禹也可算你的「恩人」了。

閻：也可以這麼說吧。「文革」開始之前，《紅旗》雜誌做了機構調整，我從關鋒任組長的中國哲學史組調到戚本禹任組長的歷史組。在「文革」中，我一直是在戚本禹手下工作。

向：你是農民的兒子，做江青的秘書可能你從沒想過吧？

閻：沒有，做夢也沒想到過。

向：有的書上說，姚文元是江青的秘書，還有說戚本禹是江青秘書的。

閻：其實，正式由中共中央辦公廳任命為江青秘書的，我是第一任，在我之前，江青沒有配專職秘書。江青在「文革」中先後有四任秘書，第一任是我，第二任楊銀祿，第三任劉真，第四任劉玉庭。

向：你是怎樣成為江青秘書的？

閻：當然是組織安排的。《陳伯達遺稿》中說我當江青秘書「可能是關鋒推薦的」，其實關鋒當時是不大贊成我給江青當秘書的。關鋒有次見了我，還說：「你政治上弱，不敏銳，不適合給江青做秘書。」

向：說你「政治上弱」是有所指嗎？

閻：我沒問過關鋒。但我有一件事是受過關鋒批評的，那就是對一九六六年二月彭真主持制訂的《關於當前學術討論問題的彙報提綱》（即《二月提綱》）的看法。在一次討論會上，我說，《二月提綱》很好，說明中央重視學術討論，制定學術討論的文件，這在我們黨的歷史上恐怕還是第一次。對我這種看法，關鋒批評我沒有政治頭腦，看不出問題來。

向：那戚本禹是怎樣推薦你的？

閻：具體過程我也不清楚。一九六六年冬的一天，我和戚本禹在釣魚臺院子裡散步，他跟我說：「江青想讓我給她當秘書，我不行，比較粗。我看你比較細，我推薦你去給她當秘書。」我說：「不行，我沒當過秘書，不知道怎麼當。」他說：「不知道不會學嗎？收發文件你不會？只要細心就行。反正我已向江青推薦你了。」

向：戚本禹當時是什麼職務？他說了算？

閻：他是中央文革小組成員。當然，也不是他一句話就行了。後來汪東興告訴我：「你的檔案是我審查的，你給江青當秘書是我挑來的。」但戚本禹的推薦和介紹，我想是起了關鍵作

江青「文革」中的四個秘書。從左至右為劉玉庭、閻長貴、楊銀祿、劉真

閻長貴（中）與曾任中共中央副主席汪東興交談（右）

用的。

向：當時你很高興嗎？

閻：當時並不感激涕零，作為一名中共黨員，服從組織和領導的安排就是了。一九六七年一月九日晚上，戚本禹來到我們辦公室（其實就在他辦公室隔壁），興沖沖地對我說：「已經定了，調你去給江青當秘書，現在就搬到她住的十一樓去！」我馬上整理了幾件衣服和洗漱用具，就跟著戚本禹去了。

向：從此開始了秘書生活。

閻：有人說：「給林辦選秘書，比選狀元還難。」我想，給江青選秘書也不是一件容易事。在選定我之前，究竟經過怎樣的推薦和審查，我一點也不知道。後來聽說，當時有四個人參選，我是其中年紀最小的（二十九歲），參加工作年限最短的（五年），幹部級別最低的（二十二級），工薪收入最少的（五十六元）。三十多年後，我準備寫回憶錄時，才向戚本禹打聽當時是怎樣向江青推薦和介紹我的。

向：戚本禹被判了十八年徒刑吧。他出獄後住在哪裡？

閻：住在上海。一九九六年戚本禹刑滿釋放後，政府要他改個名字，他改名「戚文」。我打電話問他，他說：當時推薦怎麼談的和談了些什麼都不記得了，但是不管怎麼談，大概有這樣幾個方面吧：第一、家庭出身好，社會關係簡單、清楚；第二、政治可靠，工作認真負責；第三、有一定的寫作能力，寫的文章曾受到毛澤東的表揚。我認為這也符合實際。

向：你做了江青的秘書，周圍的人都刮目相看吧？

閻：我自己感到沒什麼不同，但別人可能有點另眼相看。記得有一次在釣魚臺十七樓看電影，曹軼歐（康生妻子）見了我說：「噢——你到十一樓工作了！」似有讚揚，又有驚訝。我心裡想，「十一樓」（江青住的樓）和「十六樓」（中央文革小組辦公室所在樓）有什麼不同啊!?這大概也是我迂腐、不諳世事之處，因而終未討得江青歡心，反被她投入監獄。

向：你在當江青秘書之前做什麼？

閻：我先在中央文革小組辦公室「江青辦信組」工作，主要處理江青的群眾來信。「江青辦信組」這個組織不是「文革」一開始就有的，是慢慢發展來的，大概到一九六六年九月，擴大到七八個人，由我負責。人員主要是向各單位抽調，記得《紅旗》雜誌有二人，馬列主義研究院二人，哲學社會科學學部哲學研究所一人，軍隊幹部二人；學歷大多是大學本科，還有研究生。

向：「文革」前江青沒秘書，那什麼事都是她自己做嗎？

閻：那時江青在黨和政府中沒有實際職務，就說信件吧，雖然有，但恐怕多數屬私人性質，數量也不會太多，當然就自己處理了。擔任中央文革小組第一副組長後，社會上給她寫信的多了，江青看不過來。首先可能是戚本禹幫她處理來信，到一九六六年七月中旬，也許是戚本禹覺得太忙，又把中央辦公廳秘書局信訪科的梁川借來幫他。

向：你是什麼時候從《紅旗》調到中央秘書局的？

閻：一九六六年六月三日。七月四日，戚本禹又把我帶到釣魚臺，安排在中央文革小組簡報組工作，到八月中旬，戚本禹叫我離開簡報組，協助梁川處理江青的群眾來信。不久，梁川回秘書局信訪科了，就是我一個人處理江青的群眾來信。八月三十一日，江青以代理中央文革小組組長的身份主持毛澤東第二次接見紅衛兵大會以後，群眾的來信越來越多，一天幾百封、上千封，甚至有時一天達到兩千多封。每天都是用麻袋裝著送來的。這時才調人組建了「江青辦信組」。大概與此同時，又調進二三十人組建中央文革小組辦信組，地點就設在離釣魚臺不遠的花園村，處理大量給中央文革小組的群眾來信，其中有幾個人專門處理給組長陳伯達的信。江青辦信組設在釣魚臺十六樓，直接歸戚本禹領導。江青辦信組給江青辦信，但編制不屬於江青，也不屬於中央辦公廳，而屬於中央文革小組辦公室。

向：你是怎樣處理群眾來信的？

閻：戚本禹在「文革」前當過多年中央辦公廳秘書局信訪科科長，有經驗。他告訴我，基本上分三種情況：第一、必須送給首長看的，這是指首長親屬、朋友和熟人來信以及關於重大、重要問題的來信，而凡屬於送給首長看的信，都要做出摘要並附原信一併送閱；這樣的信每天至多只能選三至五封；第二、根據信中所說問題的性質，轉有關部門和有關地方，包括轉林彪處（當時稱林總處）、總理處、各副總理處、各部委、各省市等等；這類信最多，大概占百分之九十八以上；第三、凡是反對和攻擊首長的，都轉公安部，由公安部處理。戚本禹還說：「不好處理的信，你們拿不定主意的，可隨時問我，反正我辦公室就在你們隔壁。」

我們那時都是懷著「熱愛毛主席」和「崇敬江青」的心情來做這項工作的，加班加點是常事，每人每天要處理二三百封群眾來信。信的內容有申冤的，有告狀的，有反映情況的，有揭發問題的；有公事私事，有大事小事，有歷史問題，有現實問題。我主要處理中央各部委的群眾來信。此外，我作為負責人，還要從各人送給我的比較重要的信中選出三至五封送給江青看。那時，幾乎每天晚上都要加班到十一二點，可大家都有一種神聖的使命感，誰也不說累，都覺得這是應該做的。

向：江青是山東人，選你做秘書，可能還因為你是山東人。據說江青原來有個叫孫立志的秘書，也是山東人。

閻：孫立志我認識，大家都叫他孫秘書，我也叫他孫秘書，其實他的職務是警衛員，即警衛秘書。因為我和孫是老鄉，還一起聊過。有一次，孫立志對我說：「江青同志說你還有點勞動人民味道，還沒被『化掉』。」我當時不知道他說這話是什麼意思，也沒有往江青選秘書的事情上想，只是說「謝謝江青同志」。正式成為江青秘書後，江青還親口對我說過這話。

向：這個話，在當時應該算是很高的政治評價。

閻：是的。這恐怕也是江青接納我做秘書的重要原因之一吧。

當第一夫人秘書的滋味

向：給江青當秘書也不容易吧？

閻：確實不容易。我主要是收發和管理文件。當時江青的文件很多，有中央文件和收發電，有軍委文件和收發電，有中央文革的文件和收發電，還有中央文革小組辦事機構編的《簡報》、《來信摘要》、《要事彙報》、《快報》、《來信摘要》等等。每天都有幾十份，甚至上百份，疊在一起有半尺高，論字數大概有幾十萬。把這些東西都送給她，莫說是看，就是數一遍也很費時間。可我不送嘛，如果她聽陳伯達或康生說看了什麼文件或材料，而她沒看到，就要罵我了，說我「扣了」或「貪污了」她的文件和材料。

從左至右為閻長貴、王宇清（毛澤東警衛員）、許春華（江青護士）、張素蘭（江青服務員）、王保春（陳伯達秘書）、吳旭君（毛澤東護士長）、葉群、江青、林彪、李志綏（毛澤東保健醫生）、徐業夫（毛澤東機要秘書）、孫占龍（江青警衛員）。攝於一九六七年五月一日

向：你是否被罵過？

閻：沒因為這件事被罵，因我從沒「貪污」過。遇到上述情況時，往往都是我送了而她沒有看。我把文件和材料大體分成三類：一類是必須看的文件和材料，這類包括中央文件、中央負責人（或中央文革小組成員）之間的傳閱件；毛澤東、林彪、周恩來和其他要人給她的親啟件；關於「文革」的重要事件和重要動態；關於黨和國家的、歷史和現實的重要事件和重要動態；還有有關部門或個人直接請示她的信函和材料等。這類東西，除了是她必須和應當瞭解的之外，絕大多數是需要她表態的。在我印象中，中央文革小組的幾個領導人，對文件和材料批示意見和表態最多的是江青，其次是康生；陳伯達很少表態，他往往只是劃個圈而已。另一類是參閱件，這類文件和材料，一般說來也比較重要，但並不一定需要批示和表態。還有一類是瀏覽件，這類文件和材料，對江青來說，有時間可以翻翻，沒時間不翻也關係不大。

向：分在哪一類就是你作主了。

閻：但責任重大，必須認真仔細，不能出錯。我分好後，分別放在三個卷宗裡，每天江青起床前，我就送到她辦公室。有時，有些中央領導之間的傳閱件，或寫著「急件」和「特急件」的，機要交通送來後，除非江青睡覺，都要馬上送給她。江青把文件看過後，或批示，或不批示，都順手放在茶几上。有她批示的文件，一般又有兩種情況，一種是她寫了信封的，如送給毛澤東、林彪、周恩來或陳伯達、康生看的一些東西，她大都已封好，並貼上了密封簽，這是屬於不讓秘書知道的事情，我只負責登記，然後交機要交通員送達。還有一種她批示的文件和材料，由我按照她的批示，寫信封裝好交機要交通員。一般說來，一天兩次，即上午一次，下午一次，從她辦公室取來她看過或批示過的文件，該發走的登記後發走，該存文件的分類存文件。

向：你每天的工作很辛苦吧？

閻：工作量確實很大。除非江青午休，或晚上睡覺了，我每時每刻也不敢離開辦公室，如果江青按鈴了，我不在，那就要挨罵了。有一次，江青按鈴叫我，恰好我離開辦公室一會兒，一回來江青就說：「你幹什麼去了？」我趕快說：「報告江青同志，我……」江青根本不聽我解釋，兩眼直瞪著我，聲色俱厲地說：「誰叫你離開辦公室的，你誤了我的事，你負得起責任嗎？」我說：「江青同志，我錯了，以後一定注意。」江青仍然很生氣，嘴裡說著「我用不起你這個大知識份子」之類的話。過了一會兒，看到我很委屈難過的樣子，她態度才有所緩和，說：「還愣在那裡幹什麼？快把這信發走。」

向：是寫給誰的信？

閻：是給毛澤東的信，上面寫著「急件」二字，並已封好。我立即通知機要交通把這封信取走。有一次，我和戚本禹談起這件事，他半開玩笑半認真地說：「挨江青的批評，也是一種光榮呢！你想想，全國這麼多人，能有幾個人可以直接挨江青的批評？」

江青第一次跟我正式談話時曾說過，她連每天是幾號、星期幾都不知道，只知道工作，不知道休息，也沒有星期天。於是，我每天上午給她送文件時，都在第一份卷宗上面用曲別針別一個小紙條，上面寫著：今天是×月×日，星期×，上午×點，下午×點或晚上×點有××會議，以便她知道這一天的安排。

向：你除了收發和管理文件外，還做些別的嗎？

閻：要接電話。每天電話一個接一個，有通知江青開會等事情的，有向江青請示什麼而又不便直接打給江青的，有要見江青讓我同江青聯繫的，等等。

向：印象最深的是什麼？

閻：忙得很。在「文革」中，江青比陳伯達、康生還要忙，而陳伯達、康生的秘書都不止一個。我幾次跟江青說：「一個人忙不過來，希望再加一個人。」跟汪東興我也說過，汪說那得看江青的意見。一開始江青也沒當回事，見我說的次數多了，還可能是汪東興跟她也說過，有一次，江青對我說：「我看你是挺忙、挺累的，可是主席才用一個秘書，我怎麼好用兩個秘書呢？」停了一會，她又說：「不過，我們都是主席的秘書。你忙點、累點，還是先幹著吧！」我只得答應「一定努力幹」，從此不再提這事了。可到一九六七年國慶日前，突然增加了楊銀祿，我當然高興，只是跟江青天天見面的還是我。

向：你當秘書時家人來看過你嗎？

閻：來過。一九六七年夏天，我妻子來北京看病，住在釣魚臺北門外警衛連家屬宿舍。我們一起工作的同事，都結伴去看我妻子，連一九九〇年代在美國寫了《毛澤東私人醫生回憶錄》的李志綏也去了。警衛戰士劉真、王振榮、李仁慶，除了替我陪妻子到醫院看病，還不斷地給妻子送些蔬菜，什麼豆角啦、茄子啦、番茄啦等等。這些蔬菜都是他們幾位在十一樓前的一塊小地裡種的。當時按照毛的指示，釣魚臺的許多空坪隙地，不像現在這樣種可觀賞的花草，而是種蔬菜和莊稼。毛所住的中南海豐澤園也是這樣。

送錯一封信，即成階下囚

向：一九六七年一月至一九六八年一月，你正好給江青做了一年的秘書。

閻：是刻骨銘心的一年。

向：後來怎麼失寵了？

閻：其實我從來沒有被「寵」過。一九六七年底的一天，我收到一封從中央文革小組「辦信組」轉來給江青的信。信是北京一個電影製片廠的一位女演員寫來的。信很長，有十幾頁，上萬字。我因為忙，不斷地收發文件和接電話，對這封信，不是一次看完，而是分幾次看完的。信中，這位女演員講了她的從藝經歷，說她也曾經叫「江青」這個名字，解放後就改了；又說，她有一些存款，願意作為黨費交給組織；再說到她在「文革」中受到的衝擊，以及讚揚江青等等。

向：這個女演員寫信的目的是什麼？

閻：無非是希望江青為她說句話，以減輕或免除她正在受到的衝擊。可我以為寫信的人會和江青有什麼關係，怕處理錯了，負不起責任，於是把信上附了一張條子送去。我是這樣寫的：「江青同志：這封信中有您的名字。」意思是說，這人是不是與您有什麼關係——當然，這是我誤會了，這位寫信人以及她寫的內容和江青根本沒有什麼關係。可我萬萬沒有想到，由此一場滅頂之災就降到我頭上。

向：伴君如伴虎啊。

閻：第二天，江青派人把我叫到會議室，當著戚本禹、姚文元的面，板著臉，把信往桌子上一摔，厲聲責問我：「為什麼要把這封信送給我？目的是什麼？」我嚇呆了，不知是怎麼回事，低頭一看，原來是這封信不該送給她。我輕輕而又膽怯地說：「我怕來信人和您有什麼關係……」江青怒氣衝衝地說：「無知！無知就要犯錯誤，就要犯罪。你不知道我到延安後就沒動過窩？你拿郭沫若的《洪波曲》來看看！」在江青嚴厲斥責後，我確實借了郭沫若的《洪波曲》看。《洪波曲》上說抗日戰爭爆發後，上海文藝界的一部分人去了武漢、重慶，一部分人去了延安。江青就是屬於去延安的，但上面並沒講到她的名字。

向：是不是這個女演員知道江青三〇年代在上海演藝界的事？江青對此很忌諱的。

閻：那不是的。

向：接著怎樣呢？

閻：儘管江青嚴厲地斥責，但我心中無鬼，所以並沒有把這件事放在心上。我仍然照常工作，可江青對我的態度變了，一個星期不按鈴叫我，也不叫我送文件、發文件。這期間，恰好楊銀祿又回老家奔喪了。一九六八年一月八日晚，楊銀祿奔喪歸來，第二天上午我即領著楊去見江青（楊還未單獨見過江青）。我報告說：「江青同志，楊銀祿同志回來了。」江青沒好氣地大聲說：「他回來了，你還上來幹什麼？你馬上把文件清點給楊銀祿同志。」我只得沒趣地離開了江青辦公室。

向：當時心情很亂吧。

閻：當然啊。就在這一天，我向楊銀祿移交了江青的所有文件。晚上八九點鐘，陳伯達、汪東興找我談話。陳伯達說：「你是搞文字工作的，還是回辦事組工作吧。」汪東興說：「不忙。要例行一下手續，這是工作人員離開首長身邊時的規矩。」汪東興讓我收拾一下自己的東西，然後把我送到釣魚臺警衛連連部。在路上，汪東興很和藹地對我說：「你沒事，你的檔案我都看過，你是我挑來的。」我也很坦然，認為自己既沒歷史問題，也沒現行問題，表示不怕例行手續。送到警衛連連部，汪東興就走了。

向：汪東興後來怎麼跟你說呢？

閻：從此汪東興再也不來了，直到文革後汪東興告訴我：江青後來不讓他管我的事了。

向：到警衛連就沒事了？

閻：事大了。當時老婆孩子還在北京看病、休息，可我不能回去見他們了，也不能告訴他們我為什麼不能回去。

向：一個在別人眼裡可以「通天」的江青秘書，一下就變成被警衛戰士看守的人，你能接受嗎？

閻：怎能接受？但也無法啊。一九六八年一月九日這一天，我淪為「階下囚」，對我來說終生難忘：一年前，我隨戚本禹來到江青身邊時也是一月九日。

向：在警衛連還算比較寬鬆吧？

閻：開始幾天，雖被看管，但並不知道自己要反省，就開始讀《毛選》和歷史書，心想不叫當秘書，就回去搞我的歷史研究嘛。反正當秘書也不是我要來的，而是組織上分派的。大概是被隔離的第三天晚上，陳伯達和姚文元來了。陳伯達問我：「你在幹什麼？」我說：「在看書。」陳伯達操著濃重的福建口音說：「你還看什麼書啊，要深刻檢查自己的問題。」接著又慢慢地說：「王力、關鋒、戚本禹都是壞人……」把這三個人連在一起並稱「壞人」，我是第一次聽到。這時姚文元立即指著我補上一句：「你就是王、關、戚安插在首長身邊的釘子！」我一聽這話，腦袋炸了，這不把我看成「特務」了嗎？

向：你這時感到很害怕嗎？

閻：當然害怕，而且心裡怎麼也想不通，王力、關鋒、戚本禹怎麼都成了「壞人」呢？我怎麼是他們安在江青身邊的「釘子」呢？那時我想：江青以及陳伯達，你們今天打倒這個，明天打倒那個，現在連和你們一起「戰鬥」的中央文革小組成員都打倒了，這不是自折「股肱」嗎？說實話，我當時把他們都看作是所謂「無產階級司令部」的人，都是「左派」，沒有什麼分歧的……

向：政治就是這樣，沒有永遠的盟友，只有永遠的利益！

閻：我當時年輕，又很單純。在江青身邊工作一年，我盡心盡力去做了，但不能讓江青滿意，叫檢查就檢查吧。於是我苦思冥想做檢查，可是檢查什麼呢？又想不起什麼錯，而且我在心裡一直是忠誠於江青的。過了十多天，大概是一月二十三日的晚上，陳伯達、謝富治、楊成武、姚文元四人一起找我談話。一開始，姚文元對我說：「你看今天誰來了？中央政治局常委（這是指陳伯達，陳當時是黨內第四號人物），國務院副總理兼公安部部長（這是指謝富治），中國人民解放軍代總參謀長（這是指楊成武）……」姚文元沒說自己。他說這些話，意思是向我表明：對你要採取措施了。

向：你想到最壞的結果會是什麼？

閻：當時我還沒有想到會坐牢。心想，我這樣一個小幹部究竟犯了什麼事，竟然驚動黨、政、軍三方這樣重要的人來找我？我只覺得頭在嗡嗡作響，不知說什麼是好。這時謝富治對我說：「江青同志對你不錯嘛，你應該有什麼問題就交代什麼問題……」我也沒怎麼聽清，只模模糊糊覺得他是勸我老實交待問題，我連連點頭說：「好，好，我有什麼就交待什麼。」接著，陳伯達又讓我按照他的口授，給我妻子寫了一封信：「××：『我因公出差，把一些文件忘在家裡了，現派來人來取回。你們住的地方，按照組織的安排搬到

××……』」

向：本來不是出差，你怎麼這樣寫？

閻：這是陳伯達口授要我寫的，我只能照著寫。第二天，我被告知：「給你換個地方。」這一換，就被換到秦城監獄去了。

秦城冤獄八年

向：此前你聽說過秦城監獄嗎？

閻：沒聽說過，「文革」後才知道秦城監獄是關押政治犯的地方。我是一九六八年一月二十四日深夜，由兩名荷槍實彈的戰士押著，乘一輛吉普車到秦城監獄的。

向：你說說剛進去的情形吧。

閻：一進去就問我姓什麼，叫什麼名字。當時我穿的是軍裝，登記後換了黑色的囚服。棉褲也是黑色的，沒有紮帶。

向：「沒有紮帶」是防止囚犯自殺吧？

閻：應該是的。等我換好了囚服，監管向我宣布：「你今天收監了，你的代號是『六八二〇』，以後就叫你『六八二〇』，你要答應，知道嗎？」我說知道。為什麼是這個代號？大概我是一九六八年第二十個被關進來的「犯人」吧。

向：這一夜你睡著了嗎？

閻：哪裡睡得著？監獄是關現行反革命犯、殺人放火犯、流氓強姦犯等壞人的地方。我怎麼能與這些人為伍？共產黨員蹲無產階級專政的監獄怎麼也想不通。

向：當時你想給家裡寫封信嗎？

閻：想啊，我跟站在門外的哨兵說：「同志……」可我這兩個字剛一出口，就聽到一聲大吼：「誰是你的同志？」我不敢再說什麼了，心想，以後連「同志」也沒有了。我住的是單身牢房，有六七平米大小，靠牆放著一張不到一尺高的小床，床上有髒兮兮的被子和褥子，牆邊還有一個便池和洗臉的小池子，房頂上是徹夜亮著的燈……待在這裡面，看著這些東西，腦袋脹得斗大，一點睡意也沒有……

我後來知道，就在當天深夜，對我還布置了一次小規模的「抄家」，到我妻子和孩子的臨時住處，翻箱倒櫃，搜身檢查。當時我妻子和孩子是從山東農村來北京看病的，住在釣魚臺北面警衛連家屬探親宿舍。此次「抄家」，雖然利用了我寫給妻子的那封信，但結果當然是一無所獲。

向：「抄家」之後，對你妻子和小孩採取了什麼措施？

閻：連夜由警衛部隊送到北京東郊通縣空軍機場招待所軟禁起來，一關就是幾個月。到了五月麥收前，在我妻子再三要求下，才把他們送回山東老家。

向：回老家後怎麼樣？

閻：全家在農村成了「反革命家屬」，各方面都受到歧視和限制。大孩子十三歲，初中沒讀完就被趕出學校，勒令參加農業生產勞動，掘地、挖溝，什麼都得幹。這裡我要特別感謝我妻子，當時有謠言說我勞改去了，也有人說我跑到蘇聯去了；好心人勸她，為了孩子的前途應與我離婚，但她堅決不離，辛辛苦苦撫養著兩個孩子。一九六八年秋天，妻子和她的妹妹，帶著我小兒子找到釣魚臺，釣魚臺不讓進；找到《紅旗》雜誌社，《紅旗》也不管。當時在《紅旗》見到滕文生（與我在《紅旗》的同事），他還抱了抱我孩子，答應幫她們問問，可滕文生一進去就不再出來了，肯定是有人不讓他出來……

向：你在秦城沒受苦吧？

閻：皮肉之苦倒沒受過（只被罰站過一上午），但精神的折磨足以使人崩潰。在獄中，我有兩點體會最深：一是「人是社會動物」，離群索居是不行的，而單身牢房是對人最致命最殘酷的折磨；二是「腦子是思維器官」，它每時每刻每分每秒都不會停止思想，越想越想不通，越想不通越想，如此惡性循環，難受死了。想看看書、看看報吧，沒有，連我進監獄時帶的《毛選》合訂本（是林彪送的）都被沒收了。直到一九六九年四月「九大」召開以後才稍有好轉，給我每天發一份《人民日報》，每月發一本《紅旗》雜誌；還把沒收的《毛選》退給了我。

向：秦城監獄生活怎樣？

閻：早晨吃窩窩頭、稀飯或稀粥、鹹菜；中午有時吃饅頭，或窩窩頭，菜是大鍋煮的白菜、蘿蔔，晚餐也一樣。米飯很少吃到。印象是沒吃好，也沒挨餓。過春節可吃到幾個餃子，有時還發點水果。

向：你在那裡最感刻骨銘心的是什麼？

閻：監獄是殘酷的。無產階級專政的監獄很殘酷。列寧在沙皇的監獄裡能寫書；共產黨人在國民黨監獄裡也能寫書，如方志敏就寫了《可愛的中國》。而我被關起來，開始書報都不給看，每天只能呆呆地坐著。為了打發時間，我就翻來覆去數床頭暖氣罩上的孔兒，一……二……三……四……五……我後來找到一種消磨時間的辦法，就是反覆背誦熟悉的毛澤東詩詞以及唐詩宋詞，同時自己也學著做詩——不能叫詩，只能叫順口溜，因為我不懂平仄格律。這順口溜我做了很多，我把毛澤東的《實踐論》、《矛盾論》都編成順口溜。關於《矛盾論》的順口溜有一萬多字，可現在不記得了；關於《實踐論》的有兩千多字，因為出監獄後追記下來，現在還保存著，如開頭幾句：「人的思想哪裡來？馬列主義有言申，不是天公憑空造，亦非腦中自相蘊……」如果當時把這些順口溜都記錄下來，也許還有點意思呢。

向：李銳不是在獄中寫出了《龍膽紫集》嗎？

閻：我真佩服李銳先生，自愧弗如。

向：你在獄中最渴望的是什麼？

閻：渴望提審，因為提審可以與人對話。

向：有書和報紙讀以後，你情緒是否好一些？

閻：好一些。人一進了監獄就不是人了，你提什麼要求都沒用；但作為一個知識份子，唯一的要求就是要有書讀，要有報紙看。李銳在秦城監獄曾寫詩說，「一張報紙看一天」，我也是這樣。每天看完的報紙，不讓看守拿走，幾年下來，我積累的報紙有一尺多厚。不僅當天看，過一段時間我又接著看，以搞清一件事情的來龍去脈。比如「巴勒斯坦抵抗運動」是怎麼回事，我就是那時通過反覆翻閱報紙有所瞭解的。除了看報，就是翻來覆去地讀《毛選》。在那幾年，《毛選》我從頭到尾讀了三十多遍，有的文章，如《論持久戰》甚至讀了一百遍以上。我認為《論持久戰》是毛澤東著作中水準最高的。剛出監獄時，凡毛澤東兩百字以上的語錄，只要是《毛選》上有的，我很快就能找到。

向：你在秦城監獄待了七年多，總共提審了多少次？

閻：不過兩、三次吧，也沒問什麼緊要問題。監獄裡的一切都是突然的，不給你一點思想準備，連釋放我也是這樣。一九七五年五月二十二日，專案組來到監獄，突然對我宣布：「黨中央和毛主席決定釋放你，送你到湖南某農場勞動，等待結論。」這個決定對我連念了兩遍。

向：你聽了相信這是真的嗎？

閻：怎麼不相信？對此我盼星星，盼月亮，就盼著這一天。當時我特別高興，也不管到遙遠而陌生的湖南某農場勞改是什麼滋味，因為我可以跨出牢籠了。心想，哪怕讓我做再苦再累的活，也比在牢房裡好。

向：決定讓你去湖南農場了，你是否想到先回老家一趟見見父母及妻子兒女？

閻：我提出了，但未獲批准，要我先到湖南去。到農場後，我不看天，不看地，第一件事就是給家裡寫信。這七八年音訊全無，家裡人也不知我是死是活。當時，我恨不得一下飛到山東老家去，馬上見到父母、妻子和兒子。

向：兒子讀中學了吧？

閻：是啊。信發出第十天，我接到兒子寫來的信，高興極了。接著，父母、妻子和兒子陸續來到農場，老少三代終於團聚了。這是八年來的第一次。全家看到我還活著，高興之情無法言表。短暫的團聚後，父母回山東老家了，妻兒則和我在農場安了家。

西洞庭農場遇溫暖

向：你農場生活近五年，也很難忘吧？

閻：要我「到農場勞動和等待結論」，其實就是把我安排在農場，讓我在農場安家落戶。剛到時，負責押送的專案組的人嚴肅地對我說：「你這是真正到家了。」但我不知家在何方。

好在湖南西洞庭農場的領導和職工們，從我到農場的第一天起，直到五年後離開，他們始終對我很好，使我感到人間除了江湖險惡外，還有愛和溫暖。

向：這個農場是勞改農場嗎？

閻：不是。西洞庭農場是一個很大的農場。它始建於一九五五年，總面積一百多平方公里，耕地面積八萬多畝，水面五萬多畝。農作物主要有水稻、棉花、甘蔗等。農場幹部、職工以及家屬，共有三萬多人，有十多個分場和一個農科所。每個分場和農科所都有小學、初中，總場還有一所從小學到高中的學校；還有糖廠、紙廠、醫院、商店；駐場單位有稅務所、銀行辦事處、糧店、郵電支局等，是一個相當完備的小社會。

向：你是北方人，會幹南方的活兒嗎？

閻：農場領導很照顧我，把我的家安排在農科所。我不會幹水田活兒，就不要我到水稻班，讓我到棉花班勞動。農場還特別為我訂了一份《湖南日報》，每個星期讓我學習一天；生活上需要什麼，農場都給我買。我的被褥、蚊帳以及安家用的鍋、碗、瓢、勺等，基本上都是農場給我買的。

向：不但沒歧視你，反而格外照顧你啊。

閻：對，他們上上下下對我都很關心。當時農場燒柴比較困難，很多職工把自己家的柴送給我燒；農場黨委書記覃正彥的夫人盧主任（盧家玉），就多次要我去她家拿燒柴。吃的蔬菜，大家也要我到他們家的小菜園裡去摘，或是他們摘了送來。那時，雖然我每天都要下田勞動，很累，很辛苦，太陽曬脫了身上一層皮，可我還是很高興。當時唯一遺憾的就是不能參加黨組織生活，因為我的問題還沒有做結論，這又不是農場黨委能夠解決的。

向：你的「結論」什麼時候下來的？

閻：一九七五年十一月，北京終於來了人。對我的結論主要有兩條：一、說我妄圖用假材料（指我送給江青的那封信）陷害中央負責同志；二、包庇「五一六分子」吳傳啟、林聿時（此二人係哲學社會科學學部即現在的中國社會科學院中層幹部，一個是哲學所學術秘書，一個是《哲學研究》編輯部主任，都是關鋒的朋友，他們三人合作寫文章，署名「撒仁興」，名噪二十世紀五六〇年代）。處罰是「留黨察看一年」。

向：你簽字了嗎？

閻：這完全是妄加的罪。專案組逼著我簽字，我想不通。我把那位演員的信轉給江青閱示，說我有缺點有錯誤，影響了江青的身體和工作，我承認，但說是「陷害中央負責同志」，我不能接受。專案組見我不肯簽字，這時又把江青抬出來說：「這是首長定的性……你的問題就是這個性質。」很清楚，他們是想說：「我們專案組也沒有辦法，並且說對你處分也不重嘛。」可我想，已經關了我七年半，還要給我「留黨察看一年」，這還「不重」？可我自知辯解也無用，江青還在臺上，為了能安排工作，我違心地簽了字。

向：你的問題結論後，在農場生活有變化嗎？

閻：在作結論前，農場黨委書記覃正彥曾跟我說，等作了結論，你就到農場黨委宣傳部去工作。

向：覃書記後來兌現了許諾嗎？

閻：沒有。不過，我一點也不怪他。因為結論說我「陷害中央負責同志」，並「留黨察看一年」，沒法安排我到宣傳部工作。這裡我還要特別說說覃正彥。他比我大十歲，是湖南石門縣土家族人，一九二八年生，一九四九年十一月參加工作，任過鄉長，縣公安局局長、縣委副書記、書記，參加過一九六二年的「七千人大會」。「文革」中作為石門縣頭號「走資派」被打倒，罪名是鼓吹「包產到戶」、為右派鳴冤叫屈、反對毛澤東思想等等。五年後恢復工作。一九七二年一月起任西洞庭農場黨委書記和革委會主任，任職八年多。一九八〇年調任桃源縣委書記，一九八三年升任常德地區紀委書記，一九八八年退休。覃正彥是共產黨的好幹部，公道、正派、熱心，原則性強，他見中央專案組給我做了這樣一個結論，不便安排在宣傳部，就和農場黨委安排我去農科所學校教書。

向：你教過哪些課？

閻：我教過初中數學、政治。粉碎「四人幫」後，我還當過農科所學校校長。直到一九七八年，我才調去農場宣傳部工作。

向：農場黨委對你是很器重的。

閻：是啊，我永遠不會忘記西洞庭農場！我這次來湖南純粹是為了看看當年的老領導老朋友。我跟人說：西洞庭農場是我的第二故鄉，這是我的肺腑之言。特別令我感動的是，農場黨委堅決支持我要求平反。粉碎「四人幫」後，「中央一辦」專案組又給我做過一次結論，去掉了原結論中的第一條（即「陷害中央負責同志」），但其餘仍然沒有撤銷。更讓我不能接受的是，有人居然又給我加上無中生有的一條，說我反對周總理。我拒絕在「結論」上簽字。中共「十一屆三中全會」後，我幾次到北京要求平反，每次所需費用，農場財務部門都按出差給我報銷。等「中央一辦」撤銷後，我的案子轉到中組部，中組部又把案子轉到《紅旗》雜誌社。《紅旗》雜誌社黨委在一九七九年九月終於給我「徹底平反」，並決定調回《紅旗》。

向：終於柳暗花明了。

閻：對這一結果，農場黨委和職工都非常高興，紛紛向我表示祝賀。這時，黨委書記覃正彥親自幫我解決了妻子和兩個兒子的城鎮戶口問題（即所謂的「農轉非」），而這在當時是非常困難的。農場職工看到這種情況，都問覃正彥，你來農場這麼多年了，沒安排自己一個親友，為什麼對閻長貴這麼熱心？覃正彥說：「他是好人！他太老實了！」

向：其實老實人的悲劇往往是悲壯的。

閻：所謂「不讓老實人吃虧」，其實是一種安慰說辭。

我所認識的李訥

向：從你發表的文章裡，看你和李訥很有一些交往。

閻：是的。李訥是江青和毛澤東的女兒，比我小三歲。我們都是大學畢業，我學的是哲學，她學的是歷史，有共同語言，當時關於文革的觀點也比較一致，所以談話投機，常在一起聊天。有一次，我和李訥兩人在離文革小組會議室不遠的一間房子裡聊天，江青和陳伯達來了，江青說：「你們兩個出去，我們有事兒說。」我們只好出去了。有一天晚上，李訥很晚還沒回到釣魚臺，江青很急，怕出事，我和王廣宇（中央文革小組辦公室工作人員）開車到處去找她。

向：你和李訥聊天一般談些什麼？

閻：因為我給江青辦信，信中談到江青的一些情況（當然不包括罵江青的），我有時也跟李訥說說。有一次，一封信中寄來一張江青三〇年代的照片（不是劇照），我拿給李訥看，她脫口即說：「漂亮的小媽媽！」在李訥看來，媽媽比她長得漂亮。這也是事實。從形體和相貌看，李訥七分像毛澤東，三分像江青。

向：李訥喜歡父親還是喜歡江青？

閻：她跟我說過：「別人是嚴父慈母，我可是嚴母慈父；我不怕爸爸，有時卻怕媽媽。」我想，李訥說的是實話。

向：李訥跟你那麼有話說，彼此是否有一種隱隱的愛戀？

閻：我那時已結婚，並已有兩個孩子；即便沒有結婚，我也絕對不會那樣去想，也不敢想。

向：為什麼？你覺得不是門當戶對？

閻：當然嘛。從根本上說，我和李訥相識，完全是因為工作上的關係。

向：你對李訥印象怎樣？

閻：總的來說，我對李訥的印象是比較好的，覺得她樸素、大方，一點也沒有高幹子弟那種驕橫氣。

向：我知道李訥是北京大學歷史系畢業的。「文革」開始後她在哪裡工作？

閻：在中央文革小組辦公室。我們就是在這裡認識的。她和當時北京的造反派接觸很多，很多情況毛澤東都是從她那裡聽到的。北京地質學院的「東方紅」（即紅衛兵組織）說她是毛澤東的聯絡員有道理。關於北京地質學院「東方紅」及其頭頭朱成昭的情況，我也是從她那裡知道的。

向：李訥當時跟誰住在一起？

閻：她當時在釣魚臺跟江青住在一起，中南海豐澤園也有她的住室。

向：我在書中曾看到，說毛澤東的子女是不和父母一起吃飯的。

閻：是的，毛的子女都是吃大食堂，在中南海、在釣魚臺都一樣。江青偶爾叫李訥一起吃頓飯，李訥高興極了，忙跑來告訴我們：「今天媽媽留我吃飯了！」李訥到大食堂吃飯不方便，一般是警衛戰士幫她從食堂帶回來。江青也常囑咐我們：「給李訥帶好飯啊。」

向：李訥是何時去《解放軍報》的？

閻：李訥後來從中央文革小組辦公室調到《解放軍報》工作。她在《解放軍報》造反，搞得《解放軍報》天翻地覆，江青和林彪都是支持的，毛也肯定是支持的。一九六七年一月，李訥和幾個青年一起打倒了《解放軍報》總編輯胡癡，當年夏天又打倒了黨委書記趙易亞，她成了《解放軍報》負責人。有一天，李訥很高興地跟我說，林彪接見了她，很鼓勵她，支持她。她說：「我跟林副主席講，自己對辦好《解放軍報》沒信心。林副主席十分認真地跟我說：你現在都二十七歲了，一個軍報的擔子還擔不起來？你知道嗎？我二十五歲在中央蘇區就是軍團長了，到延安，二十七歲當了軍政大學的校長。幹事情要有信心，我相信你能幹好！」

向：據說你在李訥主持的《解放軍報》曾發表過一篇批判劉少奇的大文章，是嗎？

閻：那是江青要我寫的。有一天江青對我說：「你是寫文章的，你也可以寫一篇嘛！」我說太忙，沒時間。江青說：「抽點時間寫嘛！」江青給我這個任務，當時感到是對我的信任，於是下決心寫一篇，也好在江青面前表現表現。我那篇文章的標題為〈資產階級的戰略與策略〉，江青看後要我送陳伯達和姚文元修改，改後交《解放軍報》發表。送給陳伯達，他說不看了。姚文元看了，並做了修改，把標題改為〈資產階級反革命的戰略與策略〉。這篇文章在一九六七年十一月十三日《解放軍報》發表後，空軍司令員吳法憲還一再表示感謝我對軍報的支持。

向：你要感謝李訥發表你文章呢。

閻：其實江青要我寫的，哪裡都可以發表。

向：你當江青秘書以後，是否和李訥聯繫更多了？

閻：反正，我們有什麼話都可以直接說。我甚至覺得，之所以選我做江青的秘書，李訥恐怕也起了些作用，因為她一直很關心給江青選秘書的事。後來聽說，一九六六年冬的一天，在中央文革小組辦公室裡，她對另一位擬作江青秘書的王某提問，從家庭出身、工作經歷以及妻子的家庭情況，都問得很詳細。辦公室的一位同事笑著說她：「肖力（當時叫她「肖力」的比較多）幹什麼，你對我們老王審幹哪？」

向：你後來遭到江青的迫害，怎麼不叫李訥幫著說說話？

閻：一點機會都沒有。從江青要我向楊銀祿移交文件，到宣布對我「例行一下手續」（汪東興的話），不到一天的時間，我根本沒有見到李訥。

向：我記得在一個資料裡看過，說李訥還有點像她母親，有些霸道作風。

閻：這個看法可能有些道理。李訥當中央文革小組辦事組組長是接替我（我被關押後，她被任命為辦事組組長）。陳伯達說，李訥當了中央文革小組的秘書（即「辦事組組長」）後，江青是第一首長，她就是第二首長。我也聽到在她手下工作過的李某說，李訥對工作人員很厲害，她經常說：「誰不聽話，我就把誰送到監獄去，秦城的大門是敞開著的！」這樣，她讓手下的人常常提心吊膽。可我認識的李訥卻不是這樣的。

向：李訥這一生也不容易。

閻：李訥一九七〇年和中央辦公廳部分人員一起下放到江西進賢縣「五七」幹校勞動。這時，李訥和一位姓徐的年輕人建立了戀愛關係。那時候李訥的堂姐毛遠志、堂姐夫曹全夫都在這所五七幹校，曹全夫是幹校的黨委書記，立即向毛澤東彙報了此事。毛澤東尊重女兒的選擇，贈送了一套馬恩全集，作為結婚紀念品。一年後，李訥生育一子。不久李訥和徐又離婚了，獨自回到北京。一九七四至一九七五年，李訥先後任北京平谷縣委書記和北京市委副書記。一九七六年十月，抓了「四人幫」，李訥工作就掛起來了，直到一九八六年，才重新分配到書記處研究室工作，後來又到中央辦公廳秘書局工作。

向：李訥的第二次婚姻是什麼時候？

閻：是一九八四年初吧。這是在李銀橋夫婦的熱心撮合下，李訥才和王景清結合的。王景清是李銀橋在中央警衛團的老戰友，陝北神木縣人，比李訥大十幾歲。王景清在延安警衛團時，見過小時候的李訥。一九八〇年代初王景清在昆明軍區怒江軍分區任參謀長，後調入北京衛戍區第二幹休所離休。

向：你是哪一年重新與李訥有聯繫的？

閻：一九九〇年代吧。李訥現在住北京萬壽路甲十五號大院，我們仍保持著來往，逢年過節我還去看看她。九〇年代的一個春節，我去看她時，見了我，幾句寒暄後，她向王景清介紹說：「他是給母親做過秘書的人。」王景清接著說：「你吃苦了！」看來王景清也知道我坐牢的事情。

向：往事如煙。九〇年代以來，你和李訥等見面是否談到毛澤東和江青？

閻：沒談過，也不好談；可印象中有兩次涉及到毛澤東和江青。一次是一九九四年我到寧夏為《求是》雜誌組稿，遇到李訥的兩個系友（在北大歷史系比李訥低一屆），是一對夫婦，男的叫陳育寧，在自治區黨委工作，女的（名字記不清了）在寧夏人民出版社工作。他們要我轉告李訥，請她寫點東西，比如毛澤東怎樣培養教育她等等。回京後，我用電話向李訥轉達了這個意見。她說不寫。她還說：現在很多書和文章都是胡編亂造。沉默是最好的回答。

向：第二次是什麼時候？

閻：第二次是一九九六年。我到山東諸城，見到諸城市委書記，他跟我說：「諸城有『四大家族』，一是孔老二的女婿家（公冶長，孔子侄女婿）；二是毛澤東的丈人家；三是康生的姥娘家，四是李清照的婆家……諸城是李訥的姥姥家，她應該到這裡來看看嘛。」他要我轉告李訥，她有什麼困難諸城可以幫助；她需要車，諸城可以給她配。他還特別說到江青骨灰保存的事，說江青骨灰還在李訥的家裡，這不好嘛。據說江青有個遺囑，死後骨灰要葬回老家諸城。市委書記說：「我們可以接受。我們諸城有個鳳凰公墓，李訥可以在這裡修墓、立碑。她如果同意，人已經死了，也不必通過中央辦公廳了，我們去個車拉就行了。」回到北京，我把諸城市委的好意和建議，也用電話轉告了李訥。

向：李訥怎回答？

閻：李訥說；關於有什麼困難和車的問題，她很感謝諸城市委。關於江青骨灰，她說確實在她家裡。但現在恨江青的人還很多，運回諸城，修墓、立碑，她又不能去守墓，如果被扒了、毀了，自己不就更不孝了嗎？以後再說吧。我把李訥的意見及時轉告給諸城市委，他們就說尊重李訥的意見。後來，我聽說江青的骨灰還是葬在北京的一個公墓了。

向：四十多年過去了，你和李訥都是古稀左右的老人了。現在見面是否還回憶當年那些事？

閻：現在見面一般只是問候問候，有時談點當前的問題，不會談涉及毛澤東和江青的事。

下篇　紅牆見聞

候鳥江青的業餘生活

向：我知道江青不喜歡常住北京，喜歡到處走一走。

閻：是的，江青每年都要在外地住上半年，甚至七八個月。一般是每年國慶日後就到廣州去了，住一段，再到杭州、上海，五六月才回北京；住不久，又去北戴河。反正，她像候鳥一樣，幾乎年年如此。但唯獨一九六七年是例外，她一直待在北京，哪裡也沒去，住處就是釣魚臺十一樓和中南海豐澤園「兩點一線」。

向：這是為什麼？

閻：當然是忙嘛。一九六六年八月十八日到十一月二十六日，毛澤東八次接見紅衛兵，江青都參加了。十二月份，江青不是接見這個造反派，就是接見那個造反派。一九六七年正是「文革」關鍵階段，她又是中央文革小組第一副組長，開會、接見、看文件，時間都扣得緊緊的。大概是一九六七年六月，江青身體不大好，我們工作人員都勸她，工作不要太緊張，要注意勞逸結合，注意休息。她跟我說：「主席也叫我到外地去休息一段時間，還說，不要以為離開你地球就不轉了。你看，這麼多事，我怎麼走啊！」我說：「事情多，但身體也要緊啊！」說實在話，當時我真希望她到外地去，我也好借光乘乘飛機，坐坐專列到外地去看看。

向：江青有什麼業餘愛好嗎？

閻：聽說，過去江青喜歡叫工作人員陪她打撲克。可她玩起來，只能贏，不能輸。如果遇到強手，不讓她一點，她就可能輸；但讓著她又不能露出破綻，否則她就會發脾氣。由汪東興、張玉鳳等任顧問的一本書中說：「江青打撲克的興趣甚濃，但缺乏應有的牌場風度，動不動就摔撲克，發脾氣，弄得與她打牌的人很不愉快。毛澤東就此規勸過江青，無奈收效不大。」這應該是事實。

向：你陪她打過撲克嗎？

閻：沒有。她一九六七年整整一年都沒打過撲克。

向：她還有別的興趣嗎？

閻：聽說江青愛養猴子、養狗。她說猴子「最富有人情味」，狗「很忠實於主人」。她往往在廣東買來，帶到北京玩，玩膩了，就送給動物園。但這些事，我沒見過。在一九六七年，江青除工作和開會外，就喜歡看戲、看電影。當時在人民大會堂的小禮堂（有時也在天橋工人俱樂部）不斷地演出「樣板戲」，江青經常去看，也可能是她叫演的，或為她演的。不論在釣魚臺住，還是在中南海豐澤園住，晚上只要不開會，她都要看電影，據說這是她的「工作需要」。所以，警衛員和護士有個任務，就是挑電影。每天午飯時，要寫幾個電影片名送給江青，由她選定一部，再告訴有關部門調片子和放映。在釣魚臺是在十七樓放映廳看，在中南海是在春藕齋看。

向：她是否要人陪看？

閻：要。有時請陳伯達來，有時請康生來，有時請戚本禹來，有時把他們或更多的人一起請來。如果這些人都沒來，就要身邊幾個工作人員陪她看。

向：批「四人幫」時說江青最喜歡看黃色片子，有這回事嗎？

閻：其實沒有什麼黃色片子。林青山在《江青沉浮錄》書中說我（書中稱「小閻」）初看黃色電影時，「臉紅心跳」，後來變成「黃色電影迷」，這純屬造謠污蔑。江青一九六七年看的片子，主要是國產片，其次是香港片子；看外國片子倒不是很多。

向：江青和毛澤東一起活動多不多？

閻：很少。文化大革命開始後，從底層到高層，各單位的週末舞會都被作為「資產階級生活方式」取消了，或者說，面對「紅衛兵」造反派的行動也無法舉行了，惟獨在中南海為毛澤東舉行的舞會照常進行。這裡的舞會，有時還是化裝舞會（化裝者多為軍隊文工團的女青年），還有著名京劇演員如譚元壽、馬長禮等人的清唱，其名義是讓毛澤東休息休息。這些活動，江青常參加，總理有時也參加。

向：你也參加一起跳嗎？

閻：我不會跳舞，只能坐在那裡看，有回一個女青年邀我跳，我只能推辭，很不好意思，想學又學不會。我缺少藝術細胞，別說跳舞，唱歌也不會，五音不全，連《東方紅》都不會唱。這是我一生中很大的憾事，天生就這樣，也無可奈何。

杜近芳與「旗手」風波

向：說江青是「旗手」，是從文化大革命中開始的。你能談談江青的「旗手」稱號的由來嗎？

閻：江青搞了八個「樣板戲」，於是有人稱她是「無產階級文藝革命的旗手」。這稱號當時主要出現在「文革」初期的「紅衛兵」小報上，在中央黨刊和《人民日報》上，我沒見中央文革小組成員以上的人說過這樣的話。穆欣說，陳伯達、戚本禹把江青抬上「文藝旗手」的寶座，但他並沒舉出依據來。我認真地、反覆地翻檢《紅旗》雜誌和《人民日報》，想查一查到底是誰最早把「旗手」的桂冠戴到江青頭上，可一直沒有結果。到現在，這件事究竟誰是始作俑者，還是一個謎。

大概是一九六七年四月，江青交給我一篇文章，作者是當時就可稱為京劇表演藝術家的著名京劇演員杜近芳。她在約六千字的文章中，熱情讚揚江青，一共用了二十多個「敬愛的江青同志」，即凡出現江青名字時，都在前面加上「敬愛的」，並稱江青是「文藝戰線上高舉毛澤東思想偉大紅旗的最堅強、最英勇的旗手」。

向：你贊同這篇文章的觀點嗎？

閻：就我當時的認識，我是完全贊成的，只是覺得有的地方應當稍做修改。於是我向江青提了兩點建議：第一、是不是不稱你為「旗手」好些？「旗手」應該說是毛主席。江青說：「對！對！」接著吩咐我：「你去告訴關鋒同志，叫他給我把這個關。」第二、我說這篇文章用了二十多個「敬愛的江青同志」，「敬愛的」是不是太多了？在關鍵地方用一兩次就可以了，這樣文章還樸實些。江青說：「這個意見也好，你一併告訴關鋒同志。」當時我還為江青接受了我的建議而高興。我這樣做完全是從維護江青出發的，覺得這樣對她有好處。

向：關鋒當時還兼《紅旗》雜誌副總編輯嗎？

閻：是常務副總編輯，且分管中央宣傳工作。我離開江青那裡，立刻到釣魚臺十五樓關鋒處，轉達江青的意見，文章也交給了他。關鋒說：「你回去報告江青同志，我給她把關，請她放心好了。」後來文章在一九六七年第九期《紅旗》雜誌發表時，把「敬愛的」三字只保留了兩處，同時把「……最堅強、最英勇的旗手」改成了「……最堅強、最英勇的戰士」。

向：文章這樣一改，就低調些了。

閻：可文章發表後，杜近芳看到「旗手」改成「戰士」了，很不滿意，怒氣衝衝地拿著《紅旗》，找到中央文革小組文藝組作家金敬邁、李英儒（當時該文藝組辦公室和《紅旗》雜誌在一棟辦公樓內）等詢問：「《紅旗》雜誌是不是有反對江青同志的反革命？為什麼把我寫的『旗手』砍掉了？」文藝組接待她的人說，這事與他們沒關係，告訴她可以直接到《紅旗》雜誌去問。接著，杜近芳到《紅旗》雜誌社責問。《紅旗》雜誌的有關人員心平氣和地給她做了解釋，她還是不滿意。據說，這件事還反映到戚本禹那裡，戚說「為什麼不能稱旗手？」，戚本禹不知道前因後果，就去問關鋒，關鋒有點生氣了，跟戚說：「不要問我，你直接去問江青同志吧！」

這場風波，當時我一點也不知道，關鋒、戚本禹也沒有跟我說過，直到二十世紀九〇年代才聽關鋒說起這件事。你整理這篇稿子時，最好不要點出杜近芳的名字。

向：其實，這裡說出杜近芳的名字並不是對她的傷害，而是對歷史的尊重。

閻：那需要說明一句：決不是杜近芳第一個稱江青為「旗手」，她不過襲用了當時流行的話語而已。

「為江青服務，就是為我服務。」

向：據說毛澤東說過：「為江青服務，就是為我服務。」是嗎？

閻：這話我是聽毛的服務員趙鴻安說的。他是管理毛澤東衣物的，也是山東人，我們是老鄉，年齡也差不多。有一次我們在一起聊天，他告訴我，毛澤東曾跟在江青身邊工作的人員說：「為江青服務，就是為我服務！」我聽了這話，心裡熱呼呼的，心想：在幾億人中，能有幾人直接為毛服務？而自己就是一個，很自豪的。

向：這話在什麼時候、什麼情況下說的？

閻：當時趙鴻安沒說，我也沒問。後來經過詢問，是毛在一九六〇年代向江青的服務員張素蘭致歉時說的。有一次江青去杭州，毛也在那裡。江青為一件小事嚴厲責罵服務員張素蘭：「組織派你來給我服務，你惹我生氣，你給我滾！」張素蘭很委屈，氣得跑到西湖邊哭。大家怕她有個三長兩短，便把她找回來，勸她、安慰她。李敏實在看不下去了，便把這事報告了毛。毛知道後，便帶著警衛員來到值班室，很親切、很和藹地對張素蘭說：「小張啊，江青有病，脾氣不好，看在我的面上，不要跟她計較，我給你道歉。服務有直接的，有間接的；你們給她服務，就是為我服務啊。」

向：你對江青總體印象怎樣？

閻：大家說江青難侍候，態度喜怒無常，對工作人員嚴厲，也不是說她整天板著面孔。她很注意禮貌，逢年過節，見了你，總要問你好，當然你也要注意問她好。她有時也跟工作人員聊聊天，談談家常，開開玩笑。她跟我不只一次談過她在一九三〇年代做地下工作的情況，還談過毛在轉戰陝北時，指揮戰爭多麼「神」：不僅指揮自己的軍隊，還能指揮敵人的軍隊，等等。陪她看電影時，她有時也比較隨便地談她的看法，比如看《英雄兒女》，老工人的兒子王成犧牲了，志願軍某師長的女兒（即叫王芳的那個文工團員）也叫老工人養大了。江青說，「師長到這時候，就不一定要再認女兒了。」看一個關於空軍題材的電影，她說我們的電影有個問題，太注意技術細節，不注意提煉一般的問題，叫業內人士不愛看，業外人士看不懂。

向：對於電影，江青是能說內行話的。

閻：江青有一次跟我開玩笑，弄得我很不好意思。那天，我們和她一起乘車從釣魚臺去中南海（她的護士和服務員是兩個沒結婚的女孩子），她一點也不避諱地對我說：「長貴同志，聽說你都有兩個孩子啦，生這麼多幹什麼？嚐嚐那個滋味就行唄！我這輩子就只生一個。」我本來比較靦腆，被她這一說，弄得我臉熱熱的，不知回答什麼好。當然，她不高興的時候，對工作人員特別嚴厲，稍不如意就罵人，張口就是「你給我滾！」江青還怕聲音，怕光，怕風，怕見生人，和林彪差不多，只是沒有林彪那麼怕得厲害。夏天她怕冷氣，別人再熱，也得把空調關掉……

向：江青的廚師一直是程汝明吧？

閻：一九六一年起，程汝明一直是江青的專職廚師，直到一九七六年十月六日江青被抓。程師傅做的飯，很合江青口味，她很愛吃。江青愛吃雞，但吃法和別人不同：一斤左右的雛雞肉她很愛吃，而老母雞肉她不吃，只喝老母雞燉的湯。每到這時，程師傅就把雞肉放點鹽和佐料，讓工作人員吃，我就多次吃到這種雞肉。在生活水準不高的一九六〇年代，這對我們來說是很不錯的享受。

向：江青吃什麼還是蠻刁的？

閻：她在一次散步時就跟我說：「現在孩子都大了，都工作了，我和主席的工資，除了吃飯、穿衣，沒有別的用場。即便這樣，我們也不吃山珍海味。你把這個意思可告訴東興同志。」說實話，就吃來講，江青說不上多麼奢華。但在如何吃上，也有點難侍候。她住在釣魚臺，不論到中南海開會，還是到人民大會堂開會，她都經常帶著她的廚師程師傅；如果程師傅沒去的話，中南海或人民大會堂的師傅們就江青的口味總要打電話問程師傅。

江青和陳伯達

向：請你說說江青和陳伯達的關係。

閻：那時，毛澤東成立中央文革小組代替中央書記處以及中央政治局，陳伯達是中央文革小組組長，江青是副組長，但實權在江青手裡。當年「紅衛兵」就說「以江青為首的中央文革」，這是很到位的說法。陳伯達和其他一些中央文革小組的成員，作為當事人，都曾這樣或那樣回憶過。陳伯達就說「江青是中央文革第一首長」。王力回憶也說：在中央文革小組中陳伯達「不過是個傀儡」。穆欣在《劫後長憶——十年動亂紀事》中說：陳伯達「凡事都得看江青的眼色」。每逢開小組會，不管原定幾點鐘開會，只要江青還沒到會，陳伯達這個組長和其他小組成員都得耐著性子等。開會時，經常是江青包場，說個沒完，從不顧及別人的想法。一旦她與陳伯達發生分歧，江青就叫休會，把陳伯達拉到隔壁房間去「打通思想」。其他人，包括顧問康生，都只好耐著性子等，直到陳伯達被「打通」回來繼續開會。

向：就你所看到的，感到這些說法站得住嗎？

閻：在中央文革小組裡，確實是江青說了算。我們工作人員也感覺得到，小組成員對組長陳伯達的話似可聽可不聽，而對江青的話，一點折扣都不能打。一句話，小組成員對江青都是畢恭畢敬的。

向：「文革」初期，好像陳伯達因身體不適而一度住院，工作由江青代替。

閻：一九六六年八月底，由於陳伯達生病住院，中共中央於八月三十日發出通知：「陳伯達同志因病經中央批准休息，在陳伯達同志病假期間或今後離京外出工作期間，他所擔任的中央文化革命小組組長職務，由第一副組長江青同志代理。」這個通知一發，使江青在中央文革小組中的言論和行動，更有法理依據、更名正言順了。

向：《王力回憶錄》講到江青罵陳伯達要自殺的事。這是怎麼回事？

閻：一九六七年一月四日，江青和陳伯達公開宣布打倒陶鑄。毛澤東一月八日予以肯定，到二月十日又批評陳伯達「一個常委打倒另一個常委」，並說：這件事就是你和江青二人搞的，毛要文革小組批評陳伯達和江青。其實那是江青硬拉著陳伯達一起搞的，嚇得陳伯達都要自殺了。康生也說：「這都是江青搞的，要開會就批評江青，伯達讓她逼得都要自殺了。」後來康生在王力、關鋒「顧全大局」的勸說下主持開會，江青藉口身體不好不參加，會議只批評了陳伯達，沒人批評江青，而對陳伯達的批評也是輕描淡寫——因陳伯達都要自殺了，誰也不好再說很硬的話。後來江青知道陳伯達要自殺的事，指著他的鼻子罵：「你給我自殺，你給我自殺，自殺就開除你的黨籍，就是叛徒，你有勇氣自殺嗎？」

向：你親眼看到什麼嗎？

閻：我親耳聽到江青數落陳伯達自稱「小小老百姓」的事。一次，在十一樓會議室裡，不知江青和陳伯達商量和爭論什麼問題，忽然聽到江青數落陳伯達：「你張口『小小老百姓』，閉口『小小老百姓』，你是什麼『小小老百姓』，你是政治局常委。你自稱『小小老百姓』，不是謙虛，是推脫責任！」沒聽到陳伯達說什麼，只聽到他一聲長歎。「小小老百姓」確實是陳伯達的口頭禪，不論見了誰——包括普通工作人員，他都雙手一抱拳，「我是小小老百姓！我是小小老百姓！」不過，我倒覺得，江青確實抓住了陳伯達愛推脫責任這個弱點。

向：還碰到什麼事情？

閻：一九六七年一月的一天，我在十六樓值班室裡，曾看到江青和陳伯達並排坐在沙發上，陳伯達哭喪著臉，低頭不語。江青對著陳伯達說：「看你那熊樣，這麼怕，這有什麼了不起……」聽到江青這樣說，我趕忙退了出來。後來知道是這麼回事：一九六七年一月十九日，陳伯達在軍委召開的一次會上批評蕭華，說「蕭華不像個戰士，倒像個紳士」。陳伯達的話馬上傳到北京軍區，北京軍區的造反派立即行動抄蕭華的家，抓蕭華，蕭華從後門越牆逃走。毛澤東說蕭華還是要保，陳伯達嚇壞了。江青這次教訓他，也是給他打氣。

向：陳伯達在中央文革小組有沒有威信？

閻：江青對陳伯達的態度，直接影響到其他中央文革小組成員。就我所看到的，王力、關鋒、戚本禹對陳伯達也不怎麼尊重。在公開宣布打倒陶鑄後，一次在十六樓會議室裡，王力、關鋒、戚本禹公然奚落陳伯達；陳伯達也不說什麼，最後竟冒出這樣一句：「請本禹同志替我在主席、江青同志面前多美言幾句。」聽到這樣求情的話，我感到很驚訝。

向：陳伯達也確實有點窩囊。

閻：這「求情」的話，我覺得有兩層含義：一是他知道戚本禹和毛澤東、江青關係好；二是希望、也是告誡戚本禹不要在毛澤東、江青面前說他的壞話，打他的小報告。

向：陳伯達兒子陳曉農近年在香港出版《陳伯達最後口述回憶》，有人讀了批評說：「陳曉農是個真正的孝子，他在書中為父親做了全面的辯護……」依我看，陳伯達也有無奈和值得同情的一面。

閻：說到江青對陳伯達，還想順便說說江青對陳伯達妻子劉叔晏的態度。一九六七年十一月中旬我在《解放軍報》上發表了一篇批判劉少奇的文章。劉叔晏看到後給我打電話，先是誇了一番，然後說：「我想請您跟江青同志說一下，麻煩江青同志給我安排一個工作。我原來是搞《紅旗》雜誌副總編輯范若愚專案的。我想進一步研究一下知識份子演變的規律。江青同志有什麼指示，您寫個條子轉給我就行。」我說：「好吧，我幫您問問江青同志。」陳伯達的夫人交給我這麼一個任務，我怎麼辦呢？我當然要告訴江青。有一天晚上，從十七樓看完電影回十一樓是走回來的，同平常散步時一樣，江青走一段要坐在椅子上休息一會，在她休息時，我向她報告了劉叔晏請她給安排工作的事情。江青說：「陳伯達的老婆怎麼叫我給她安排工作？她的工作應由汪東興安排。」接著沒好聲氣地說：「這個地主婆不好好幹事，還叫我給她安排工作，別理她！」江青叫我「別理她」，我當然不能給她傳遞什麼資訊。可我感到她畢竟是陳伯達的夫人啊……說實話，在那段時間裡我很怕碰到劉叔晏。

向：中央文革小組的事你真瞭解得多。

閻：中央文革小組還有一件奇怪的事：就是開會不做記錄。

向：為什麼？

閻：江青不讓記。為什麼開會不讓做記錄呢？中央文革小組成員穆欣說：「按照常理，中央文革小組開會時，應作記錄，可是卻從來不准。她以『機密性』為托詞，行逃避責任之實。」這樣，她就可以信口開河，咒天罵地。後來，周恩來主持中央文革碰頭會，他要求每次開會要由中央文革小組辦事組和他的辦公室派人做記錄。頭一次由矯玉山、周家鼎來做記錄，江青也沒有什麼反對意見；當第二次王廣宇做記錄時，江青立刻神經過敏了，責問說：「我們開會還要做記錄麼？是誰叫你來的？」周恩來回答說：「是我叫來的。」又轉身對王廣宇說：「今天不用記了。」總理也拿她沒辦法。（見穆欣《劫後長憶——十年動亂紀事》，香港新天出版社，一九九七年十月二版，二八〇、三八五頁）

向：再問一個問題：當時的中央文革小組是多大的機構？

閻：總起來說這個機構有近兩百人，其成員都是按照那個年代的德才標準，從一些中央單位、特別是軍隊選拔來的，可現在一談到中央文革小組，好像就是那幾個中央文革小組成員——到王力、關鋒、戚本禹倒臺後，就只剩下江青、陳伯達、康生、張春橋、姚文元五個大人物了，其實不算四大行政區派來參加的成員，原中央文革小組成員，包括陶鑄，共有十四人。

應該說，談中央文革小組光看到他們是不全面的，應該把中央文革小組的辦事機構也算進來。這個辦事機構的前兩任負責人都是中央文革小組成員，第一任是穆欣，副的有戚本禹、曹軼歐。江青不滿意曹軼歐，就以照顧她年紀大為由拿掉了。第二任是王力。第三任是宋瓊——他原是《解放軍報》記者部主任，李訥一九六七年一月在《解放軍報》造反，把宋瓊揪回去了。第四任是王廣宇，他是馬列主義研究院的幹部。隨著王力、關鋒的倒臺，王廣宇被退回馬列研究院，次年三月又以「莫須有」的罪名投進監獄。第五任是我，副的是矯玉山。我的任職時間很短，一九六七年十二月上任，一個月不到，一九六八年一月九日就被隔離審查，後來又被打入秦城監獄。差不多與我同時被誣陷入獄的還有中央文革小組黨總支書記王道明，工作人員張根成、周占凱，他們都是軍隊的基層幹部。接替我的就是李訥，她是第六任，也是最後一任，她倒是善始善終的。

向：李訥當中央文革小組辦事組組長，江青控制就更方便了。

閻：叫自己的女兒接我這個位置，當然是為了更好地控制這個辦事機構嘛。陳伯達說：李訥當中央文革小組辦事機構的負責人，江青是中央文革第一首長，她女兒就是第二首長。

江青和林彪、葉群

向：你談談一九六七年林彪、葉群和江青的關係吧。

閻：在一九六六年八月八屆十一中全會上，林彪被毛澤東選為接班人，成為中共中央唯一的副主席。林彪上任不久，就以他的名義送給江青及其身邊工作人員每人一套軍裝。一九六六

江青站在林彪葉群夫婦之中

一九六六年林彪和江青在天安門城樓上

年八月十八日，是毛澤東第一次接見「紅衛兵」。先天深夜，毛澤東突然要穿軍裝，其用意大概表明他是軍隊的最高統帥。由於建國後毛澤東沒有穿過軍裝，一時還找不到合體的制服，只好將八三四一部隊一個身高體胖的警衛幹部制服拿來湊合了。

向：毛澤東這一穿，就穿成了「文革」中的軍服時尚。

閻：當時有軍籍的人，沒有軍籍的人，從總理起，都穿起了軍裝。不僅中央文革小組成員，就連中央文革小組的工作人員出去執行公務都要穿軍裝。人人以穿軍裝為榮。我到江青身邊時，有人帶我到軍需處也領了一套軍裝。

向：林彪和葉群到釣魚臺十一樓看江青的次數多嗎？

閻：我在那段時間只見過一次。大概是一九六七年春天，林彪來到十一號樓會議室。工作人員都知道，林彪來了不用上水，因為他不喝水。毛澤東用大大小小的宣紙給江青寫過好多幅字，江青拿著毛澤東寫的幾幅字下樓來，轉送林彪。江青說：「這幾幅贈林副主席，還有幾幅送給老夫子（指陳伯達）。」林彪話很少，臉上沒有什麼表情，也看不出他到底是高興還是不高興。葉群說：「我們是一介武夫……」表示很感謝江青。至於這次他們還談了些什麼，我就不知道了。

向：據林彪秘書張雲生回憶，葉群曾跟秘書們說：「反正我認準了一條：首長要緊跟主席，我要緊跟江青。今後她走到哪我就跟到哪，她不去的地方我也不去。」

閻：我覺得，張雲生的回憶是可信的。葉群是這樣說的，也是這樣做的。她確實處處學江青、跟江青，對這一點我有多次經歷可以證明。江青在大會上講話，或接見「紅衛兵」以及其他群眾時，幾乎沒有一次不說：「我代表毛主席來看望大家！」或者說：「毛主席讓我來看望大家！」葉群在接見「紅衛兵」和群眾時也說：「我代表林副主席……」云云。在許多群眾場合，葉群經常帶頭高呼：「向江青同志學習！」「向江青同志致敬！」江青那時接見「紅衛兵」的會議多，還不斷有「樣板戲」演出。葉群經常給我打電話，問：「今天的會議（或演出）江青同志去不去？」我就問她：「您去不去？」葉群說：「江青同志去我就去。」類似的電話很多，我都如實回答。如果事先我不知道，我會在問過江青後，再打電話告訴她。

向：事實證明，那時江青和葉群的關係確實密切。

閻：一九六七年國慶日前，黨和國家領導人去首都機場迎接以阿爾巴尼亞部長會議主席謝胡為首的黨政代表團。葉群早早去了，後見江青沒來又要離開，周總理不讓她走，她還是悄悄離開了。葉群回到毛家灣跟工作人員說：「總理說我走不得，他考慮的是外交，但我考慮的是政治。總理對江青不出場並不在意，但我拋開江青而獨自在那裡，對江青不是一種不尊重嗎？我對總理說，江青來，我們兩個都是婦女，我才不感到孤單；她不來，就我一個女性，多孤單呀！總理板了板面孔，不高興地說：『這成什麼理由？你既然來了，就不能走。』我見和總理正式請假是脫不開身了，就趁後來總理沒注意，偷偷溜了！」（見張雲生《毛家灣紀實》，春秋出版社，一九八八年版，一七一頁）從這件事，也清楚地看出了葉群對江青的態度和心理。葉群還經常送給江青一些東西。當時毛澤東像章種類繁多，花樣翻新，葉群搞到新品種，就要給江青及其身邊工作人員送來。一九六七年初夏，在北京還不到吃西瓜的季節，葉群讓林立果給江青送來幾個南方的西瓜。

向：你見過林立果？

閻：見過。那一次我對林立果印象很好。他二十多歲，坐在我辦公室，顯得很老實。話不多，問他一句，說一句。「九一三事件」後，我在秦城監獄裡，看到批林彪的文章，說林立果是什麼「超天才」，幹了這樣或那樣的壞事，我很感慨，覺得「人真是不可貌相」。

向：據說葉群對江青生活很關心的？

閻：是啊，葉群經常給我打電話問：「江青同志想吃點什麼？你們那裡搞不到的話，我們這裡有辦法。」我對這樣的電話很反感，心想，江青想吃什麼東西還搞不到？她有專門的生活管理員。所以這種電話我都「貪污」了，沒向江青報告。

向：江青和葉群比較而言，你對誰印象好些？

閻：當時江青在我腦海裡是一尊「偶像」，拿葉群和她比較，總覺得葉群不修邊幅，有些猥瑣，和江青不是同個等級。後來從張雲生、吳法憲等人寫的回憶錄中看到葉群工於心計，能控制林彪，能當林彪的家，但我當時對此一點也不知道。我對江青和葉群合夥幹的一些壞事，如抄上海趙丹、鄭君里等文藝工作者的家，迫害孫維世致死等，毫不知情。應該說，一九六七年的江青和林彪、葉群的關係是蜜月期，雖有些分歧和矛盾，但還是過得去的。在我給江青當秘書的一九六七年裡，我就沒聽到江青說過林彪、葉群的什麼壞話，她也沒告訴我和葉群（以及林彪）的接觸，包括打電話，要注意什麼。我進秦城監獄後，接任江青秘書的楊銀錄說，江青曾對他做過這樣的布置：「葉群這個人很有心計，她打來電話，和給她打電話，都要做記錄，以留作證明。」這就是說，江青和林彪、葉群的關係，到一九六九年已過了蜜月期。

江青和周恩來

向：江青和周恩來的關係如何？

閻：粉碎「四人幫」後，有人說，「文革」一開始江青就是要把周恩來打倒，我認為這樣說不符合實際。江青在周恩來面前比較隨便，有時發脾氣，或頂撞周恩來。我前些年就此曾問過戚本禹，他說：「江青和周恩來的關係很好，她之所以敢在周恩來面前發脾氣，那正是關係好的表現。她為何不敢在劉少奇、林彪面前發脾氣？」我還問過汪東興，汪說：「江青和總理的關係是比較親密的，非同一般。在「文革」中，總理說了很多讚揚江青的話。『向江青同志學習！』『向江青同志致敬！』就是首先由總理喊出來的。連主席都說，總理有點怕江青。」

向：是怕毛吧？或者是投毛所好吧？

閻：應該是有一點。我見周恩來經常到江青這裡來，來之前總是親自打電話問我：「江青同志現在是工作還是休息？如果不是休息，我想到江青同志那裡去。」我接了電話，就去報告江青。有時周恩來打電話說：「我有事要到江青同志那裡去，請你問一下江青同志行不行？」我多次接到周恩來的電話，接了就去報告江青，江青都是很高興地說：「總理來，可以，歡迎！」江青沒有一次藉口拒絕周恩來的到來。

向：一九六七年所謂「二月逆流」後情況是否有變化？

閻：此後，我拿到一份關於周恩來的什麼材料，詳細內容忘了，很可能是關於周恩來的大字報。我送給江青看，江青嚴肅地跟我說：「凡是涉及到總理的事情，我心都不安。」江青這句話，對我影響很大。也正巧在這段時間裡，中央財經學院的一個年輕教員（是我大學同學），他要寫周恩來的大字報，問我行不行。我知道，按當時毛澤東以及中央文革的意見，不允許貼周恩來的大字報，我當然說不行。那時陳伯達、江青也不止一次叫我去找聶元梓、蒯大富，要他們組織人到天安門覆蓋有關周恩來的大字報。有一次從釣魚臺十七樓看電影回來時，江青跟我們說：「總理和劉少奇不同，在大革命時期，劉少奇貫徹執行陳獨秀的投降主義路線，收繳工人糾察隊的武器；總理是主張武裝鬥爭的，他組織和領導的上海工人第三次武裝起義勝利了，搞得好。」

向：所謂「二月逆流」事件後，據說中央曾有一個議事和決策機構。

閻：這個機構就叫「中央文革碰頭會」。根據毛澤東的指示，這個碰頭會由周恩來主持，參加者除中央文革小組成員外，還有謝富治、楊成武、葉群等人。中央文革小組雖有組長陳伯達、顧問康生，但說話算數的是第一副組長江青。她幾乎具有一票否決權。不管什麼問題，就是陳伯達、康生同意了，江青不同意也是不行的。周恩來作為「碰頭會」主持者，他當然也格外重視江青的意見。

向：你見過江青在周恩來面前發脾氣的事嗎？

閻：見過。一九六七年國慶日前後，以阿爾巴尼亞部長會議主席謝胡為首的代表團來中國訪問，中國「對外文委」用革命樣板戲《智取威虎山》招待謝胡一行，以「對外文委」的名義發了請柬。這是中國招待國賓的慣例。江青拿到這個請柬後，在人民大會堂，衝著周恩來大發脾氣。江青說：「搞京劇改革的時候，他們反對，現在他們拿別人的成果，以他們的名義招待外賓。……」江青接連嚷了幾次。周恩來則平和地連連對江青說：「不要生氣，可以改嘛，可以改嘛。」周恩來說改，通知一下有關部門就改了。新改的請柬落款是「中央文革小組」。當時聽到反映，同一個招待會，謝胡一行卻收到落款不同的兩份請柬。他們不知底細，還以為招待他們的規格提高了。謝胡說：「我們要把這兩份請柬一同帶回阿爾巴尼亞，放到歷史博物館裡，它說明中阿兩國人民友誼多麼深厚！」

向：總的來說，江青和周恩來的關係可概括幾句吧。

閻：周恩來和江青都離不開毛澤東。周恩來對江青遷就再遷就，忍讓再忍讓，就因為江青背後站著毛澤東。周恩來對江青的態度是總理對毛澤東態度的延伸。江青也知道她還得靠周恩來。她建國以後的工作是周恩來安排的，在「文革」中的職務攀升也離不開周恩來。她一九五六年成為毛澤東五大秘書之一是周恩來提議的，一九六九年在中共九大當上中央政治局委員無疑也有周恩來幫忙。至於江青認為周恩來成為她實現野心的障礙而必須打倒，那恐怕是在「九一三事件」以後的事。

江青和子女及其親屬

向：你談談江青和子女及親屬的關係吧。

閻：我只當過她一年秘書，知道的不多。有一次，坐江青的車從釣魚臺去中南海，在車上江青跟我們說：「主席說了，我們家三個孩子（指李敏、李訥和毛遠新，毛遠新亦叫『李實』），他們怎麼樣，是左派、中派，還是右派，也要在文化大革命中考驗和表現。」她接著說：「李訥、遠新還可以，李敏就比較糊塗，她同意『炮轟』的觀點——即主席也可以『轟』。」李敏是賀子珍和毛澤東的女兒，江青是她的繼母。我當秘書那一年裡，李敏要我給江青轉過信（一般是放在中南海豐澤園我辦公室裡，有時也叫人轉給我），但我沒見過她，直到現在我也不認識她。關於李敏的情況，我只是聽別人說。據江青的護士許春華等人說，逢年過節，江青和李敏從來不一起去看毛澤東，都是單獨去。李訥、毛遠新和李敏的關係還好，記得有一次，李敏帶著兒子從上海回來，李訥、遠新還到車站去接。

向：還知道毛澤東家庭其他情況嗎？

閻：毛澤東對子女要求很嚴的。毛家有個規矩，其子女，對毛和江青身邊的工作人員，都稱叔叔、阿姨。許春華就告訴我，她給江青當護士後，李訥叫她「阿姨」，她就跟李訥說：「你比我還大，怎麼能叫我阿姨呢？」李訥說：「這是我家的規矩。你們工作人員都是和我父母同輩的。」許春華說：「那不行！」此後，她才不叫許春華「阿姨」而直稱「小許」了。不過我沒享受過「叔叔」的待遇，因為我們曾在中央文革小組辦公室一起工作，共過事，很熟了。

向：下面談談毛遠新吧。

閻：毛遠新和江青的關係又是另一種情形。毛遠新是毛澤東的弟弟毛澤民的兒子，一九四一年生，解放後，他媽媽朱丹華（已改嫁方志敏的弟弟方志純）把他送到毛澤東身邊，成為毛澤東家庭的一員。毛遠新在北京讀的小學、中學，高中畢業後去了哈爾濱軍事工程學院。「哈軍工」畢業後，被分配到雲南某炮兵營。

向：江青是否接受毛遠新這個家庭成員？

閻：「文革」前，毛遠新和江青的關係我不知道，也沒打聽過；我看到的，只是「文革」初期的一些情況。「文革」開始三四個月後，毛遠新從雲南回到北京，他根據毛澤東的指示，到母校「哈軍工」參加造反隊伍。由於他的特殊身份，很快成為一個有名氣的造反派頭頭。他還到延邊造反，並參加過那裡的武鬥。他從東北回到北京，也是住在釣魚臺江青所住的樓。他和我們工作人員相處很好，我們都很喜歡他。有一次，江青從外邊回來，問扶著她進樓的警衛員孫占龍：「李訥住這裡嗎？」孫占龍說：「李訥這兩天沒來，遠新在這裡住呢。」江青不高興地說：「他在我這裡住幹什麼？」孫占龍沒說什麼。當孫占龍告訴我們時，我們不理解江青為什麼這樣說，只是覺得她並不怎麼喜歡毛遠新。

向：毛遠新和你說起過江青嗎？

閻：「文革」中沒說起過。大概是一九六七年的五、六月份，毛澤東叫毛遠新不要回東北了，留下來做聯絡員，幫助處理東北兩派的聯合問題，即宋任窮一派和陳錫聯一派的聯合問題。毛遠新和宋任窮、陳錫聯都很熟。有一天，毛遠新在我辦公室正談這個問題時，江青從外邊回來，也到我辦公室裡，見到毛遠新，高興地說：「你是好孩子，這個聯絡員一定要當好……」江青也許是剛從毛澤東那裡來，聽到了叫毛遠新當聯絡員的消息。這也說明，江青對毛遠新的態度，也是以毛澤東的態度為轉移的。「文革」後，毛遠新退休後曾到我這裡來過一次。在這次談話時談到了江青。一九七五年毛遠新當毛澤東聯絡員時，江青叫他把保險櫃裡的文件整理一下，列個目錄出來。毛遠新列了個目錄給江青，江青看了後說：「你只列了文件的名字，其內容是什麼我還是不知道啊！」毛遠新說：「江青顯然是叫我把每份文件都搞個內容提要或摘要。這件事很費時間和功夫，我沒答應。江青就給主席寫了一封信談這個事，希望我給她做。主席在江青這封信上劃了一個圈，沒批什麼話。我就去問主席，並說明我不願做的理由。主席沉重而又緩慢地說：『你幫幫她吧，我們家剩的人不多了！』」毛對毛遠新所說這句話很重要，它是瞭解晚年毛澤東和江青關係的一把鑰匙。

向：江青老家山東那邊是否還有親戚？

閻：一九六七年冬天，江青的嫂子即她同父異母的哥哥李干卿的妻子曾來京找她。她嫂子寫來了信，我拿著信向江青報告，她沒好氣地說：「我不見她。」我問：「那怎麼辦？」她斬釘截鐵地說：「我不管！」我感到無奈，不知怎麼辦好，只能請示我的頂頭上司汪東興。當我報告後，汪東興笑著說：「她嫂子不用她見，也不用她管。她嫂子來無非是想要點糧票要點錢，由我處理就行了，也不用再告訴江青同志了。」最後汪東興給了她嫂子多少糧票和錢，我不知道，事情反正就這樣解決了，我也沒再報告給江青。

毛澤東和江青

向：有一本稱作《口述歷史》的書說：「文化大革命開始不久，毛澤東就厭惡見到江青」。這話屬實嗎？

閻：這是沒有根據的。如果是這樣，毛澤東還叫江青當中央文革小組第一副組長嗎？即便別人提名，毛也不會批准。有一次，我們在江青身邊工作過的人聚會，我說，「文革」初期江青住釣魚臺，下午只要不開會，幾乎每天都去見毛。這一點我們都可以證明。說毛有些厭惡見她，那是以後的事。據擔任過毛澤東機要秘書的張玉鳳說：一九七二年以前，江青同毛澤東見面多，談話也比較多。一九七二年春，也許是「九一三事件」後，毛的心情不好，對江青發過幾次大脾氣，規定沒有他的同意，江青不能隨便到他的住處來，來了要擋。這以後，情況就有些變化了。「到了一九七三年，江青打電話要求見主席，主席總是推託，不見。」（參見《毛澤東傳一九四九～一九七六》，中央文獻出版社，二〇〇三年版，一六八四頁）

向：究竟是什麼原因毛後來不想見江青呢？

閻：我也說不清。汪東興九十歲生日聚會，我也去了。汪告訴我們，到了一九七〇年代，即「文革」進行好幾年後，毛澤東覺得江青經常來看他，對他的休息和工作是一種打擾，不願意讓她來。有一天毛澤東問汪東興，誰能擋住江青，不讓她到我這裡來？汪回答：「只要你下命令，我就敢。」此後，江青去見毛澤東確實受到警衛戰士的阻攔。江青的司機李子元說，有一次江青要到毛的住處中南海游泳池去，當車行至游泳池附近的一個路口時，被值勤的警衛擋住，江青說：「你看我是誰？我回家你怎麼擋？」警衛戰士說：「這是上面的命令！」氣得江青要打警衛戰士，可警衛戰士堅持不讓車過。江青無奈，不得不取消了這次「回家」之行。

向：這都是後來的事。我也這樣想，如果毛澤東「文革」初就厭惡見到江青，那「文革」怎麼搞得起來？也不符合江青在「文革」中的地位和作用。

閻：實際上，江青是協助毛澤東發動和領導「文革」的幹將和先鋒。文化大革命的導火線，就是姚文元的《評新編歷史劇〈海瑞罷官〉》，而此文就是毛澤東讓江青去秘密組織寫的。一九六七年四月十二日，江青在軍委擴大會議上還講了她組織批判《海瑞罷官》的過程。一九六七年二月和五月，毛兩次接見阿爾巴尼亞軍事代表團時都談到組織批判《海瑞罷官》的事。從毛澤東這些相當坦率的談話中，可以看出他為什麼要發動文化大革命，怎樣發動文化大革命。我甚至認為，開始發動文化大革命，只有他和江青兩個人知道，劉少奇、周恩來和鄧小平等都是被蒙在鼓裡的。按照毛澤東、江青自己的說法，文化大革命確實是他們夫妻二人搞起來的。

向：這些問題重大，雖有不少研究文章，但由於檔案未解密，還有謎底沒揭開啊。

閻：從幾年前中央文獻研究室張素華研究員出版的《變局：七千人大會始末》（中國青年出版社二〇〇六年十二月版）一書中就可以看出，毛澤東和劉少奇的矛盾實際上在一九六二年七千人大會上就顯露出來了。一九六四年搞「社教」和「四清」，劉在不同的場合說開調查會的形式「過時了」；而調查研究、開調查會又是毛一向非常強調的，是毛澤東認識論和世界觀的基礎。江青聽說後很生氣，報告給毛說：「赫魯雪夫等史達林死了作報告。如今你還活著，他就做報告了。」江青說這話，毛是聽得進去的。

向：你能進一步談談毛劉的分歧和矛盾嗎？

閻：這可是個大題目，不是三言兩語能說清楚的。對這個問題我研究得很不夠。應該說毛劉的分歧由來已久了，「冰凍三尺非一日之寒」。我前面說毛劉的矛盾「在一九六二年七千人大會上就顯露出來了」，這還說近了；遠一點說，建國後就表現出來了。在民主革命時期，也就是在戰爭時期，毛澤東提出了「新民主主義的理論和策略」。按照這個「理論和策略」，革命勝利後，即建國後，中國應該有一個「新民主主義社會階段」。但在這個問題上，毛劉的主張截然相反。建國後，劉說：十年之內談不到社會主義，共產黨員要為「鞏固新民主主義制度」而鬥爭。毛說：民主革命勝利之日就是社會主義革命開始之時。一九五二年，毛就提出「從現在開始用十年到十五年時間要基本上完成向社會主義的過渡，而不是這個時間以後才開始過渡」。接著，毛利用他的權威和威望提出「過渡時期總路線」，取代他原來提出的新民主主義建國綱領。這恐怕就是毛劉分歧和矛盾的總根源。話扯遠了，但要談毛劉的分歧和矛盾，不從這裡說起又是不行的。

向：其實，你上面所說的，有研究者也曾提出了。

閻：這是需要深入探討和研究的問題。說到毛要整劉少奇，要取消劉的接班人地位，也並非從文化大革命才開始。建國後，毛就逐漸有這種想法了。人們知道，建國後，毛對高崗是非常賞識和重用的，其暗含的目的就是要用高取代劉。最近不少人都談到毛指示高崗調查東北敵偽檔案中劉少奇一九二九年在奉天被捕的情況。要不是為整劉少奇，毛這樣做幹什麼？要不是想用高崗代替劉少奇，毛為什麼指示高崗這樣做？由此到文化大革命還有很多中間環節，一下子很難說完。

向：簡單說說你的看法吧。

閻：文化大革命一開始，毛用林彪取代了劉少奇，但還是保留了劉的常委，其後還說過，下一次黨代會還要選劉做中央委員等等，這說明毛還沒有下決心打倒劉。一九六七年一月十三日毛劉最後一次談話，沒談得攏。毛正在進行文化大革命的興頭上，而劉提出要儘快結束文化大革命，這樣毛就下決心要徹底打倒劉了。

向：毛後來批評江青搞「四人幫」，你是怎樣看的？

閻：從根本上說，毛批評江青是「恨鐵不成鋼」，並不是要把她打倒。就在毛批江青搞「四人幫」後，毛不是還說，對她要「一分為二」，她問題不大，不要「小題大做」嗎？！

向：說「江青問題不大」是在什麼時候？

閻：一九七五年五月毛在中共中央政治局會議上說的。毛說：「我看問題不大，不要小題大做，但有問題要講明白。上半年解決不了，下半年解決；今年解決不了，明年解決；明年解決不了，後年解決。」

向：「解決」語氣好像很重啊。

閻：怎麼很重呢？是說慢慢解決，不要著急嗎！粉碎「四人幫」說是「繼承毛主席的遺志」，這是沒有根據的。

向：有人說，華國鋒當主席是毛遠新推薦的。是這樣嗎？

閻：不錯，最近香港中文大學出版的中華人民共和國史第八卷《難以繼續的「繼續革命」——從批林到批鄧》有這種說法，並認為這說法「有一定道理」（參見該書第六五八頁）。有人拿這本書問我，我說這事沒聽說過，究竟如何，要問毛遠新本人。毛遠新現住南昌照顧九十八歲高齡的老母朱丹華，我曾給他打電話詢問此事，他說這是瞎編的。他說：「我有什麼資格和權力向主席推薦接班人？再說，我對華國鋒一點也不瞭解。」他又說：對於接班人，主席最看重的還是張春橋，認為他有思想，有能力。主席曾問過我對張春橋的看法，我也這樣認為，但我說不足的是他不能團結幹部，城府太深，有點兒陰。當時主席在幾個副總理中翻來覆去地琢磨，最後選定了華國鋒。主席選定華國鋒做接班人，還是想叫張春橋做「軍師」。毛遠新說：「主席叫我跟張春橋傳達這樣一句話：『從一九三五年遵義會議起我不是就做了十年的副手嗎？』意思很明顯，主席要張春橋安心做副手。我把主席這句話向張春橋傳達了，也向華國鋒說了。」這些，就是毛遠新在電話中向我談的情況。看來認為毛遠新推薦華國鋒做接班人的說法並不符合歷史事實。

向：後來批「四人幫」總是極力把毛和江青分開，其實他們是分不開的。分開了，許多事情倒不能自圓其說了。

閻：我同意你這種看法。

向：如今「文革」過去幾十年了，親歷者漸少，搶救歷史已成當務之急了。

閻：但現在還有不少禁忌，許多事情還是一筆糊塗帳，說不清道不明，研究無法展開。

向：現在談另外一個問題吧。我看到一些文章說毛澤東結婚時，中央政治局對江青有「約法三章」，這是事實嗎？

閻：這個說法流傳很廣，說當時中央政治局對江青「約法三章」，規定江青「只管毛澤東的私人生活與事務，二十年內禁止在黨內擔任任何職務」等。我一九九八年退休後，從事「文革」問題的回憶與研究，就想首先弄清這個問題。

向：對毛澤東和江青的婚姻，現在相當權威的書上說毛是「錯誤的選擇」、「失敗的選擇」。

閻：我認為不能這樣看。一九三〇年代，毛澤東和江青結婚的時候，毛澤東是革命領袖，江青是進步青年，他們的結合有什麼不可？當時有反對的聲音，但說白了，就是認為江青曾經是舊社會所謂三教九流的「戲子」，並有許多緋聞。對江青的過去，毛澤東大概不會完全不知情，但他當時到底如何看待，現在沒有充分材料說明。坦率地說，這種私人感情的事，旁人也很難說明白。只有一點可以肯定，人們的勸阻沒有影響毛與江青的結合。

向：從這一點看，也許可以說，毛並不在乎人們勸阻的那些理由。

閻：是的。

向：對江青，中央政治局究竟有沒有「約法三章」？

閻：我曾問過人們普遍認為對毛澤東瞭解最多的汪東興、張耀祠，他們都說沒聽說過這件事。汪東興說，江青和毛澤東結婚時，他不在毛澤東身邊，而在衛生部。汪、張二人均說：恐怕不是中央對江青有什麼「約法三章」，而是毛澤東本人對江青有什麼限制。《毛澤東年譜（一八九三～一九四九）》和《毛澤東傳（一八九三～一九四九）》這兩部著作，都是中共中央文獻研究室編著出版的，但對毛澤東和江青一九三八年十一月結婚，都只作了簡單記載，根本沒提到「約法三章」。如中央政治局確有所謂「約法三章」，《年譜》和《傳》肯定要提到或有所說明。說毛、江結婚，大家有議論，有不同意見，這是事實，但所謂中央政治局有「約法三章」是沒有根據的。

向：現在很多人都說，江青在延安演《打漁殺家》演得好，受到毛澤東的垂青。

閻：這可能是事實。一次看電影時，江青就曾跟我說過：「主席就是通過藝術認識我的。」我認為江青這句話很到位，能夠印證這個說法。曾在中央文革中當過江青護士的周淑英說，江青曾對她說：「她在延安時演戲，主席曾到後臺看她，見她衣服穿得單薄，就把自己身上的大衣脫下來披在她身上。」

向：江青那時確實是進步青年，又有才氣，毛確實是很欣賞她的。

閻：張雲生的《林彪秘書回憶錄》和楊銀祿的《我給江青當秘書》都說到這件事：一九六八年一次中央文革碰頭會，除江青外，成員們給毛澤東和林彪寫了一封簽名信，信的大意是：附上最近發現的江青（藍蘋）於一九三七年在上海某雜誌上發表的《我的一封公開信》，並說「從這封《公開信》看，江青早在一九三〇年代就已不愧是一位無產階級革命家」了。簽名者紛紛表示向江青學習。對這封信毛澤東不僅畫了圈，還親筆批示：「我就是從此認識江青的性格的。」從毛澤東對江青《公開信》的態度看，他確實不在乎別人怎麼看江青。再從江青的角度來看，她也不是為追求毛澤東才來延安的。已經披露的材料證明，江青到延安後所追求的第一個人並不是毛澤東，而且當時追求毛澤東的，恐怕也不只是江青一人……

向：你究竟是怎樣看待一九三〇年代江青的？

閻：要全面和正確地認識江青這是個很重要的問題。江青在文革中，一方面吹噓自己一九三〇年代的革命經歷，比如她經常向人講自己那時怎樣做地下工作的情況，跟我也講過；一方面又竭力掩蓋自己一九三〇年代的一些情況，對瞭解自己那段歷史的人，大施淫威，殘酷迫害，特別是在文藝界，有不少人被迫害致死、致殘。然而客觀地講，一九三〇年代的江青是值得肯定的。那時她利用藝術形式，如演話劇、演電影，還寫文章，為提高婦女地位，爭取婦女解放，以及反對日本帝國主義的侵略，做了不少有益的工作。她是一個愛國的、革命的、進步的青年。特別是從上海到延安，是從比較安適的都市到十分艱苦的地方，更表現了她的革命性和進步性。江青所走過的道路，是當時進步青年共同走過的道路。粉碎「四人幫」後，對江青在延安以及她在整個一九三〇年代的報導和宣傳多是負面的，這不符合歷史的真實。

向：白求恩初到延安曾給加拿大報紙寫了一篇長文章，就寫到了江青。

閻：我看到了。一九三八年三月三十一日到五月二日，白求恩在延安停留，瞭解了一些延安情況。一九三八年八月二日在加拿大報紙上發表了一篇歌頌延安抗大的長文，其中談到這所「世界上最獨特的大學」裡的女性學生。他說到的典型，就是那個「來自上海的著名電影演員」。他這樣寫道：「幾個月以前，這個女子還是無數人的寵物，過著奢侈的生活……現在，她與其他學生同吃小米和胡蘿蔔，與其他八個女子同住一個窯洞，同睡一張硬炕……沒有口紅，沒有脂粉，沒有香水……她像其他所有學生一樣，一個月只有一元錢的生活費，用來買肥皂和牙膏……她快樂嗎？……她像一隻松鼠一樣活潑和淘

毛澤東與江青在延安窯洞裏

氣。」（見《隨筆》二〇〇七年六期）那時，白求恩看到的江青，還沒和毛澤東結婚，也不一定知道江青和毛澤東將來要結婚。

向：江青一九三〇年代寫的那些文章我無緣看到，但別人寫的介紹文章我讀過。一九七六年十一月「哲學社會科學部文學研究所圖書資料室」編印的《「四人幫」資料彙集》，其中收錄了張春橋和江青兩人一九三〇年代公開發表的部分文章，封面注明「供批判用」。我沒見到此書，但徐強先生以《紙上的藍蘋》為題，寫了文章說：「紙上的藍蘋，是一個勇於追求個人自由與幸福的女人。今天恐怕有很多讀者還不知道房龍是誰，但是藍蘋知道。她讀了房龍的書，得出一個結論：『人類的歷史，實在就是一部爭自由的紀錄！』舅舅送給她一隻名叫『金鈴』的小雀子，小雀子關在籠裡，失去了自由，不吃也不睡，過了一夜就死了。藍蘋感歎道：『一個雀子尚且為求自由死了，那麼人，尤其是受著重重束縛的婦女，當然更應該勇敢的去爭取自由了！』她在上海的生活，大概就是她心目中的『爭取自由』的生活。她對自己所扮演的角色，體會最深的是娜拉和卡捷琳娜。她說『我和卡捷琳娜之間就好像隔離了幾千里的路程』，而娜拉，卻幾乎就是藍蘋的化身：『把娜拉的話當作我的，把我的情感作為娜拉的，什麼都沒有擔心，只是像流水似地演出來了。』卡捷琳娜是被男人拋棄的女人，娜拉則是拋棄男人的女人。」（見《隨筆》二〇〇五年六期）

閻：江青是敢作敢當的。

向：那時的藍蘋，是一個熱愛表演事業，而又不乏自知之明的女人；同時還是一個同情底層民眾，關心國運興衰、民族存亡的女人；還是一個充滿激情、富有革命精神的堅強的女性。但為什麼「藍蘋」到了延安，繼而成為毛澤東的妻子，成為中華人民共和國「第一夫人」，成為「中央文革小組第一副組長」、「解放軍文革小組顧問」和「文化大革命的旗手」就完全變了呢？

閻：這確實值得深思，從「藍蘋」到江青，其實就是她的「個人革命史」。

向：她的「個人革命史」，從某種程度上說又是一部「中國革命史」。在這革命史中，我們分明感到有悲壯，又有無奈。江青當然要對自己的悲劇負責，但使她變化的那些外因難道就可以忽略嗎？

閻：你說的很對。我們不應該僅僅停留在批判上，而應該扎扎實實地去研究。

江青之死

向：江青是一九九一年五月自殺的。你對她的自殺有何感想？

閻：「多行不義必自斃。」希望絕滅了，用自殺來解脫。

向：我在網上看到的資料說，江青在五月十三日的《人民日報》一版邊上寫下一句話：「歷史上值得紀念的一天。」因為二十五年前的這一天，中共中央政治局任命她為中央文革小組副組長。接著，江青又寫了一句話：「主席，我愛您！您的學生和戰士來看您來了。」次日凌晨，值班護士發現江青上吊身亡。當時你得到這條消息的第一感覺是什麼？

閻：真正的文化大革命的發動者——毛和江青都去了！

向：我看到的資料還說，江青在生命的最後時刻，常常想到毛澤東。她在枕邊保存著毛的手跡，衣上別著毛的像章，床頭櫃上放著一張她和毛澤東在中南海晨起散步的照片。

閻：江青是非常崇拜毛的。離開毛她什麼也不是。

向：說江青在監獄裡，每天清晨都要背誦毛的詩詞或閱讀毛的《選集》。她還抓緊時間寫回憶錄，情緒高興時，還就自己的手稿標題徵求護士的意見。她問護士：「《毛主席的忠誠戰士》怎麼樣？或者，改為《獻給毛澤東思想的一生》……」她還想到更富有挑戰性的標題「《打倒修正主義，建立新世界》」。

閻：江青實際上也是個被異化的人。

向：是被誰異化的？

閻：還能是誰？不言而喻嘛。在這裡，制度是催化劑。

向：據說江青自殺前就檢查出咽喉癌了。

閻：我也看到過一份資料，說一九八九年三月三十日，江青回到秦城監獄，被檢查出咽喉癌。江青有過癌症經驗，建國初她曾因癌症到蘇聯做過子宮切除。這回醫院建議手術，江青堅決不同意——她不想成為啞巴。同年十一月，江青再次保外就醫。中央辦公廳有關部門在北京酒仙橋附近為她選了一幢二層小樓，並且安排了護士，為江青治療。一九九一年二月十五日，江青高燒不退，化名李潤青住進醫院。等她退燒後醫生再次建議咽喉手術，江青還是拒絕。

向：拒絕手術就等於接受死亡。

閻：一九九一年五月十四日凌晨三時三十分，值班護士發現江青用幾塊手帕連結成繩，繫在浴盆上方的鐵架子上，自殺身亡。

向：江青一生曾多次嘗試自殺。

閻：我從材料上看到，江青一九七六年被捕後，絕望使她想到自殺；一九八四年九月，江青要求去毛澤東紀念堂被拒絕，她把一根筷子插進喉嚨；一九八六年五月，江青用幾隻襪子結成繩套，自殺未遂；一九八八年十二月，毛澤東誕辰九十五周年，江青要求組織家庭聚會，未獲批准，她吞下五十片安眠藥；一九八九年十一月，江青想回中南海毛澤東故居，或釣魚臺國賓館十號樓，被拒絕後，江青用右手在脖子上抹了一下。一九九一年清明節，江青要求去毛澤東紀念堂，同時要求李訥帶一捲白紙，她要送給毛澤東一個花圈，還是被拒絕。江青最後撕碎了回憶錄手稿，並要求回酒仙橋。這一次自殺江青如願以償。但是，江青自殺的消息沒有馬上公佈。

向：李訥當時得到消息嗎？

閻：據說當天下午，李訥得到了消息，到醫院簽署了死亡通知書。不知是出於李訥的意思，還是中共中央辦公廳的意見，李訥同意不舉行任何形式的葬禮。三天以後的五月十八日，江青的遺體被火化。李訥沒有到場，江青或毛澤東的其他任何親屬都沒有到場。李訥要求把骨灰盒送給她。

向：這是李訥跟你說的？

閻：我從材料上看到的。我和李訥沒說過這樣的話題。

向：新華社一九九一年六月四日發出電訊稿稱：「『林彪、江青反革命集團案』主犯江青，在保外就醫期間於一九九一年五月十四日凌晨，在北京她的居住地自殺身亡。」這個消息刊登在《人民日報》第四版的角落上。記得我當時正出差北京，在報上看到這個消息，先是猛地一怔。

閻：也不應「怔」了，到了那個時候，死是最好的解脫。江青曾對她的護士馬曉先不止一次說過：「將來我是準備殺頭的、坐牢的，這個我不怕。也可能不死不活地養著，這個難些。」最後應驗了她自己的話。

向：江青的悲劇也許就是有野心。

閻：但人到了那個位子，除非傻瓜，有野心是自然的。

向：在權力交接機制極不符合人類文明通行規則的情況下，以後來出現的朝鮮、古巴那樣交接成功的案例來看，江青對權力峰巔的覬覦也是可以理解的。

閻：你說得對。權力不是來自選票，爭鬥總在台下，刀光劍影，誰對誰錯，就看誰勝誰負，周而復始。

向：從這個意義上說，今天研究江青，其重要目的，就是要真正告別那種只把選舉當作形式而實質是「內定」的制度。

閻：這是根本性的問題。

向：謝謝您接受我的採訪。

二〇〇八年十一月二十一日下午、二十二日上午採訪，

二〇〇九年一月至二月整理修訂完畢，並經閻長貴有人閱審

馬克思的三位中國聖徒
——王炯華教授訪談錄

王炯華是華中科技大學教授。他從事李達研究二十多年，出版過《李達與馬克思主義哲學在中國》、《馬克思主義哲學在中國——從清末民初到中華人民共和國成立》、《毛澤東的讀書生活》、《五十年中國哲學風雲》等多種。最近，他的新著《李達評傳》（二〇〇一年度「國家社科研究專案」）又由人民出版社出版了。一個偶然的機會，我在湖南涉外經濟學院見到客串講學的王教授，並特約進行了兩次長談。

在湖南涉外學院採訪後，作者與王炯華合影。攝於二〇〇四年四月

中國馬克思主義研究者李達在書房寫作

李達的主要著作

一九五八年四月六日，李達（右一）陪同毛澤東接見武漢科技界人士

一九五二年劉少奇（左）視察湖南大學時與李達（右）握手。中為時任長沙市委書記曹瑛

向繼東（以下簡稱「向」）：早在十多年前，我就讀過你的大著《李達與馬克思主義哲學在中國》，印象很深，如今你又出版了《李達評傳》。可以說，你是國內「李達研究」最權威的專家了，你最瞭解李達。我想請你專題談談李達和毛澤東、和陳獨秀之間的恩怨。

王炯華（以下簡稱「王」）：真正作學問的都不是當權者，可以威風八面，所以權威談不上。你要我談李達和毛澤東、陳獨秀的恩怨，其實說恩怨也談不上。

向：那你就談他們之間的一些事情吧。

王：那還是先談李達吧。馬克思主義從清末民初傳入中國，到現在已經歷一百多年了。李達是「五四」時期傳播馬克思主義的先驅，是中國共產黨主要創始人和早期領導人之一，是馬克思主義哲學家、經濟學家、法學家、史學家和教育家。

中共「一大」籌建之初的爭吵

向：李達是湖南人吧？

王：李達是湖南零陵（今永州）人，一八九〇年十月出生於一個佃農家庭。一九一三年，他從京師優級師範考取留日官費生東渡，後因病輟學回國。一九一七年春，他第二次東渡，考入日本第一高等學校理科。他想學成後報效祖國，可國家戰亂頻仍，政治腐敗，民不聊生，使他深感迷茫和苦惱。一九一七年俄國十月革命的勝利，李達開始從日本報刊和書籍中接觸和學習馬克思主義。一九一九年「五四」運動爆發時，他似乎看到了祖國和民族命運的轉機，於是在日本寫了《什麼叫社會主義》、《社會主義的目的》等文章，寄給上海的《國民日報》「覺悟」副刊發表。一九二〇年八月，他從日本回國，就開始進行中國共產黨的籌建活動。

向：籌建中國共產黨你能談得更具體一點嗎？

王：一九一九年七月，身在日本的李達，寄給國內發表的文章中就有建黨的思想。一九二〇年一月，李大釗著文呼籲創建工人階級的政黨。二月中旬，李大釗在送陳獨秀離京赴上海途中又相約建黨之事。李大釗對陳獨秀說：「我著手在北京作建黨的準備，你在上海作建黨的準備吧。」四月初，聯共（布）派魏金斯基（又譯「維經斯基」）以共產國際遠東局使者身份等來華，隨從翻譯是俄籍華人楊明齋。魏金斯基來華後，取了個中國名字「吳廷康」（一說伍廷康，筆名魏琴）。魏金斯基一行先在北京會見李大釗，同李大釗討論在中國建立共產黨問題。李大釗很高興，並介紹他去上海找陳獨秀。四月下旬，魏金斯基一行便到上海與陳獨秀商量建黨事宜了。

在魏金斯基的幫助下，一九二〇年五月，上海的社會主義者以新青年社為中心，組織了「馬克思主義研究會」，討論社會主義和中國社會改造等問題。經常參加座談討論的有陳獨秀、李漢俊、沈玄廬、邵力子、施存統、俞秀松、陳公培、陳望道、沈雁冰、戴季陶、張東蓀等人。討論中，多數人認為中國有建立共產黨的必要，應立即著手建黨。但戴季陶、張東蓀等持反對意見，不久他們便聲明退出。六月，陳獨秀、李漢俊、俞秀松、施存統、陳公培五人開始籌建共產黨組織。八月，李達從日本回國到上海，拜訪了心儀已久的陳獨秀。他們雖然是第一次見面，但談得非常投機，在組織共產黨和社會革命等問題上的意見完全一致。於是，他就寄住在漁陽裡二號陳獨秀寓所的亭子間。

就在這個月，陳獨秀、李漢俊、俞秀松、施存統（時在日本）、陳公培、陳望道、沈玄廬、李達等八人成立了中國共產黨，史稱「中國共產黨發起組」。「共產黨」這個名稱，是陳獨秀徵求李大釗的意見後確定的。陳獨秀向李大釗寫信詢問是否叫「社會黨」，而李大釗回信說就叫「共產黨」。第一次會議推舉陳獨秀為書記，擬定了一個類似黨綱的東西，叫「勞工專政，生產合作」，並函約各地社會主義者組織支部，同時單獨成立社會主義青年團。不久，邵力子、沈雁冰、李啟漢、趙世炎、周佛海、李季、袁振英、劉伯垂等人也陸續加入。每次開會時，魏金斯基都來參加。

向：後來陳獨秀和李漢俊之間鬧矛盾，據說是為經費的事情？

王：是的。一九二〇年八月中國共產黨發起組成立時，陳獨秀擔任書記。十一月，陳獨秀應陳炯明邀請赴廣東出任省教育委員會委員長，由李漢俊代理書記，並主編《新青年》。當時黨的經費十分困難，雖然每月只用兩三百元，卻也難以籌措。陳獨秀所辦的新青年書社，生意還不錯，李漢俊給陳獨秀寫信提議由新青年書社按月支兩百元做黨的經費，陳覆信沒有答應，而且連李漢俊主編《新青年》每月一百元的編輯費也不按期支付。於是，李漢俊認為陳獨秀私有欲太重，兩人為此鬧起了意見。尤其是，陳獨秀、李漢俊還為黨章草案發生了嚴重分歧。

向：陳獨秀這個人很有個性。

王：眾所周知，陳獨秀雖然是民主鬥士，但他自己卻並不那麼喜歡民主；相反，他那時是主張共產黨集權的，也就是集中。他寄給李漢俊的黨章草案提出黨的組織採用中央集權制，工人組織則主張產業工會。李漢俊是主張分權的，也就是民主。他認為陳獨秀的黨章草案是要實行黨的獨裁，他以「不能擁護陳獨秀獨裁」為由，根據自己的意見，也擬了一個黨章草案寄給陳獨秀，主張黨的組織採用地方分權制，工人組織則主張先組織職業工會。陳獨秀看了非常氣憤，便一面寫信與李漢俊激烈辯論，一面寫信勸李達反對李漢俊。

向：李達按陳獨秀的意見做了嗎？

王：李達覺得，黨剛剛發起，只有那麼幾個同志，就鬧起分裂來，不好。但陳獨秀是黨的主要發起人，李漢俊又是相交頗深的留日朋友，李達似乎兩邊都不好說什麼，只得周旋於陳、李二人之間，竭力彌合他們之間的裂痕。可李漢俊想不通，便不肯再當代理書記，把黨的名冊和文件統統交給李達，要李達做代理書記。李達自己也許並不想做，但陳獨秀不在上海，李漢俊又不幹，就只好勉強接手了。於是，李達從一九二一年二月起擔任了中國共產黨發起組書記，全面主持黨的籌建工作，直到一大的召開。

這裡還要說說李達的夫人王會悟。王會悟小李達八歲，浙江桐鄉人。其父是晚清秀才，私塾先生。王從六七歲起就開始接受父親的啟蒙教育，並與後來成為著名作家的茅盾（沈雁冰）同學。茅盾在《我走過的道路》一書中還提到王會悟。一九二一年四月，王會悟與李達結婚。他們沒有舉行儀式，只在陳獨秀寓所辦了一桌酒席，請了沈雁冰、沈澤民兄弟和幾位朋友。婚後，他們搬出了陳寓，租住在輔德里六二五號（今成都北路七弄三十號）。後來，這個住所就成了中國共產黨黨史上的一個地址。中共一大的籌備和召集是由代理書記李達負責的，而一大外地代表的食宿和一大的會務，則主要是由他們夫婦連袂負責的。

向：中共一大李達具體做了些什麼。

王：李達具體做的可多了。一九二一年二月李達代理中國共產黨「發起組書記」以後，集共產黨籌建中的宣傳、組織、聯絡於一身。除了負責同各地共產主義組織聯絡外，當然還要同陳獨秀函商黨的籌建事宜。到六月，除上海以外，北京、武漢、長沙、廣州、濟南等地都已成立了共產主義組織，東京留學生和旅歐學生中亦有黨的發起活動。上海、北京、武漢、長沙等地還成立了工會組織，開展了初步的工人運動。因此，李達和陳獨秀認為，召開黨的全國代表會議、建立統一的中國共產黨的條件已經具備，時機也已成熟。

六月三日，共產國際駐中國的代表馬林和共產國際遠東書記處代表尼科爾斯基到達上海，來參與中國共產黨的籌建工作。馬林（一八八三～一九四二）是荷蘭人，原名亨德立克思・斯內夫利特。一九〇二年參加荷蘭社會民主黨，一九一四年在爪哇組建東印度社會民主聯盟，因同情俄國革命被驅逐出境。一九二一年受列寧委派為共產國際正式代表來華。他同李達接觸後，瞭解了中國共產黨的發起和籌建情況，建議李達早日召開黨的全國代表大會，宣告中國共產黨的成立。於是，根據以前的醞釀和馬林的建議，李達與陳獨秀聯繫，商定在上海召開中國共產黨全國代表大會。他又與李漢俊商量，將會址安排在李漢俊哥哥李書城寓所——法租界望志路一〇六號（現為興業路七十六號）。李書城（一八八一～一九六五）係同盟會人。這時他一家人都去蘇州避暑了，房子正好空著。

向：李達與毛澤東的相識就是在中共一大期間，據說毛當時還不是黨員。

王：一大是李達通知開會的。他分別寫信給北京、長沙、武漢、廣州、濟南等地的共產主義組織，通知他們各派兩人於七月二十日來上海開會。因是秘密召開，所以通知只說是開會，至於開什麼會，自然不便說明。其中李達給長沙共產主義組織的信是寄給長沙新文化書社毛澤東的。幾十年後，一九六二年黨的生日前夕，李達應邀在湖北省委黨校一個訓練班上回憶一大召開的情景說，毛澤東接到他的通知後，便邀上何叔衡來到上海。他兩找到李達後，李達問：「你們是C. P.還是S. Y.？」毛澤東說：「我們是S. Y.。」李達說：「我們是開C. P.的會，你們既然來了，就參加C. P.開會吧，會後回湖南就組織C. P.。」（王炯華《李達評傳》，人民出版社，二〇〇四年二月一版，四六五頁）C. P.是共產黨的英文縮寫，S. Y.是社會主義青年團的英文縮寫。這就是說，湖南代表毛澤東、何叔衡當時還是社會主義青年團員，他們是參加一大才成為黨員的。所以李達在這次講話中說：「黨的一大的最大功績是發現了偉大領袖毛澤東。」

向：據說李達這次講話成了「文革」挨整的一個因素。這是怎麼回事？

王：李達回憶毛澤東、何叔衡來參加黨的一大的情況，其實他早在一九五七年黨的生日時，就同武大哲學系的青年教師說過。不料李達這次在湖北省委黨校講話，終於在「文革」中被武大歷史系某教員揭發而出了大事，說他不僅否定毛澤東是黨的締造者，而且公然抬高自己。

向：你覺得李達是在抬高自己嗎？

王：李達這樣說，不排除有自己表功的一面，但更重要的還是推崇毛澤東。一九四九年他在其自傳中談黨的一大時說：「毛澤東同志後來做全黨領袖的作風，在這時已經顯露了端倪。」一九五八年，他又說：「黨的第一次代表大會，得到了毛澤東同志出席參加，這是黨的第一次代表大會的光榮。」

事實上，一九二一年一月二十一日，毛澤東給時在法國留學的蔡和森寫信說：「黨一層，陳仲甫先生等已在進行組織。」「陳仲甫」即陳獨秀。這表明毛澤東知道陳獨秀等人在上海組織共產黨，也表明他本人或長沙方面當時還沒有組織共產黨。易禮容在一九七九年回憶《黨的創立時期湖南的一些情況》中說，「湖南在中國共產黨成立以前，只有社會主義青年團，沒有共產黨的組織是對的……毛組織了青年團，共產黨還沒有成立。」（《「一大」前後》，二，人民出版社，一九八〇年八月一版，二八三頁）

向：我也看過易禮容的這篇文章。易在文章中還說，「毛參加『一大』後，大約八月回長沙。他回來不久到朝宗街文化書社找了我。」「他說要成立共產黨。我說：我聽說俄國一九一七年列寧領導的革命死了三千萬人。中國現在要成立共產黨，要是死三十個人，救七十個人，損失太大，我就不幹。他說：你錯了。社會主義革命，是瓜熟蒂落。我說：瓜熟蒂落，就幹吧。」幾天後，毛澤東、何叔衡、易禮容就在清水塘決定了要成立黨。他們三人就被叫做「三人小組」——時間是一九二一年九、十月間（同上，二八二、二八三頁）。

王：一九四五年毛澤東在籌備黨的七大時，回憶黨的一大也說：「當時對馬克思主義有多少，世界上的事情如何辦，也還不甚了了。所謂代表，哪有同志們現在這樣高明，懂得這樣，懂得那樣。什麼經濟、文化、黨務、整風等等，一樣也不曉得。當時我就是這樣，其他人也差不多。當時陳獨秀沒有到會，他在廣東當教育部長。我們中國《莊子》上有句話說：『其作始也簡，其將畢也必巨。』現在我們還沒有『畢』，已經很大。《聯共黨史》開卷第一頁第一行說，蘇聯共產黨是由馬克思主義的小組發展成為領導蘇維埃聯邦的黨。我們也是由小組到建立黨，經過根據地發展到全國，現在還是根據地，還沒有到全國。我們開始的時候，也是很小的小組。這次大會發給我一張表，其中一項要填何人介紹入黨。我說我沒有介紹人。我們那時候就是自己搞的，知道的事並不多，可謂年幼無知，不知世事。」（《毛澤東文集》第三卷，人民出版社，一九九六年八月一版，二九一頁）毛澤東這段樸實的話語講到「小組」，顯然是比照蘇聯共產黨說的。

毛澤東是「神經質」嗎？

向：我們還是說一大開會吧。

王：說是二十日開會，但由於交通原因，直到二十三日，各地代表才全部到齊。這天晚上八時，中國共產黨第一次全國代表大會在李書城寓所宣告開幕。出席會議的代表有上海的李達、李漢俊，長沙的毛澤東、何叔衡，武漢的董必武、陳潭秋，濟南的王盡美、鄧恩銘，北京的張國燾、劉仁靜，廣州的陳公博，日本東京的周佛海，包惠僧受陳獨秀的派遣參加了會議（但包惠僧晚年堅持說自己是廣州共產主義小組選出的正式代表，而不是陳獨秀的私人代表）。會議推舉富有組織活動能力的張國燾任會議主席。參加會議的還有共產國際代表馬林以及尼科爾斯基，共十五人。

向：會議期間毛澤東是否顯得很活躍？

王：據我看到的史料。開會時，各地代表們互相交換意見，都認為應當在各地從事組織工人運動，但對於黨的工作如何進行，卻沒有多加討論。那時候，與會代表都還年輕，還多少帶有一點羅曼蒂克，相互見面時總要談起戀愛的故事。但「毛澤東同志卻始終沉著，常常獨自一人，搔首尋思，絕不他顧。同志們見了他這種神氣，總說是神經質，殊不知他是正在計畫著回到長沙後如何推動工作。」（見一九四九年《李達自傳》。引自《李達評傳》，八九頁）

向：從李達這幾句回憶看，我覺得，毛當時和與會者有一種明顯的隔膜和距離，也許還夾有一點自慚形穢——別人要麼是留洋的，要麼是名教授；毛內心裡，卻又是瞧不起這幫書生的。

王：很可能是這樣。

陳獨秀等與共產國際的摩擦

向：下面你談談中共一大後的陳獨秀吧。他做了黨的書記是否就回上海了？

王：一大選舉陳獨秀擔任書記，李達任宣傳主任，張國燾任組織主任，並決定在陳獨秀回上海前，由周佛海任代理書記。閉幕後，周佛海、李達、張國燾三人就舉行了中央局第一次會議。當時，他們最大的困難就是沒有經費。開會時，各地代表也都說籌措經費不容易，因而中央也無法要求各地分擔費用。於是，他們將一大的情形及新中央局所面臨的困難寫信告訴了陳獨秀。因暑假即將結束，周佛海就要去日本繼續學業，他們就催促陳獨秀趕快回上海主持工作。八月中旬，陳獨秀才辭去廣東教育委員會委員長職務，回上海專任黨的書記。從此，中央局就在輔德里六二五號李達寓所辦公。這時，李達已辭去中華書局編輯，是自由職業者，其夫人王會悟是上海蒲柏女子學校教師。

李達後來還回憶一大說，馬林、尼科爾斯基幾乎每週都要約集陳獨秀、張國燾和李達三人開一次會，聽取他們開展工作的報告。李達的工作是每週都有書刊出版，他所擔任的宣傳主任，實際上也只是一個著作者兼編輯。張國燾則把他每週所接觸到的兩三個工人的經過，用佶屈的英語，作冗長的報告。陳獨秀的報告卻很少，因為當時的工運，主要都在京漢和隴海兩鐵路方面，漢口段由武漢支部主持，北京段由北京支部主持，中央只派出一人到鄭州主持，所以上海方面就沒有多少可以報告的事。

那時，陳獨秀不住在自己的寓所，另外找了個女人住小房間。他除了隔幾日來和李達等人會面外，大家都不知道他的住所。他究竟每天做了些什麼，誰也不知道。他除了到李達寓所取幾封信回去作答以外，似乎沒有什麼別的工作。所以與馬林他們開會，報告工作對他來說是一件很不愉快的事。他後來還與馬林大吵，要鬧獨立。陳獨秀說，「每月只拿他們兩千多元（共產國際每月給黨的津貼），事事要受支配，令人難受。中國一國也可以革命，何必一定要與國際發生關係？」這樣，陳獨秀接連幾個星期不來與馬林會面。

向：當時李達對此是怎麼看的？

王：李達認為，中國無產階級革命如不與國際相聯繫，簡直太鬧笑話了，所以他和張國燾幾次去勸陳獨秀。但陳獨秀個性倔強，堅持己見，好不容易才勸來他和馬林會面。

向：我看過羅章龍一九七九年寫的回憶說，「馬嘗稱仲甫為『火山』，又一次在中央會議上，仲甫與馬因爭論，致使會議不能進行，我當時任三大中央常委會秘書，只得宣布暫時休會。馬林心平氣和去鄰室抽煙，陳仍餘怒未消。片刻後我說：『時間已到，繼續開會。』馬問：『火山是否熄了？』我說：『熄了！』馬林說：『革命黨頭腦應該冷靜。』時潤之也在場，會議結束後，潤之提議，以後開會，大家不能發脾氣。我們均支持，作為公約。」（《馬林在中國的有關資料》，人民出版社，一九八〇年四月一版，一〇八頁）羅章龍對馬林的回憶基本上都是正面的。

王：據張國燾回憶，馬林這個人確實也不是很討人喜歡。張國燾說，李達自己也不大願意與馬林打交道。那是因為馬林「這個洋鬼子很驕傲，很難說話，作風與威金斯基迥然不同。他與李漢俊及李達第一次見面就談得不大投機」。雖然「李達很注重我們與共產國際間的關係，自己則不願和他們打交道，故希望我能與馬林談得來。李達是一個學者氣味很重、秉性直率的人，有一股湖南人的傲勁，與人談話一言不合，往往會睜大雙目注視對方，似乎是怒不可遏的樣子。他的簡短言詞，有時堅硬得像鋼鐵一樣。我當時想到馬林和李達也許是兩個戇頭，恰好碰個正著」（張國燾《我的回憶》，引自《李達評傳》，八九頁）。張國燾還回憶說：「馬林給我的印象是不平凡的。他這個體格強健的荷蘭人，一眼望去有點像個普魯士軍人。說起話來往往表現出他那議員型的雄辯家的天才，有時聲色俱厲，目光逼人。他堅持自已主張的那股倔強勁兒，有時好像要與他的反對者決鬥。他是一個老資格的社會主義者，曾在荷屬東印度工作多年，同情東方被壓迫民族，譬如他在上海路遇到一個外國人欺侮中國苦力，他竟挺身出來與那個外國人大打出手。但他的談吐往往過分形容亞洲人民的落後，也有時談到東方社會主義者的幼稚可笑，使人覺得他沾染了一些荷蘭人在東印度做殖民地主人的習氣。他是共產國際東方問題的權威並以此自傲，有時還提到他曾和列寧在共產國際第二次大會中共同制訂殖民地問題決議案的事。所有這些表現，使他自居解放的人看來，就覺得他具有社會主義的白人優越感。」（同上，八九、九十頁）這也許是馬林不能與陳獨秀們共事的原因。

與陳獨秀不合，李達脫黨專心於馬克思主義理論研究

向：李達後來脫黨，據說就因為和陳獨秀鬧翻了。

王：一九二二年十一月，李達應毛澤東邀請去湖南擔任湖南自修大學校長。到了一九二三年暑期，李達到上海會見陳獨秀，對國共合作事宜提出了一些不同看法。國共合作既是共產國際的指示，也是中國革命反帝反封建鬥爭的實際需要；但是怎樣合作和採取什麼形式合作，無論是共產黨方面還是國民黨方面，都有不同的意見。就共產黨來說，當時擔任黨的書記的陳獨秀，他考慮中國革命的條件和時機還不成熟，因而採取了後來被稱為的右傾立場，主張共產黨全體加入國民黨，全心全意做國民革命，等到將來條件和時機成熟以後，再做社會革命，這也就是後來所說的「二次革命」。但李達卻堅持他在《馬克思學說與中國》一文中的立場，主張共產黨員以個人身份加入國民黨，共產黨本身

應當保持自己組織上的獨立性。

這時，陳獨秀就以家長制作風來對待李達。李達後來回憶說：「暑假時，我去到上海，會見陳獨秀，談起這個問題，他是主張黨內合作的，似乎已經由他決定了。他問我的意見怎樣？我回答說，我是主張黨外合作的。我的理由還未說完，他便大發牛性，拍桌子，打茶碗，破口大罵，好像要動武的樣子，幸虧在座有一兩位同志勸住了。我心裡想，像這樣草寇式的英雄主義者，做我黨的領袖，前途一定無望。但他在當時已被一般黨員尊稱為『老頭子』，呼『老頭子』而不名。我當時即已萌發了脫黨的決心。」（一九四九年《李達自傳》，引自《李達評傳》，一二七頁）

向：要是沒有這次分歧，李達就一定會留在黨內嗎？

王：這也很難說，況且歷史從來是不能假設的。李達原本是很尊重陳獨秀的，從日本回上海就寄住在陳獨秀寓所，又在黨的籌建時期受陳獨秀之託擔任黨的代理書記。現在見陳獨秀這樣獨斷專行，大失風度，他一氣之下，拂袖而去，直返長沙，脫離了他親手參與創建的中國共產黨。就是說，李達脫黨主要是在國共合作問題上與陳獨秀意見不合而又受不了陳獨秀家長式的霸道作風。

李達後來——特別是革命勝利後，屢次檢討。一九四九年十二月，他重新入黨時沉痛檢查了自己「當時脫離組織的動機」，說：一是不滿意於陳獨秀的魯莽暴烈的草寇式作風。說陳獨秀對於馬克思主義並無研究，在一九二二年黨的二大前，他所發表的東西，只是當時一個新聞記者的水準。在陳獨秀和張東蓀論戰中，陳對於張東蓀主張中國要有資本的話，作了如下的反駁，說：「蠢才，我們反對的是資本家，不是反對資本。」（見《新青年》六期）說這樣話的人，他配做共產黨的領袖嗎？至於陳獨秀在二大以後所發表的東西，主要是蔡和森、張國燾、彭述之代筆的，他自己並無主見，以蔡、張、彭等人的意見為意見，陳獨秀只是領著所謂「老頭子」的頭銜而已。二是不滿意張國燾的陰謀詭計的伎倆。三是不願意參加示威行列。四是不願意做國民黨員。五是要專心於馬克思主義的研究，不願分心於他務。六是他自己當時患著肺病。七是小資產階級的生活負擔頗重。八是在主觀上，自以為專做理論的研究與傳播，即算是對黨的貢獻，在黨與否，仍是一樣。最後李達歸納說，小資產階級意識過於濃重，以致思想與實踐脫節——這是當年離開黨組織的總的原因（同上，一二八、一二九頁）。

向：我覺得李達所檢查的八個方面的原因，是符合實際的，同時又表明他實際上是看不起陳獨秀的。

王：就是看不起陳獨秀的馬克思主義水準，而不僅僅是陳獨秀的霸道作風。

向：李達所謂陳獨秀的「反對資本家」而「不反對資本」就不配做共產黨的領袖，從資本的原始積累來說是有道理的，但從市場經濟來說卻未必盡然。在市場經濟條件下，資本與資本家不僅不能劃等號，而且還是可以分離的。

王：李達也有其局限嘛。但是另一方面，從中國歷史和中國共產黨歷史來說，又常常是「秀才造反，三年不成」。李達、陳獨秀畢竟都是書生，陳獨秀不行，李達也未必行。他即使留在黨內繼續做黨的領導人，不是陳獨秀，也很可能是瞿秋白、李立三。李達自己也認為，實際上他的長處是做理論研究。而中國共產黨本身的理論準備不足，它一成立又立即投入實際的革命鬥爭，理論研究顯得十分薄弱。李達脫黨，但並不脫離革命，更不離經叛道。從李達一生看，他脫黨並沒有脫離馬克思主義。

一九二八年冬到一九三七年抗日戰爭全面爆發這一時期，李達堅持著譯馬列主義理論著作，在上海和北平的大學講壇上講授馬克思主義哲學、政治經濟學、貨幣學和社會進化史等課程，成為蜚聲學界的「紅色教授」。這一時期他出版了《中國產業革命概觀》、《社會之基礎知識》、《民族問題》、《社會學大綱》等專著和《馬克思主義經濟學基礎理論》（河上肇著）、《理論與實踐的社會科學根本問題》（盧波爾著）、《辯證法唯物論教程》（西洛可夫等著）等譯著。

李達與毛澤東之「蜜月期」

王：一九四八年，毛澤東在西柏坡給正在湖南大學法學院任教的李達帶信說：「吾兄乃本公司發起人之一，現公司生意興隆，盼兄速來參與經營。」一九四九年五月，李達在中共華南局組織的護送下，由長沙轉道香港到達北平。五月十八日，毛澤東在西山雙清別墅會見李達，並握著李達的手對身邊的工作人員說：「我這位客人你們就不要管了，今夜我們得好好談談嘍。」李達先說了他這次北上的經過，說：「我離開嶽麓山時，乘坐的還是國民黨兵站的汽車呢！」毛澤東聽了哈哈大笑。李達還不負程潛重託，向毛澤東彙報了湖南的政治形勢，轉達了程潛決心起義、走和平解放之路的意思，毛澤東聽了很高興。

向：湖南的和平解放，李達是立了大功的。

王：這是肯定的。李達與毛澤東會面，還說了大革命以後的情況，後悔自己沒有跟他一道「秋收起義」，一道上井岡山，表示自己愧對黨，愧對毛澤東，現在雖然已屆花甲，身體也不大好，但一定要為建設新中國盡綿薄之力。

毛澤東聽了，充分肯定了李達始終堅持宣傳馬克思主義的努力，但也批評了李達脫黨的錯誤。毛澤東說；你早年離開了黨組織是一個錯誤，是在政治上摔了一跤，是個很大的損失。往者不可咎，來者猶可追。但是你在早期傳播馬列主義，是起了積極作用的。你在國民黨統治區教書，一直堅持馬列主義的理論陣地，寫過很多書，做出了應有的貢獻，思想上沒有離開馬列主義，這是有益的事嘛，黨是瞭解你的。只要是做了些好事，人民是不會輕易忘記的。你可以重新入黨，我願意做你的歷史證明人，你去找找劉少奇和李維漢，請他們做介紹人。隨後，一九四九年十二月，李達便由劉少奇介紹，毛澤東、李維漢、張慶孚作歷史證明人，經黨中央批准為中共黨員，且不要候補期。

向：李達因此很感激毛澤東嗎？

王：李達對毛澤東的關切，一再表示感謝。後來一說到這件事，他總是激動地說：這麼多年了，毛主席沒有忘記我，黨沒有忘記我。是黨和毛主席的關懷和鼓勵，才使我獲得了新的政治生命。

毛澤東還特地詢問了王會悟。但因他早已與王會悟分手，所以對毛澤東的詢問，他總是「王顧左右而言他」。王會悟母女在抗戰勝利後，曾由李達寫信請邵力子幫忙，搭乘民主人士乘坐的船隻由重慶到達南京。此時女兒心怡正在南京金陵女子大學上學，李達隨後給她寫信，要她們母女去找南京軍管會主任柯慶施。柯慶施一九二〇年同王會悟一起加入社會主義青年團，他熱情地接待了王會悟母女，並於七月安排她們去北平，也住在北京飯店。雖然李、王二人同住北京飯店上下樓層，但他們既已分手，也就只能是朋友了。新中國成立後，李達每次去北京，都去看看王會悟。因為王會悟一直沒有工作，也沒有公費醫療。李達便將自己的收入分成三份，他和石曼華留兩份，另一份給王會悟，直到李達「文革」遇害。中共十一屆三中全會以後，王會悟終於有了一份固定津貼，享受公費醫療，頤養晚年。她一九九三年辭世，享年九十五歲，這是後話。

向：我在一個小報上看到，說那天李達和毛談至深夜，毛就留他睡在自己的床上。有這種可能嗎？

王：這是事實。李達那時因胃穿孔出院才不久，身體尚未完全恢復，談著談著就有點支持不住了。毛澤東看到他那疲憊的樣子，便要他睡在自己床上，開始李達硬是不肯，要請秘書另外找個房間，在毛澤東一再堅持下，他才睡在毛的那張硬板床上。對於這份難得的殊榮，李達從雙清別墅回來後，便向他的零陵小老鄉唐棣華講起了嚴光「加腳於帝膺」的故事——東漢嚴光，字子陵，劉秀的好朋友。但劉秀做皇帝後，嚴光卻隱居不見了。劉秀好不容易打聽到了嚴光的去向，派人請他來朝。劉秀以皇帝之尊，白天陪他喝酒吃飯，晚上與他同榻睡覺。可是，嚴光為考驗九五之尊的這位朋友，在龍床上睡不到一會兒，就把腳架到了劉秀的肚子上。劉秀自然很不舒服，但怕弄醒嚴光，就輕輕地把他的腳搬開。哪知過一會兒，嚴光一個翻身，腳又架到劉秀的肚子上了，弄得劉秀整個晚上都沒睡好。嚴光如此跟劉秀睡了幾個晚上，劉秀仍然沒事一般。這就留下了嚴光「加腳於帝膺」的故事。李達不無得意地對唐棣華說：「嚴子陵加腳於帝膺，忘其尊貴。我可沒有忘其尊貴加腳於帝膺。因為我要秘書另外找房子，是毛主席自己不讓。」

向：從此毛李的關係變得緊密。

王：也算是吧。一九四九年六月，華北高等教育委員會成立，李達任常委。六月十五日至十九日，李達參加新政協籌備會議，商討成立新中國的籌備工作。六月二十六日，中國新法學研究會籌委會成立，李達任籌委會常委，隨後任副會長。七月八日，中國新哲學研究會籌委會成立，李達任主席。七月十四日，中國社會科學工作者代表會籌委會成立，李達任副主席。八月，李達任中國政法大學第一副校長和中國新法學研究院副院長。九月二十一日，中國人民政治協商會議在中南海懷仁堂開幕。李達以無黨派人士身份，作為社會科學工作者代表參加第一屆政協會議，並當選為全國政協委員。十月，李達被任命為中央人民政府政務院文教委員會委員和法制委員會委員。十二月，經中央人民政府委員會第四次會議通過，李達被任命為中南軍政委員會委員、文教委員會副主任和湖南大學校長。

《新建設》雜誌第一卷三至四期特闢「政協代表對於《新建設》讀者要說的最重要的一兩句話」專欄，李達說了這樣一段話：「在毛澤東旗幟之下，全國人民，團結在中國共產黨的周圍，結成了鞏固的統一戰線——中國人民政協。這人民政協，已經制定了共同綱領，就要選舉中央人民政府，宣告中華人民共和國的成立了。這是中國人民真正歷史的新開篇！數千年來人民被壓迫、被剝削、被奴役的歷史，從此結束了！今日以後，我們人民成了新國家的主人。我們要擔負起保衛新國家、從事新建設的偉大使命！我們要加緊學習馬列主義與毛澤東思想，遵守共同綱領，各站在各的崗位，竭盡一切智慧，用自己的勞動，繼續創造我們由新民主主義到社會主義到共產主義的歷史！」

向：可見李達之虔誠。

王：一九四九年九月二十三日，毛澤東、朱德宴請程潛，有二十六人作陪。十月二十六日，程潛離京回湘前夕，毛澤東又在中南海頤年堂設宴餞行，有二十人作陪。兩次宴會作陪者中除周恩來等領導人以外，有各方面的負責人聶榮臻、董必武、林伯渠、李立三、陸定一，也有李達和章士釗兩位湘籍人士。

向：那麼，是什麼時候毛開始對李達態度變了呢？

王：我也說不準。在我看來，二十世紀二三〇年代毛澤東受李達的「馬列主義」影響是很大的。毛澤東在延安收到李達所寄的《社會學大綱》後，認為這是「中國人自己寫的第一本馬克思主義哲學教科書」，寫信稱讚李達是「真正的人」。毛在延安講「山溝裡出馬克思主義」，也講「零陵出馬克思主義」。後來，毛作為「懂事長」邀李達「速來參與經營」後，李達角色就自然轉換了，就一直在學毛，崇拜毛。一九五一年，李達主編《社會發展史》，在書中李達提出了「毛澤東思想的中國社會觀」，指出毛澤東思想「在中國社會的應用與擴張」，是毛澤東思想的「基本的總路線」。在毛發起的知識份子思想改造運動中，李達認為：知識份子思想上的問題不外乎自由主義、個人主義和主觀主義。「所謂思想改造，就是要用馬克思列寧主義和毛澤東思想的武器武裝起來，確立五大觀點（辯證唯物主義觀點、勞動觀點、階級觀點、群眾觀點和組織觀點，引者注），打垮這思想上的三大敵人，作一個光榮的勞動知識份子。」

向：李達配合是很積極的。

王：他是懷著一種虔誠而愉快的心情配合的。一九五一年十月，《毛澤東選集》第一卷出版。《人民日報》先後發表毛的《實踐論》和《矛盾論》。李達非常佩服這兩篇文章，並決定解說這「兩論」。一九五一年上半年，他寫完了《〈實踐論〉解說》。他是一邊寫作，一邊在《新建設》雜誌連載，當年七月三聯書店出了單行本。這裡還要說到，《〈實踐論〉解說》曾得到了毛澤東本人的讚賞。這年三月，李達將部分列印稿寄給毛澤東審正，二十七日，毛即回信說：「兩次來信及附來《〈實踐論〉解說》第二部分，均收到了，謝謝您！《解說》的第一部分也在刊物上看到了。這個《解說》極好，對於用通俗的言語宣傳唯物論有很大的作用。待你的第三部分寫完並發表之後，應當出一單行本，以廣流傳。第二部分中論帝國主義和教條主義經驗主義的那兩頁上有一點小的修改，請加斟酌。如已發表，則在印單行本時修改好了。關於辯證唯物論的通俗宣傳，過去做得太少，而這是廣大工作幹部和青年學生的迫切需要，希望你多多寫些文章。」信的末尾還說「《實踐論》中將『太平天國』放在排外主義一起說不妥，出選集時擬加修改，此處暫仍照原」。（《毛澤東書信集》，人民出版社，一九九三年八月一版，四〇七、四〇八頁）一九五二年，李達又接著寫了《〈矛盾論〉解說》。此文也同樣得到了毛澤東寫信支持。李達認為，《矛盾論》和《實踐論》一樣，「是毛澤東思想的基礎，是無產階級政黨的宇宙觀，是革命行動和科學研究的指南」。一九五四年，為了宣傳新憲法，李達撰寫了〈談憲法〉、〈學習憲法，擁護憲法〉、〈熱烈參加憲法草案的討論〉、〈我國憲法是人民革命成果的保障和為社會主義鬥爭的旗幟〉、〈學習中華人民共和國憲法〉和〈中華人民共和國憲法講話〉等一系列文章。

作為「打手」的李達

向：我早知道李達解說這「兩論」是非常有名的。

王：李達可以說是唯毛的「馬首是瞻」。不幸的是，毛澤東建國後搬用政治鬥爭的方法，在思想文化界發動了一連串的批判和鬥爭，從批判電影《武訓傳》，到梁漱溟政治思想批判、《紅樓夢》研究批判、胡適思想批判、胡風反革命集團及其文藝思想批判等等，李達幾乎都充當了馬前卒的角色。作為一個李達研究者，我在感情上為他感到遺憾。

向：我倒覺得用不著遺憾。歷史就是歷史。現在我們研究歷史人物是非，不是為了某個人，而是為了將來不重複歷史。

王：我同意你的觀點。

向：李達在這一連串批判中主要寫了哪些文章。

王：一九五一年批判電影《武訓傳》，李達在《人民日報》發表〈論武訓是個反動派〉及〈再論武訓是個反動派〉。批判胡適時，他接連寫了〈胡適哲學思想批判〉、〈胡適政治思想批判〉、〈實用主義——帝國主義的御用哲學〉等六篇文章。他的胡適批判論著也得到毛澤東的讚賞。毛讀了回信說，「覺得很好。特別是政治思想一篇，對讀者幫助更大」。批判梁漱溟時，李達在人民出版社出版了《梁漱溟政治思想批判》；批判胡風時，他寫了〈提高警惕，認識我國過渡時期階級鬥爭的複雜性和尖銳性〉、〈提高警惕，對一切反革命派作鬥爭〉等文章。

向：在「反右」鬥爭中，李達的表現更是令人扼腕。他那時已完全喪失了作為一個知識份子應有的道德操守，如韋君宜所說，他連「良心」也犧牲了。

王：其實，作為一個知識份子，因一九四九年毛的勝利，李達就放棄了自我的價值判斷。一九五七年「引蛇出洞」後，他則成為一名「反右」權威發言人。一九五七年七月四日，他在全國人大一屆四次會議上作了〈從右派分子的進攻看知識份子必須加強改造〉的專題發言，上綱上線，認為費孝通〈知識份子的早春天氣〉一文的中心思想是說「從一九四九年中華人民共和國成立到一九五七年三月為止，是知識份子的嚴冬天氣。在這段期間內，我國知識份子過著淒淒慘慘戚戚的生活，好容易才盼到了乍寒乍暖的早春天氣」；費孝通的動機是向黨進攻，大膽地反黨反社會主義。他甚至說，〈知識份子的早春天氣〉「不是費孝通個人的抒情之作，而是章羅聯盟的一個宣傳文件」，「它的發表是右派分子向黨進攻的第一炮」。（《人民日報》，一九五七年七月五日）他還主持過武大和湖北社會科學界的「反右」大會，發表了〈批判馬哲民的「實踐與認識」〉、〈徐懋庸對於馬克思主義哲學的修正〉、〈整風運動的辯證法〉等批判文章，打上了「李達哲學政治化」的鮮明印跡。

向：當時武大共打出了多少右派？

王：一九五七年武大右派總數占全校師生總人數的一成，為全國高校第一。其中中文系中三班二十七名學生，就有二十四名「右派」，中「右」二名，「左派」只有一人。中文系中國古典文學專家程千帆被打成「右派元帥」，中三班學生吳開岳則被打成「右派司令」。這當然有歷史原因，但李達作為校長是負有不可推卸責任的。

李達失寵並慘死

向：讀你的《李達評傳》，我有一個印象：李達對毛在思想文化及政治上的一切運動，都是贊同的，包括毛的哲學政治化思想等等；但李達又畢竟是書生，搞了那麼久教育，做了那麼久的校長，他對毛一九五八年的「教育革命」是有保留的。他不是在這一點上存心反毛，而是覺得那樣搞會破壞教育自身的規律。包括一九五八年的大躍進，儘管他寫過〈幹勁加鑽勁，科學大躍進〉那樣的文章，但他對大煉鋼鐵，以及對「人有多大膽、地有多高產」等口號的提出，他一定程度上保留了自己的看法，因為他畢竟是一位哲學家嘛。

王：你說得對。一九五八年前他一直很順的，這從他的任職也可以看出。他一九五三年由湖南大學調任武漢大學校長後，還同時兼任了許多重要職務。一九五三年二月，他被任命為中南行政委員會委員兼文教委員會副主任。自一九五四年起，他連續當選為全國一、二、三屆人大代表。一九五五年起任中國科學院哲學社會科學部委員，《哲學研究》編委；一九五六年當選黨的八大代表和中共湖北省委委員，並被推選擔任中國哲學學會會長。一九五八年被任命為中國科學院武漢分院籌委會主任，接著任院長兼湖北省哲學社會科學研究所所長、湖北省哲學社會科學工作者聯合會主席等。

向：一九五八年他說了哪些不合時宜的話？

王：一九五八年九月十二日，毛澤東視察武漢大學，肯定了武漢大學「教育革命」的成績，而李達對這種「成績」是持保留態度的。可當時的校黨委第一書記劉仰嶠說：「過去的武大是一家腐朽不堪的大學，經過教育革命，要辦成新型的武漢大學，要放衛星，要由武大師生員工辦起現代化、正規化的新武大。」校黨委書記劉真則提出，不按劉仰嶠書記的意見辦「就會犯歷史性錯誤」。而李達見到的「教育革命」，就是「拔白旗，插紅旗」；就是「政治掛帥，勞動上馬」；就是讓青年教師和學生「放衛星」編教材，與所謂資產階級專家、教授「打擂臺」。他產生了「不少疑問」：把教學改革提到「教育革命」的原則上是否合適？讓先生、學生都參加生產勞動，是否會降低教學品質？是不是一種資源的浪費？搞什麼「花生地裡出哲學」，這簡直是胡鬧。「學生盡搞勞動，大學還成其為什麼大學！」他還說：「科學的權威是打不倒的。」「搞革命不能靠空喊，要拿出東西來，要拿出有份量的成品，科學著作要拿到桌子上打得叮噹叮噹響！」

向：從你的書裡，我看出李達和武大兩位劉書記的合作是不太好的。

王：豈止是不好？後來矛盾公開化了。一九五九年一月，李達在學校黨員代表大會上說：「全黨幹部和黨員，都要朝著又紅又專的方向前進，不但要大大提高政治覺悟和馬列主義水準，而且要使自己逐步由外行變為內行。」這當然是說兩位書記是外行。他還在一次全校教師大會上說：「你們要坐下來讀書，要認真地讀書。如果有人叫你開會，你就說兩個字：『不去』！」一九六〇年十一月，中央文教工作會議決定調整文化教育工作方針，提出「高等學校要把提高教學品質擺到第一位」。這時，李達似乎有了尚方寶劍，決心糾正「教育革命」的後果。翌年五月，他在武大黨委常委擴大會議上作了一次重要講話。這講話後來還被指控是對一九五八年「教育革命的反攻倒算」。

向：他就說了這些？

王：他還多次說：「一九五八年教育革命搞得很糟，挫傷了知識份子的積極性，損害了知識份子的自尊心。」「學生給教授寫大字報，批評教授，真是荒唐之極」。他還認為武大黨委「不但不是執行黨的知識份子政策，而且破壞了黨的知識份子政策，這是書記一長制的結果」。

向：他這不是反對黨領導學校嗎。這些毛是否知道？

王：毛不一定都知道，但應該知道一些。因當時的武大黨委書記和湖北省委第一書記王任重、中南局第一書記陶鑄，應該向毛有些彙報。我分析毛澤東後來疏遠他的原因，一是毛澤東不像建國初那樣謙和了，越來越變得帝王之氣了；二是與王任重、陶鑄他們的不斷進言有一定關係。李達是學問家，可能對官場「潛規則」不是那麼諳熟。如一九六三年湖北省委把武大調來兩位黨委副書記（此二人是一九六一年整風時調出的），李達堅決反對，見還是無效，他就給高教部部長楊秀峰打電報，請求辭去武大校長職務。楊秀峰是個資深的共

「文革」中批判李達的大字報

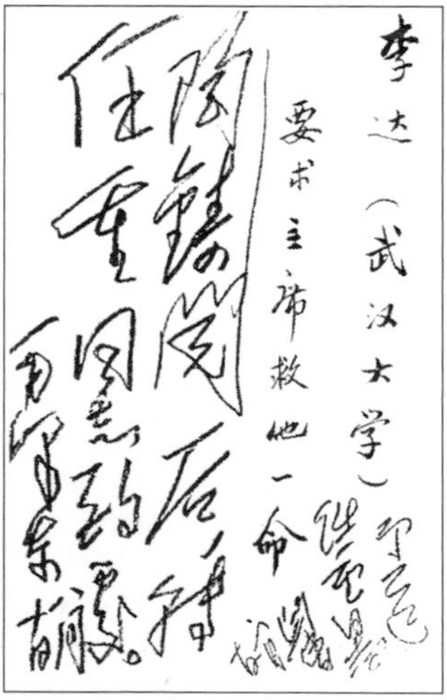

「文革」時毛澤東對李達「救命信」的批示

產黨人，第八屆中央委員，解放前夕，曾任華北人民政府主席。楊部長立即派人去武大調查李達請辭原因，然後給王任重打電話說：「請你們省委尊重李達同志的意見，不要使他為難，不要跟他過不去。」後來湖北省委才把那兩位武大黨委副書記的調令收回。第二年春節，王任重陪同陶鑄來武大給李達拜年時還說：「省委對您老不夠尊重，還請您老多加原諒。」

向：這些恐怕也是王任重和陶鑄不喜歡李達的原因。我還猜想，這時的李達，可能還依仗和毛的關係，把毛當保護傘，其實毛心中的李達早已不是那個有用的李達了（一九六五年李達曾將《唯物辯證法大綱》稿本送毛澤東審正，傳說毛澤東對此有過批評：洋人古人和死人寫得太多。但李達卻捨不得割愛，只是在內容上作了部分刪節，仍舊堅持這種完整而系統的歷史追溯——《李達評傳》二二九頁——假如李達加寫了「今人」，也許他不至於被整死了）。因為隨著李達年齡的增大，「喇叭」的力度弱化了，而且很快出現了林彪那樣的「喇叭高手」。儘管，一九六一年毛與李達相會於廬山，毛囑他修訂《社會學大綱》（即晚年主編的《馬克思主義哲學大綱》），但此書對毛沒有什麼用了。也許，毛要其修訂純屬一種客套。

王：李達在臨死前幾天，還請求他的「秘書」（其實這時是監督他的「特務」了）給毛送信。他信封上寫著：「送呈毛主席武漢大學李達」。

向：信是怎麼寫的？

王：信就這幾句：「主席：請救我一命！我寫有坦白書，請向武大教育革命工作隊取閱為感。此致最高的敬禮！李達七月十九日」。可毛澤東看到，已是八月十日了。毛當即便用他那特製的粗紅鉛筆批示：「陶鑄閱後，轉任重同志酌處。毛澤東八月十日」。（王炯華《李達評傳》，四八一頁）當天，陶鑄也在這張條子上作批：「即送任重同志」。王任重後來說，毛澤東還曾當面指示他：不要把李達整死，要照顧一下。他也向毛澤東保證：「武大的革命師生決不會對李達採取過分的行動。」

向：這些都是後來的一面之詞了。要是毛真的要救李達，只要將「酌處」改為「妥處」，李達不至於在十四天之後就含冤去世了。

王：正是這樣。李達死後第二天，遺體即被火化。當晚，武漢大學召開全校師生員工大會，「憤怒聲討地主分子李達」，並宣讀了中央批覆的那份《關於開除混入黨內的地主分子李達黨籍的決定》。

「哲學政治化」之後果

向：由李達之死，我想到「螳螂捕蟬、黃雀在後」的典故，很有意思。

王：最後黃雀被人打下了，人被老虎吃掉了，老虎掉進陷阱裡被土埋了。想想一九四九年後歷次運動中的知識份子，大都是這樣。

向：你書中有一句話，說李達接受的是一九三〇年代蘇聯的「哲學政治化」那一套，這給我啟發很大，並由此讓我想到李達整個學術的價值體系。有學者認為，二十世紀初中國本來有很多選擇，但最後選擇了蘇俄式的革命道路，而放棄了歐美式的改良之路，以致中國一直是在走極端的一條路，好像是越左越革命，直到一九七八年才發生戲劇性的變化。

王：前面已經說過了，一九三〇年代是毛澤東學李達，建國後是李達學毛澤東，這是事實。當年毛澤東收到李達寄去的《社會學大綱》，評價極高。毛說他把《社會學大綱》讀了十遍，並在自己的《讀書日記》中記載了閱讀此書的進度，書上還作了許多批註。毛還對他身邊的工作人員郭化若說：「李達同志還寄給我一本《經濟學大綱》，我已讀了三遍半，也準備讀它十遍。」（同上，二五二頁）這也可見，毛的馬克思主義來源（或者說部分馬克思主義來源）是從李達的闡釋中得來的。建國後，李達學習毛的《實踐論》和《矛盾論》，接連出版「解說兩論」的兩本小冊子，稱毛的《實踐論》是「無產階級實踐的哲學」，是「中國革命行動的理論」，「是一個偉大的卓見」。還說毛是繼列寧之後，把唯物辯證法推進到了「一個光輝的新階段」，「把馬克思列寧主義作了精闢的分析和光輝的補充」等等。

向：你在書中說到李達「文革」中質疑林彪的「頂峰論」。依我看，李達和林彪對毛澤東的諛詞，其實也是一斤對八兩——儘管他倆的目的不一樣。

王：那不能這樣看吧。

向：一九五九年毛曾說要退居二線，以便專心讀點馬列的書，鑽研理論問題，但事實上毛至死也沒有退下來，一直忙乎著搞鬥爭，所以毛的馬列主義，其實就是在延安「山溝裡」學來的那些。李澤厚最近有一篇文章對毛的「內聖外王之道」分析得比較到位。他說，一九四九年「馬克思主義在毛手裡經由農民戰爭在中國創造出了新的聖王專政」，它「鋪成了革命勝利後與傳統王權相銜接的『聖王政治』。毛澤東自稱『馬克思』加『秦始皇』。馬克思是『階級鬥爭』，『秦始皇』是毛所理解的焚書坑儒式的『無產階級專政』。『焚書坑儒』的真正含義在於統一思想、『輿論一律』、心靈專政。它的途徑是古今中外其他政黨（包括蘇共）所沒有的『思想改造』」。（李澤厚《思想史的意義》，《讀書》二〇〇四年五期，五三至五五頁）李達可能就是「思想改造」最成功的典範。

王：有道理。不過，我要補充一點，毛的帝王之書也是讀得很好的。

向：毛是影響中國歷史進程的偉人，而李達只是歷史長河中的一個匆匆過客，歷史不一定記得他，而那些批武訓、批胡適、批梁漱溟等文章，卻被定格在歷史的視窗。我讀你的《李達評傳》，才知道一九八〇年代出有《李達文集》四卷，但我覺得他那些東西，是屬於已經過去的那個時代的。近幾年，中國社科等多家出版社紛紛出版「學人文庫」等叢書，一套比一套出得精緻，這些叢書中都沒有「李達卷」也是正常的。

王：這是你的看法。

李達與陳獨秀之比較

向：現在回過頭來再談談陳獨秀吧。李達一九二三年與陳獨秀分手後，是不是在他後來的文章中說到陳獨秀？

王：沒有。倒是王會悟晚年回憶說：「陳獨秀人很好，就是脾氣很壞……」

向：我倒看到李達一九五九年三月二十七日寫的《中國共產黨成立時期的思想鬥爭情況》，李達說，「他（張國燾）是我的死對頭」，「陳獨秀也是我的死對頭」。「陳獨秀是個資產階級左派，他不研究馬列主義，只是文筆好，文章寫得流利」。「他的領袖慾很強，惡霸作風，動輒拍桌子罵人……當時我說：你這個傢伙要有了權，一定先殺了人以後，再認錯。陳獨秀對社會主義認識並不清楚，有一次他跟我說：咱們上四川關起門來搞社會主義算了。」（《一大前後》，人民出版社，一九八〇年八月一版，五四頁）

王：是的，記起來了，我也看過這文章。

向：聽著你的談話，我在心裡有趣地比較著陳獨秀和李達這兩個人的命運。陳獨秀被開除共產黨後，先是坐牢，後來在四川江津度過淒涼的晚年，但正是在這段落寞的日子，他反省了自己為之真誠追求過的馬克思主義。而李達，那時正戴著「紅色教授」的桂冠，在不知疲倦的譯著馬克思主義的著作。

王：李達那時譯馬克思主義論著自然是在繼續他的理論貢獻，問題是他根本還看不出史達林的錯誤。陳獨秀比李達高就高在這裡，他在一九三〇年代史達林專制鼎盛時期就對史達林的錯誤進行了深刻的反思。陳獨秀在〈我的根本意見〉中說：「政治上民主主義和經濟上的社會主義，是相成而非相反的東西。民主主義並非和資本主義及資產階級是不可分離的。無產政黨若因反對資本主義及資產階級，遂並民主主義而亦反對之，即令各國所謂『無產階級革命』出現了，而沒有民主制做官僚制的消毒素，也只是世界上出現了一些史達林式的官僚政權，殘暴、貪污、虛偽、欺騙、腐化、墮落，決不能創造甚麼社會主義，所謂『無產階級獨裁』，根本沒有這樣東西，即黨的獨裁，結果也只能是領袖獨裁。任何獨裁都和殘暴、蒙蔽、欺騙、貪污、腐化的官僚政治是不能分離的。」（《陳獨秀著作選》第三卷，上海人民出版社，一九九三年四月一版，五六〇頁）

向：陳獨秀那時是很清醒的。

王：陳獨秀在另一篇文章中還說，自蘇俄領導者「中途變節」，「代之以俄國民族利益為中心的政策；各國頭腦清醒的人，乃日漸由懷疑而失望，直到現在，人民對於蘇聯雖然內心還懷有若干希望，而在實際上只得認為它是世界列強之一而已，若要硬說它是社會主義國家，便未免糟蹋社會主義了！」陳獨秀對蘇聯政府所作所為及其性質的認識，當時不僅中共和中國的托洛茨基派不能接受，連國民黨和國民政府也認為有礙對蘇邦交而禁其發表。軍事委員會戰時新聞檢查局主任委員擬具第八四三二號公函，指責陳獨秀的文章「內容乖謬，違反抗建國策」，指令中央圖書雜誌審查委員會「查處檢扣」。《大公報》本來要刊載陳獨秀的《再論世界大勢》，即被禁止，開了一個天窗。（王思睿《陳獨秀晚年的民主思想》，引自《書屋》二〇〇〇年四期）

陳獨秀還尖銳地指出：「如果說史達林的罪惡與無產階級獨裁制無關，即是說史達林的罪惡非由於十月以來蘇聯制度之違反了民主制之基本內容（這些違反民主的制度，都非創自史達林），而是由於史達林的個人心術特別壞，這完全是唯心派的見解。史達林的一切罪惡，乃是無級獨裁制邏輯的發達，試問史達林一切罪惡，哪一樣不是憑藉著蘇聯自十月以來秘密的政治警察大權，黨外無黨，黨內無派，不容許思想、出版、罷工、選舉之自由，這一大串反民主的獨裁制而發生的呢？若不恢復這些民主制，繼史達林而起的，誰也不免是一個『專制魔王』，所以把蘇聯的一切壞事，都歸罪於史達林，而不推源於蘇聯獨裁制之不良，彷彿只要去掉史達林，蘇聯樣樣都是好的，這種迷信個人輕視制度的偏見，公平的政治家是不應該有的。蘇聯二十年的經驗，尤其是後十年的苦經驗，應該使我們反省。我們若不從制度上尋出缺點，得出教訓，只是閉起眼睛反對史達林，將永遠沒有覺悟，一個史達林倒了，會有無數史達林從俄國及別國產生出來。在十月後的蘇聯，明明是獨裁制產生了史達林，而不是有了史達林才產生獨裁制，如果認為資產階級民主制已至其社會動力已經耗竭之時，不必為民主鬥爭，即等於說無產階級政權不需要民主，這一觀點將誤盡天下後世！」（同上）

向：朱正先生說過，中共黨史上的瞿秋白、李立三、王明等都是共產國際在中國的代理人，唯有陳獨秀和毛澤東例外。陳獨秀這個人的特點就是不斷否定自己。他中過秀才，後來成為現代知識份子。有人認為：戊戌變法時陳是「康黨」，袁世凱時陳是亂黨，後來陳是共產黨。大革命失敗了，要陳去共產國際，陳不去莫斯科出任東方部部長。之後陳獨秀成了中國的托派領導人，坐牢幾年，再後來又脫離托派。陳是第一個反省共產國際的人，也是第一個認識「蘇聯社會主義模式」問題的人。陳獨秀晚年歎道：「獨裁制如一把利刀，今天用之殺別人，明天便會用之殺自己。」說實話，聯想到國際共運史上的一些悲劇人物，大抵是應了這話的。所以有人主張反思革命。

王：反思革命沒錯，但否定革命是不負責任的。我們選擇馬克思主義沒有錯，而是我們錯讀了馬克思。如馬克思講人權，講反專制，講異化，可我們總認為這是馬克思早期的思想，是不成熟的。這就是我們的錯了。

向：國共兩黨都是革命黨。革命就是造反，是對現存制度不滿的總爆發。你能說說陳獨秀和毛澤東的異同嗎？

王：那就恕我直說了。造反對於陳獨秀來說，是貴族造反；對於毛澤東來說，是農民或者說是無產者造反。要翻身，要作主，是後者造反的目的；而前者造反，則是認為這個社會不合理，要去推翻它，是有理想的。這不是我的觀點，而是西方哲人羅素的觀點。

向：羅素的這段論述是在《西方哲學史》下卷裡，我也讀過。

王：陳獨秀就是這麼一個人。最後客住江津，誰的施捨都不要，寧願賣文賣字，以致淒涼死去——就因為他的理想徹底破滅了。在某種程度上說，他是個悲壯的理想主義者，最後只能和著理想死去。

向：陳獨秀在江津致鄭學稼的信中就說過：「列托之見解，在中國不合，在俄國及西歐又何嘗正確？弟主張重新估定布爾什維克的理論及其人物（老托也在內）之價值，乃為一班『俄迷』尤其是吃過莫斯科麵包的朋友而發。在我自己則已估定他們的價值。我認為納粹是普魯士與布爾什維克之混合物。」這是一針見血啊！

王：近年來關於陳獨秀的書出得很多，陳獨秀之所以成為熱點，就因為他晚年有亮點。李達當年是看不起陳獨秀的，大概他對陳獨秀是不以為然的。晚年造反派批鬥他「叛黨」，他急了，理直氣壯地說，「我是叛徒，是叛的陳獨秀的黨，不是毛澤東的黨！」（王炯華《李達評傳》，四八〇頁）這也足可以看出他對陳獨秀的態度。

二〇〇四年五月訪於湖南涉外學院，並經王炯華本人審閱

楊第甫談黃克誠

楊第甫是三〇年代末參加革命的延安幹部。他人生坎坷，歷經風霜，八〇年代卸去湖南省政協常務副主席、中共湖南省政協黨組書記的職務而離休。五〇年代，楊第甫曾任中共湖南省委副秘書長、秘書長等要職，曾在首任中共湖南省委書記黃克誠領導下工作。黃克誠逝世十四周年前夕，我採訪了年已九十的楊第甫老人。以下就是稍經整理的訪談。

向繼東（以下簡稱向）：楊老，我知道你老三〇年代末投筆從戎，人生坎坷。今天我們就談談第一任中共湖南省委書記黃克誠，好嗎？

楊第甫（以下簡稱楊）：黃克誠一九〇二年生，長我十來歲。我調來省委後，大家都叫他黃老。我就談談我所知道的黃克誠吧！

向：你是湖南湘潭人，黃克誠也是湖南人吧？

楊：黃老是湖南永興縣人，一九二五年加入中國共產黨。一九二六年初，黃老入廣州政治講習班，不久轉入國民革命軍總政治部訓練班，後被派往北伐軍唐生智部任團政治指導員。一九二七年大革命失敗後，他被派往永興從事地下革命活動。一九二八年二月，他與進入

黃克誠在辦公室，攝於一九八一年

作者與楊第甫（左）合影

湘南的朱德、陳毅等共同領導了著名的「湘南起義」，隨後上井岡山與毛澤東會師，從此轉戰南北。二十一年後，黃老回湖南主持了全省的工作。黃老那時常穿一件舊軍裝，雖然才五十來歲，但頭髮幾乎掉光了。

向：你在回憶錄《吹盡狂沙》中用了很大的篇幅回憶黃老，說黃克誠是給你教誨最多、印象最深的領導。你能具體談談嗎？

楊：黃克誠作為一個黨的高級幹部，他最大的特點就是堅持一切從實際出發，實事求是。一九五一年底到一九五二年秋，湖南根據中央指示開展「三反」「五反」運動，我兼任省委「三反」運動辦公室主任。「三反」是反貪污、反浪費、反官僚主義，但主要是反貪污。當時貪污一千萬元（舊幣）以上的叫「老虎」，「三反」運動也叫「打虎運動」，從中央下來，層層布置任務，分配各個單位都要打出多少隻「老虎」。

向：你現在認為這種分配指標的做法對嗎？

楊：作為過來人，我覺得一個剛剛建立的政權，吸取歷史教訓，開展「三反」也是必要的。不過，這種分配任務的辦法顯然是錯誤的。

向：當時黃克誠作為省委書記是怎樣抓這項工作的？

楊：那時從中央到地方，令行禁止。我們今天從《建國以來毛澤東文稿》中可見當年毛澤東向各地布置「打虎」任務的指示，態度是非常嚴厲的。黃老當時也沒有辦法，幾乎天天到「三反」辦催問各縣市、各部門的「打虎」進度。但具體打到個人，黃老總是實事求是的。如當時的省委機關行政處長聶克，他負責湘江織布廠的籌建工作，掌管了十幾億元資金。因為與他一起工作的人說他有巨額貪污問題，所以他被作為省直機關「三反」的重點目標。我派人到上海調查，發現聶克在上海銀行有四千萬元存款。聶克的老家在河北秦皇島。他會不會向老家匯款？於是我們又派人去調查，結果並未發現其匯款回去，老家銀行也沒有他的存款。後來經過深入調查，才知道那四千萬元存款是聶克為取出方便，把公款以私人名義存下，而工廠帳上有帳。這只是違犯財經紀律，不是貪污。我把調查的情況向黃老匯了報。黃老聽後要我在地市委書記會議上也介紹一下情況。最後，黃老在作會議總結時，強調「三反」一定要做細緻的思想工作，要調查研究，不要草率定案，不要從「老虎」和贓款數字上看成績，要實事求是看成績，有多少算多少。黃老還強調，一定要分清貪污和違犯財經紀律的界線。

向：「三反」運動湖南共打出了多少「老虎」？

楊：原計劃打「老虎」八千人，實際打了七千二百三十七人，核實後為二千六百五十九人。初定貪污公款兩千九百二十億元，核實為九百八十四億元，退賠六百一十億元。貪污分子中有中共黨員一千四百二十人，其中一百九十八人被開除出黨。「三反」應吸取教訓的是：當時由於運動來勢很猛，一些地方出現了嚴重的逼供信，個別地方還逼死了人命。

向：湖南因此逼死了多少人？

楊：省直機關沒有死人，下面確實死了人，但具體數字記不清了。我作為「三反」辦主任，對此是負有責任的。尤其是在後來的運動中，自己被整時，這種負疚心理更是沉重。

向：據說，湖南「三反」時還槍斃了人，並且第一個被槍斃的是長沙市公安局局長王丕敏。

楊：是的。當時有群眾舉報，說這個公安局長給當時的中共長沙市委書記蓋了私人舞廳，還抽鴉片。後來情況反映上去，毛主席批示了。記得羅瑞卿當「欽差大臣」來湖南，把那個市委書記也嚇壞了。審判王丕敏時，我是坐在主席臺上的三人之一，我見王丕敏刑前好冤屈的樣子，但我們也沒法救，因為這個案子是毛主席定的。

向：湖南「三反」中，類似有聶克那樣的問題的人多不多？

楊：有不少。但作為省委書記的黃克誠，總是親自同一些被認為是「老虎」的人談話，以求弄清事實真相，不出差錯。一次，黃老同省航運局局長詳談，談完後他告訴我：「不要再查他了，他對我都談清楚了。」又如省工業廳的一位副廳長，開始懷疑他有問題，將其軟禁起來，弄清事實後，黃老指示趕快放他出來，恢復其名譽和工作。事後很久，黃老對此還耿耿於懷，覺得自己對不起這位副廳長。

向：從你的回憶錄中可以看到黃克誠是很重視團結黨外人士工作的。

楊：湖南是和平解放的，在和平解放中程潛和陳明仁、唐生智等是起了主要作用的。黃克誠主持湖南工作後，總是有什麼事，就去拜訪程潛他們，聽取他們的意見。為了做好政治協商工作，黃老在經費緊張的情況下，決定不蓋省委和省政府的辦公大樓，而是先蓋了協商委員會大院。一九五二年，烈士公園舉行奠基儀式，決定由程潛和黃老主持，首先鏟士奠基。當時幹部中有不少人議論：程潛是國民黨的人，手上有共產黨人的鮮血，為什麼請他奠基？黃老說，革命不分先後，程潛率部起義，保護了長沙古城，而且對雲南的龍雲、新疆的陶峙岳起義都有影響，這是立了大功。他有過，有錯誤，但功大於過。同時，烈士公園不僅是紀念共產黨烈士的，還應該包括舊民主主義革命時期和新民主主義革命時期各黨各派所犧牲的烈士，而程潛，就是各民主黨派的代表人士。黃老還告訴大家說：程潛一九四九年去北京參加政治協商會議時，毛主席還親自到車站迎接。我們請程潛參加奠基，就是邀請他代表的那一部分人共同建設我們的社會主義。

向：解放初期邀請民主黨派和無黨派民主人士參政議政的情景，一直是傳為佳話的。

楊：黃老那時指示我們，凡改善工作條件和生活待遇的原則是「先黨外，後黨內」。黃老還常說，我們為群眾辦事，團結黨外人士，不能光講大道理，還要多做一些實際事情，同他們交知心朋友。黃老在湖南工作時還是供給制。黃老處處節約，每月報銷僅一百來元，這還包括招待客人的費用。但他對民主人士則盡可能照顧，每年春節，省委都要撥給統戰部一筆特別經費，用於照顧民主人士。如給程潛每年安排經費是四千元。一九五二年春節，黃老的戰友、中共廣西省委書記張雲逸去北京途徑湖南，給他帶了果子狸、香豬、熊掌等特產，他就用這些東西辦了兩桌家宴，請了程潛、唐生智、程星齡、曹伯聞、謝晉等十多位在省協商委員會任職的民主人士，邀了王首道、金明、高文華作陪。我因工作關係，也列席作陪。

向：聽一些老同志說，黃克誠是很欣賞你的。你能談談自己是怎樣認識黃克誠的嗎？

楊：雖然黃老和我都是一九四五年抗日戰爭勝利後去東北的，但我們彼此並不相識。那時黃老是新四軍第三師師長兼政委；我只是從延安進入東北解放區開展地方工作的一個「芝麻官」。一九四九年五月，我隨王首道部由東北南下湖南，而黃克誠至年底才來湖南。一九五〇年，省土改委員會在長沙召開全省土改工作會議。當時，大家對土改中怎樣處理富農問題有許多爭論，而我又是一個「爭論」的積極分子。記得會間休息時，一個五十來歲的省領導走到我面前問：「你是湘潭縣委書記吧？」我說，「是。」接著他要我談談如何對待富農這個問題。我就結合自己的工作感受說：「就我所知道的湘潭縣的情況來看，富農經濟在農村佔有較大的比例，他們善於經營，且又親身參加生產活動，同農民直接關係多。富農問題如果處理不當，會影響和傷害中農。我的想法是：富農可以保留和中農相等的土地，多餘部分再拿出來分配；對富農不要像對地主那樣追浮財，但放高利貸剝削的那一部分應沒收……」會議結束時，宣布省委書記黃克誠作總結，我這才知道和我談話的就是黃老。

向：也許就是這一次，黃老對你有了很深的印象。

楊：還有一些情況也應說明一下。當時剛解放，各地財政情況很糟，人民幣還未被人們接受。可我在湘潭主政時，財政情況卻好。記得黃老還專門問我：「我和人大代表在湘潭檢查工作，湘潭正在修韶山公路，並且安裝了區鄉電話線。解放僅僅一年多，你們地方財政怎麼積累這樣快呢？」我就告訴他說，湘潭有五十億元（舊幣）財政積累。這五十億元主要來源是兩個：一是賣餘糧的收入——我們利用保甲長徵收了公糧，但只准徵收、不准運出，年終結算得餘糧五萬多擔；二是賣鹽的收入——國民黨縣長逃走時企圖運走一批食鹽，結果被我地下黨截獲。後來在人們拒收人民幣時，縣委決定將這批鹽投放市場，且不收金銀和現洋，只收人民幣，結果很快穩定了市場和民心。所得的款項，我們還安置了大批前方傷患，籌建了兩個米廠。看到蘇聯朋友背著機器走路去韶山拍紀錄片的情景，於是又修了韶山公路。當時黃老聽了，笑著說：「這還像搞社會主義的樣子！」

向：你在任省委副秘書長時，有一次黃克誠非常嚴厲地批評你大手大腳，並且要查你的出身。有這回事嗎？

楊：有這回事。不過情況是這樣的：一九五二年春召開全省黨代表會議時，天氣突變，氣溫一下降了十多度。代表們特別是縣裡來的代表，大多數隻穿著單衣，凍得打哆嗦。看到這種情況，我就批准給每人發一件內衣。晚上，我向黃老彙報，一進門，黃老就說：「楊第甫，我要查一查你的出身！」當時我有點不知所措，只得神情緊張地聽他批評：「聽說你給每位代表發了一件內衣，這樣大手大腳的大少爺作風怎麼行？……」可當我把情況解釋後，黃老笑著說：「你這是關心同志，就算我批評錯了。」

向：我聽說過，你當時從株洲市委書記調任省委副秘書長時，有人不服氣。可黃克誠很支持你的工作。你能談談嗎？

楊：我一九四九年南下任湘潭縣委書記兼縣長，一九五一年四月華國鋒接任我湘潭的職務，我調株洲籌建株洲市委。兩個月後，我又調省委任副秘書長（秘書長由省委副書記金明兼任）。我的前任秘書長是劉型，他參加過歷次反「圍剿」作戰，經過長征，資格很老。也許劉型不樂意去當省城市企業部部長，所以仍抓住秘書長的工作不放，一些該讓我簽發的文件也不給我簽。這時，黃老找到劉型，非常嚴厲地批評了他，要他趕快打了移交。我兼「三反」辦主任時，湘潭地區對我流言蜚語不少，株洲市委也將與我相關的財經方面的幹部打成「大老虎」。如我的姐夫林映梅當株洲米廠廠長就被打成「大老虎」。我姐姐到長沙來，株洲市委通知長沙車站，說我姐姐帶來很多錢，要搜身檢查。在湘潭，有人要城關區區長在《湘潭日報》上作檢討，真有點「項莊舞劍，意在沛公」的味道，但我問心無愧，並不怎麼在意。倒是黃老聽到反映後，帶了幾位由知名民主人士組成的檢查組到湘潭和株洲進行了一番調查。回來後黃老找我談話說：「我知道你近來有些壓力。不要管這些謠言，放手大膽地去工作吧！」

向：你說自己幾十年人生坎坷，就是因為自己沒有後臺和靠山。依我看來，黃克誠就是你的後臺和靠山。

楊（笑）：換一個角度看，也許是吧！黃老一九五二年九月調去中央前，我就由副秘書長升至秘書長了。黃老臨離開湖南前夕，省直機關黨委召開成立大會，我是黨委書記，請他向大家作臨別贈言。黃老就如何當好領導作了發言。黃老說：怎樣當好領導？關鍵是「制先機」。凡事都有徵兆，好比太陽出山前會有霞光。如果你能發現徵兆，抓住苗頭，深入研究，找出辦法，工作就主動；如果等到事情發生了你才發現，就只能當群眾的尾巴，工作就被動了。黃老還著重強調了黨風問題。說我們黨領導群眾從一個勝利走向另一個勝利，除了正確的路線方針政策和工作方法外，還要求全體黨員具有密切聯繫群眾的優良作風，這樣，我們黨的事業才能立於不敗之地。共產黨的路線是抽象的，共產黨人的言行卻是具體的，群眾看黨，就是看我們共產黨人的作風。

向：黃老的話說得多好啊！過去人們看到的是黃克誠那樣的共產黨人，但今天，孔繁森這樣的共產黨人少了，而陳希同、成克傑、胡長清這樣的假共產黨人多了。

楊：我老了，老人總喜歡懷念過去。

向：黃克誠調去中央後，你們見過面嗎？

楊：一九五八年我們見過一面。當時我去北京開會，聽了一位中央領導關於大躍進的講話後，有些事情想不通，便找到黃老談了。黃老說，「對一件事，你自己想不通時，不要隨聲附和。你是湖南鄉下長大的，我也是湖南鄉下長大的，你相信畝產一萬斤嗎？」我說：「我就是不相信，所以想不通。我數過禾蔸，數過穀穗，畝產最多一千斤。」黃老笑了，說：「是嘛！不相信就不講，沒想通就不要跟風跑。聽說你們湖南有個副省長在人大作報告說，湖南到一九六二年可以生產鋼八百萬噸，可以超過日本。有什麼根據呢？湖南的鐵礦在哪裡？現在鞍鋼年產才十幾萬噸，湖南要在十年內建成十幾個鞍鋼。往哪裡建？這種高調，怎麼能登報呢？」黃老後來在廬山會議上被打成「彭黃張周」反黨集團，我也被打成「右傾機會主義分子」，當然與此態度是有關的。

向：一九五九年後，對你們來說，「同是天涯淪落人」。你們還有聯繫嗎？

楊：有過幾次通信。可惜在「文革」中，信被抄走燒毀了。平反後，我們又聯繫上了。一九八一年，華國鋒辭職前夕，中央組織部部長胡耀邦同志專門來湖南打招呼，省委召開了一次常委擴大會議，我作為省政協常務副主席參加了這次會議。華國鋒辭職後，黃老打來電話問我，湖南省委是不是有壓力。我說壓力很大，因為華國鋒在湖南工作多年，省委很多幹部都是華國鋒一手提拔上來的，所以影響也很大。黃老說，你要跟他們說，現在批「兩個凡是」，不是為了整某個人，而是為了統一認識。如我們又層層抓「小華國鋒」，那不是和過去「左」的那一套一樣了？

向：你們最後一次見面是什麼時候？

楊：是一九八二年，正是黨的「十二大」召開前夕。我就赴京開會的機會，去看了黃老。黃老那時正在玉泉山賓館養病。閒談中，黃老說，我們這一代人年齡都差不多了，培養「四化」幹部（革命化、年輕化、知識化、專業化）已迫不及待了。黃老問我：「你比我小十歲吧？」我說：「小九歲。」他說：「不管是九歲還是十歲，年齡都過了線，不能進省委了。」我說：「自己已是『超期服役』了！」黃老一笑。臨別時，黃老握著我的手，依依不捨。

向：黃克誠是被整得最厲害的人，但他一九八〇年十一月發表的〈關於對毛主席的評價和對毛澤東思想的態度〉一文，以實事求是的態度，正確評估了毛澤東的歷史功過及毛澤東思想的歷史地位，當時反響是很大的。

楊：是的。記得這篇文章發表幾天後，黃老一個保密電話打到省軍區，要我去接電話。黃老問我讀了他的文章沒有，在湖南有什麼反響。我說：反響各種各樣，但大多數人認為，你是被整得最慘的人之一，你對毛澤東的評價，我們認為是恰當的。這時黃老又說：人總是一分為二的。毛主席對中國革命的貢獻是主要的，晚年的錯誤是次要的。毛主席本人雖然有錯誤，但毛澤東思想是沒有錯的，不能因為毛主席本人的錯誤就否定毛澤東思想。如果對毛主席評價不當，則會違害黨和國家的利益。在毛主席的晚年，我是挨過整，但我覺得，對這個重大問題決不能感情用事，意氣用事。黃老還給我念了杜甫的一首詩，「王楊盧駱當時體，輕薄為文哂未休。爾曹身與名俱滅，不廢江河萬古流。」並囑我要做說服工作，特別是在知識份子和民主黨派人士中多做工作。

向：黃老一九八六年去世時，你是否去北京參加了追悼會？

楊：當時因故未能赴京參加追悼會，但我填了一首〈滿江紅・哭黃克誠〉的詞。詞中有云：「坦蕩胸懷能直諫，平章國事惟求是。」我們今天的社會正處在一個轉型期，各種社會矛盾絞在一起，尤其需要實事求是的勇氣和精神，不迴避問題和矛盾。要知道，在當前，任何空話、大話、套話都是有害無益的。去年，任仲夷在《南方日報》發表〈再談堅持四項基本原則〉，我認為談得實在，是一篇很好的文章，值得大家讀一讀。

二〇〇〇年仲夏，訪於長沙楊宅

從經濟學角度看中國問題
——楊小凱訪談錄

澳籍華人楊小凱先生是卓有成就的經濟學家。「文革」中，年僅十七歲的楊小凱曾因撰寫〈中國向何處去？〉受到陳伯達、康生等人追查，後以「現行反革命罪」判刑十年。刑滿釋放後，幾經周折，他考上美國普林斯頓大學博士生，一九八八年獲博士學位，之後移居澳洲。曾任澳大利亞莫納什大學講座教授，現任美國哈佛大學教授。最近，楊小凱先生應北京大學之邀進行學術訪問，我有幸採訪了他。

經濟學家楊小凱

向：你是經濟學家，研究中國經濟也很有成就。你認為中國經濟現階段面臨的最大困難是什麼？國內學者一般都認為，一切經濟問題都是政治問題。不知你是如何看待經濟和政治關係的？

小凱（以下稱為楊）：中國經濟的主要問題所在，我不想正面談，但我可以介紹一些學者的觀點。美國有個新政治經濟學代表、諾貝爾獎獲得者諾斯說過：沒有憲政的秩序，政府的行為必然是機會主義的，掌權者為了自身的利益往往不惜犧牲社會利益，拼命斂財。這種斂財情況，越是貧窮落後的國家，表現越是赤裸裸的，如美洲的海地等。今天中國的壟斷銀行、鐵路、外貿等也是政府機會主義的行為。所以我同意此說：中國的經濟問題並不僅僅是經濟本身的問題，也是政治問題。

英國革命為何不在美國發生，不在法國發生？英國一六八八年的革命，推翻了查理二世的復辟王朝，有了第一個議會民主制度。有了民主，各方面的利益集團就有制衡。在中國談英國的工業革命，總是強調生產力的因素，其實工業革命的政治條件是最關鍵的。日本戰後經濟的成功，有人說是美國管制的作用，其實是通過國會實現了真正的民主辯論，決策更趨於科學化了，因而出現了經濟的發展。

向：在歷史上，中國資本主義萌芽並不比西方晚，但資本主義沒能在中國發展起來。你是如何從經濟學角度觀察的？

楊：從中國歷史來看，由於多次革命和朝代週期的特點，反對派喜歡利用結社自由來從事推翻政府的活動，所以歷朝皇帝對非官方的結社都極為敏感，因而對自由結社有嚴格的限制。這種傳統也影響到經濟結社（辦企業），政府對非官方的企業也總是擔心會被反對派的地下結社所利用，所以中國歷來對自由企業的剩餘權沒有法律保護。因此，中國人雖然商業本能非同一般，也是最早發明銀行（錢莊）的民族，卻很少投資工業企業，賺了錢只是買地，這是為什麼工業革命不能在中國發生的一個原因。據埃爾文（Elvie）的記載，中國早在宋朝就有發達的契約制度和一個羽翼豐滿的工業革命所需的技術和商業知識，但由於沒有專利法和保護企業剩餘權的法律，工業革命終不能最早在中國發生，很多在當時一流的技術也不能經由企業家的組織發展為大規模的商業化生產。

向：在今天中國的改革中，企業的私人剩餘權還沒有納入議事日程。但在「于志安攜資出逃事件」後，確實有學者提出了私人剩餘權問題。你在這方面做過很深的研究，可否談談你的觀點？

楊：中國改革到了今天，正視企業的私人剩餘權具有很重要的意義。今天之所以貪污成風，就是由於企業剩餘權沒有明確定義到私人的結果。我認為，要消滅貪污的最有效的辦法就是將所有企業的剩餘權私有化，將政府壟斷的種種特權廢止，那時任何通過貪污侵犯私人企業剩餘權的行為都會遇到私人老闆的強烈抵制，不正之風也就刮不起來了。正如孟德斯鳩所言，「所有權是道德神」，當法制不保護私人企業剩餘權時，社會道德是不可能有準則的。我們經常聽到中國傳來的一些故事，某個集體企業或機構的創辦人好不容易把企業辦成功，卻被部下與政府聯合奪了權。這種侵奪企業家剩餘權的行為造成了企業領導不敢重用有才的部下，因為當私人剩餘權定義不明確時，能幹的部下往往對企業領導是個威脅。如果企業剩餘權是私人的，並受法律保護，則重用人才就不會有被侵權的後顧之憂。不管雇員有天大的本領，拿多高的工資，他也不能不經剩餘權市價的買賣變成老闆。有的消息還說明，由於剩餘權沒有私有化，企業的合併及合理化都不能通過剩餘權的市場買賣實現，所以經濟組織的合理性很難實現。

向：私有化在中國還是一個敏感話題。近幾年來，無論在學術界還是民間，主張私有化的確實大有人在。私有化是不是靈丹妙藥？你能就此談談中國經濟改革的前景嗎？

楊：就中國改革前景問題，我曾寫過文章。我認為：中國的發展受兩個大局的影響，一個是各國爭國際實力地位的遊戲，決定了中國非回到市場經濟不可，這個大局任何人也無法改變。第二是各個前社會主義國家在試驗成功過渡方式中的競爭。因此，東歐和俄國私有化的試驗對中國經濟改革前途會有重大的影響。

向：東歐和蘇聯的休克療法和私有化進程，你是如何看待的？

楊：東歐私有化試驗花樣百出，確實大開眼界。但總體而言，東歐俄國經濟都乏善可陳，甚至是一塌糊塗。哈佛大學一位教授把西方經濟學的價格理論搬去分析東歐經濟，提出了震盪療法方案，當時熱門一時，但最終證明是一個失敗的建議，因為現代經濟學本身根本無能力回答東歐改革中的問題。現代經濟學中的中心是價格制度和資源配置問題，而東歐改革中的問題是經濟組織演進和體制演進的問題。在這裡，產權制度的變化是核心，價格和資源只是個次要問題，因此用價格理論來回答產權制度問題，當然是牛頭不對馬嘴。俄國改革方案把價格改革放在產權制度改革之前，對產權制度的演進需要時間積累低估了，這都是造成混亂的原因。但更重要的是當代經濟學中根本沒有成熟的理論來解釋社會主義經濟制度，人們對社會主義經濟制度並不真正瞭解。比如，東歐改革中經濟互助貿易會解體，那麼依賴東歐和前蘇聯貿易的企業頓時失去了市場和原料，當然整個經濟就癱瘓了。

向：西方現代著名經濟學家哈耶克，一九七四年獲諾貝爾獎時在中國似乎默默無聞。最近哈耶克在中國學術思想界很熱，尤其是對他一九四四年出版的《通往奴役之路》。此書一九六二年商務印書館曾有譯介，但無反響；去年中國社會科學出版社推出此書後，立即引起中國學術界的廣泛關注。一般認為，哈耶克是社會主義計劃經濟的批判者。哈氏認為追求計劃經濟，後果必然是走向極權主義。

楊：就哈耶克的思想，我也寫過文章。我認為，哈耶克對人類思想的影響可能與孔子思想對中國人的影響一樣深遠和無孔不入。我是一個自己有一套經濟思想的人，對所有諾貝爾經濟學獎得主從無崇拜感，但讀了哈耶克著作後，我有一種相見恨晚、非常欣賞的感覺。我也說不清自己為什麼會有這種感覺，但我相信，大多數人看了他的書後，對世界的看法會產生深入骨髓的變化。

哈耶克對社會主義思想的評論與今天大多數中國人對社會主義的評論思路很不一樣。今天，大多數對社會主義進行評論的中國人，多是從社會主義實行以後經濟效率不高著眼的；而哈耶克對社會主義評論的著眼點是制度形成的機制問題。在哈耶克看來，一個自由的社會與一個社會主義國家的差別：一是在自由社會中，制度和秩序是自發形成的，不可能由少數思想家設計。二是自由社會中的制度都是一些遊戲規則，人們只對遊戲規則是否公正作判斷，而不會對誰應該是勝者，或社會要追求什麼目標作判斷。而社會主義社會的特點卻規定誰應該是勝者，什麼應該是社會追求的具體目標。試想想，一場球賽如果在未賽前就預定了誰是勝利者，這還有什麼公平競爭可言？哈耶克還指出：在一個自由經濟社會中，遊戲規則是公平的，輸了的人無法不認輸，因為市場是只「看不見的手」，是無法抗拒它的懲罰的。因社會主義制度卻有隻「看得見的手」來執行獎罰，失敗者總會有辦法找政府，抱怨獎罰不公平，或不合理。至於中國當今的「哈耶克熱」，其社會文化背景就不言而喻了。

向：海外曾有此一說：從亞洲「四小龍」的崛起，似乎看到儒家文化的希望，由此認為二十一世紀必將是儒家文化的天下了。但自去年開始的東南亞及東亞金融危機來觀察，儒家文化成為二十一世紀的主流文化似乎已成泡影了。你是經濟學家，從經濟學的角度看文化，你認為儒家文化是否走到了盡頭？此外，不知你注意到沒有，中國近幾年的「國學」和「新儒學」熱，很是轟轟烈烈了一陣。其實，這是舊派人物企圖以傳統來反抗現代化，反對改革。顧准說，中國的傳統是不能產生科學和民主的。但有人總是喜歡幻想，願意當祭品。你能就此談點自己的看法嗎？

楊：你這個話題不是很好談。說哪個文化佔優勢，恐怕不太妥當。歷史上的成功和進步，都是多種文化交匯的結果。過去英國沒有文官制度，是從中國文化裡學去的。歐洲發展快，就是多種文化並存碰撞的結果。在亞洲中國文化占主流，但總強調一家是危險的。湯因比早就預言過，太平洋由於是東西十幾支文化交匯處，它比地中海十幾支西方文化交匯孕育的當代西方文明的潛力更大。因此我認為，二十一世紀太平洋文化一定會孕育出一個超過西方文明的新文明。摹仿也是一種文化，落後國家摹仿先進國家是一種進步。蘇聯不是也摹仿資本主義嗎？中國近年來出臺的《破產法》、《公司法》、《公平交易法》、《房地產法》、《證券法》等法律也都是摹仿的結果。但摹仿的同時必須有創新，不創新必然失敗，蘇聯就是一個例子。

向：已有專家指出，此次東南亞及東亞的金融危機是第二次世界大戰以來最嚴重的。對此你是否持相同的看法？從目前跡象觀察，亞洲的金融危機還在繼續。你認為它最終對中國會形成多大程度的影響？這次危機是否會引起類似三〇年代的全球性金融危機？

楊：對於目前亞洲的金融危機，我的看法是樂觀的。總的來說，這次危機是發展成功的後果，不是失敗的結果，因這些國家工業化的成功，彼此產生了作用和影響。日本和韓國危機的原因是經濟還不很自由化，跟目前中國情況差不多。如韓國政府壟斷了許多企業，造成了後果，它是儒家式的資本主義，還可以走後門，貸款還可以不還，政府干預太多。中國想學韓國，看來韓國是失敗的，學不得。新加坡經濟是專制下的畸型發展，也學不得。臺灣就不一樣，這次雖受了點影響，但比韓國好多了。

至於此次亞洲金融危機對中國的影響，乃至對全球經濟的影響，我還沒有作過專門研究，我不做結論，這是一；二是危機還在繼續，看不到即將結束的跡象。中國現在最頭痛的問題就是人民幣貶不貶值的問題。不貶值，有好處也有壞處，好處是可以穩定亞洲經濟，壞處是出口下降，旅遊業等不景氣。我認為，中國今年以來採取多次降息降貸款利率、提高退稅率、擴大基礎設施投資等等，目的就是為了刺激國內經濟增長，以彌補人民幣不貶值帶來的損失。

向：有一種說法，學術是不能逃離政治的。你在西方做中國問題研究，自然可暢所欲言。在你的中國問題著作中，你是否傾注了對中國現代化的急切呼喚？

楊：我十七歲時被打成現行反革命，坐過牢，現在對政治依然熱情不減，不過現在理性多於感性了。至於如何做學術，我是遵循西方遊戲規則的，經濟學就是經濟學。如果說我的某個觀點過了臨界點，那是因為我總想從學術角度去探討問題。

一九九七年夏，訪於長沙楊小凱父親楊第甫家

革命與反革命及其他
——再訪楊小凱

向繼東（以下簡稱向）：楊先生，你是澳洲莫納什大學經濟學講座教授和哈佛大學國際發展中心研究員，經濟學是你的專業，但今天我們不談經濟。前不久，我在網上讀到你的〈中國政治隨想錄〉和〈從科索沃事件看中國民主和政黨政治的前景〉，覺得很有意思。你能就此談談嗎？

楊小凱（以下簡稱楊）：我是搞經濟學的，別的文章寫得很少。你剛才提到的這些文章，都是美國的一些雜誌編輯盯上我，被逼著交差的。

向：你的〈中國政治隨想錄〉提出一個「革命與反革命」的問題，有意思。

楊：這篇文章是一九八七年寫的，原文標題是〈一位獨立知識份子對中國政治改革的看法〉，作者署名為「楊曦光」（楊小凱原用名），首次在香港《百姓》雜誌上發表。我不知是哪位熱心人把它上的網。在那篇文章裡，我說洛克的思想對我有過極大的影響。按照洛克的邏輯，革命要推翻的是一個暴君，而沒有一個比暴君更集權的力量，卻無法打倒暴君。一

二○○一年一月四日，楊小凱應邀來湘在湖南賓館講演。臺上為時任湖南省副省長潘貴玉（左）和楊小凱

楊小凱（左）與其父楊第甫秘書謝榮亮（右）

旦暴君一倒，革命中形成的權威，任何人又無法控制它了，它又成了新暴君，又會催生革命。這就是「革命產生暴君，暴君產生革命」的改朝換代的邏輯。我有兩個基本的觀點：一是用革命手段推翻專制行不通；二是革命會延緩民主化進程。我還說，在現代條件下，如果沒有國與國的戰爭，沒有上層階級內部的大規模衝突或類似代理人戰爭的局面，用革命手段推翻一個專制政體成功的概率等於零。換句話說：我不主張革命，因為革命無益於民主化進程，正像一九四九年的革命使中國民主化進程延緩了幾代人時間、俄國革命使蘇聯的民主化遭遇挫折一樣。所以阻止革命對於當今中國的改革具有十分重大的現實意義。

向：這是你現在的觀點？

楊：現在我的觀點又有很大不同了。我讀過英國人伯克寫的《法國大革命論》，這本書寫於一七八九年法國大革命後，可以說，它是經典的反革命理論。革命的時候，一般都是人們對這個制度不滿，他們相信人的理性，認為可以把這個制度改造好。但在革命過程中，可能將許多人們不瞭解其功能的有效制度破壞了，這是一方面。另一方面，歷史有一個很長的篩選過程，好的東西經過篩選建立起來，壞的東西同樣可經過篩選淘汰出去。經過長期歷史變化後仍生存下來的制度一定有其生存的理由。現在中國雖然有許多問題，但有合法的警察暴力，可以維護國家機器的運轉。還有，中國政府決定最高領導人的一些機制，也不是誰說了算的，它也有自己的套路。譬如江澤民做了總書記，他也經過了許多磨練，一步一步做上來的，也就是說它有一個讓人服氣的機制。如果把這些機制去掉了，誰都不服誰的氣，那可能就亂套了。有些機制，你現在看，它有不少弊端，它正面的東西被你忽略了，當你革命的時候，沒有了這些機制時，你才會發現沒有它可能會更糟糕，你不得不恢復和保留它。否則，去掉這些機制，革命的後果可能比預想的要壞，這就是所謂的「反革命」思想。

向：你是否讀過李澤厚與劉再复的「告別革命論」？

楊：李澤厚與劉再复的對話「告別革命」，是「八九風波」後，他們在海外完成的，而我在一九八七年就表達了大致相同的觀點。現在我要修正這個觀點，因為革命理論也有其合理性。我認為，有些東西在學術上還沒有定論，你不能輕易地說，反革命的理論就是對的，或者革命的理論就是對的。革命對統治者總是一種威脅，沒有這種威脅，政府為人民服務的承諾就不可信；有威脅，其行為就不會太離譜。美國憲法明確指出：人民的權利是天賦的，而政府的權利是人民給的。所以美國人普遍認為：你要統治我們，就必須得到我們的同意。要是你搞得不好，人民就可以革你的命。如美國的彈劾制度，就是人民表達革命權利的一種方法。你是否讀過已故Olson的書，他就有非常深奧的革命理論，認為一個穩定的秩序會使既得利益者尋租行為制度化，而革命和動亂卻能打破制度化尋租。美國很多經濟學家都很敬佩Olson。

向：Olson好像有一本專門說「國家興衰」的書。

楊：他大概是西方的「多難興邦」論者。他有一本《國家興衰論》，在書中，他甚至把社會動亂看成一個國家興盛的原因。

向：你那篇談科索沃事件的文章我讀了。你能簡單談談它的意義嗎？

楊：科索沃事件是世界歷史上的大事，也是中國政治和外交史上的大事。說它是世界史上的大事，是因為起於十七世紀和在十九世紀被神聖同盟確立的「國界神聖不可侵犯」的原則已被「住民自治」和「民選政府」不可侵犯的原則超越（Override）。在這兩個原則有衝突時，國際社會選擇後者優先的原則，並有「國際警察」機制來強制執行這些新制度。這是意識形態、道德準則和國際關係的大變化。其背景是：歐洲由於沒有統一的政治權力，各國之間長期戰亂，逐漸形成了住民自決、民選地方政府的原則，並且這個原則在二次世界大戰後，成為西歐的共同意識形態，各國之間的領土糾紛都是由住民投票解決的。例如德法之間對魯爾區的歸屬在二次大戰後就用公民投票解決。雖然法國是戰勝國，是魯爾區既成事實治理者，公民投票還是使魯爾區回歸了德國。這次就是科索沃地方民選政府要求獨立，而南斯拉夫企圖收回自治權，並動用聯邦的軍隊去打它。

向：那麼強大的北約去打一個小小的南聯盟，這不是依強凌弱嗎？

楊：不能這麼簡單地看，要在國際大環境下做具體的分析。中國人比較普遍地認為這是一場強權政治的遊戲，無道德準則可言，這點我也理解。但是我們的意識形態不能老是停留在蘇聯時代，要有人類普遍的價值觀念。比如說警察懲罰小偷就不能說是依強凌弱，因為我們有社會公義概念：偷東西是不義的，應受到懲罰。

向：在「隨想錄」中你說三個平等競爭的野獸就是民主，而一個「聖人」卻是專制。這話很有意思。

楊：既然我們認識到人都有天生的弱點，找不到十全十美的「控制者」，那我們就讓幾個「一半是天使，一半是野獸」的人來平等競爭吧！這個道理雖簡單，但實行起來卻不易，因為人都有征服的本能，都想打倒對方。怎樣才能保證他們和平共處、平等競爭？唯一的辦法就是依賴歷史提供的各派平衡、誰也吃不掉誰的機制。英國光榮革命前夕，長期互相迫害的兩大派之間就出現了這種誰也吃不掉誰的均衡局面，這就是兩個魔鬼平等競爭——即民主的條件。所以作為一個民主主義者來說，就是要儘量維持上層各派的均衡，哪一派強大了，就要支持它的敵對派。可惜，中國知識份子對民主制度的實質遠未瞭解，他們喜歡附和強權而歧視弱者。

向：由此來看，二十世紀中葉以來的知識份子全部悲劇都是咎自由取？

楊：應該說是中國人運氣不好。如果沒有日本人入侵，三〇年代中國已經有了五五憲草，已經在準備立憲，搞民主憲政。民法、公司法都上了軌道，經濟發展也非常好。日本入侵使中國憲政發展之夢破滅。抗戰後有另一次機會，但是共產黨拒絕參加全國選舉，堅持政治協商，不經過競選而瓜分政府職位（所謂「聯合政府」），又一次使中國失去憲政民主的機會。內戰後，共產黨如果像美國內戰勝利的北方一樣將南方扶起來，兩黨平等競選執政黨地位，中國仍可重回憲政軌道。但是，共產黨選擇了人民民主專政的道路，使中國與憲政民主背道而馳，因而使國家不可能長治久安。

向：你能談談民主、自由、共和與憲政的關係嗎？

楊：以前我們只強調民主，其實民主、自由、共和、憲政這四個東西是有差別的。比喻說，民主和自由就有緊張關係。自由是保護少數，民主是少數服從多數，所以自由主義是不信任民主的，——因為民主可能導致「多數暴政」。在人類歷史上，我們不難發現這個殘酷的事實：少數服從多數，結果成了多數迫害少數。共和強調地方的權力不應來自中央，應該有獨立的權力，以形成地方權力和中央權力的制衡。在歐洲，他們真正發達起來的原因，就是沒有大一統，國家之間有競爭，政府之間有競爭。共和最初的想法是在上層內達到權力分割和制衡。大一統了，就沒有制衡了。歐洲人有這樣一個觀念，它不能讓任何一個國家太強大了。如果某個國家太強大，它們就要遏制它，特別是對那些非民主的國家。希特勒太強大了，所有的歐洲人要遏制他；拿破崙太強大了，所有的歐洲人要遏制他。當歐美人談要遏制中國的時候，中國可能就很簡單地產生一種民族主義的情緒。這是由於中國人對歐美人不信任權力的傳統不瞭解。

向：是否可以說歐美人的這種遏制是有傳統的？

楊：我認為是有的。其實歐美人的遏制強權不一定是針對中國的，或者說不是針對誰的。在美國，總統連任兩屆，他們就要挑他的毛病，他們就覺得這個人權力太大了，要遏制他。在歐洲，德國統一後，他們認為德國太強大，他們也會想要對付它一下。所以我認為，這種遏制的心理是一種很正常的心態，就是對權力的不信任。

向：權力沒有制衡機制的必然後果是「無法無天」。

楊：美國當年成立聯邦政府的時候，就有許多人反對，並以歐洲的經驗為例子，說你成立一個聯邦政府，最後沒辦法控制它，使它變成一個怪物。於是美國聯邦黨人將古時候希臘的共和思想弄出來，建立了一整套權力制衡機制。美國的參議院，每州兩票，這是防止大州欺負小州；眾議院是按人口的，大州的議員人數當然要多於小州。按人口，大州就欺負小州，但是參議院一州兩票，就有保護小州的制衡。美國聯邦政府有它獨立的稅源，州政府也有它的獨立稅源，所以這樣就有很大的制衡作用。州政府都像「台獨」，完全地方自治，由本地居民而不是由上級政府任命。不但州政府，而且縣政府、區政府首腦都不是由上級政府任命的，都是由地方選民選出的。其實中國知識份子早在清末民初就接受了這種地方自治的意識形態，但是由於清政府一直不積極推動地方自治，所以造成動亂。如果清政府那時積極推動地方自治，像臺灣五〇年代以來做的那樣，國家就會長治久安，分裂不分裂也可以用公民投票的和平方式解決（正像加拿大的魁北克省用公民投票解決是否獨立一樣）。美國、澳洲、加拿大等國之所以富強，就是英國治理這些地方時一直是搞地方自治。美國人早期是英國人的精華，但是他們要獨立，英國人也沒有認真反對，而是讓它獨立而去。結果一次、二次世界大戰時，是美國救了英國的命。我們澳洲是否要獨立也是用公民投票來解決的，結果去年公民投票仍選擇了君主立憲制，英國女王仍是我們的元首。有了地方自治，這些問題都不是你死我活，都可以用和平公正的方法解決。美國南北戰爭的教訓是，一州獨立或脫離聯邦應該由本州選民進行公民投票，而且應有三分之二以上的選民同意。同時，提議進行公民投票的州政府不應有權馬上實行之，而應由下屆政府實行公民投票，這才不至於像南北戰爭前的南方幾個州政府匆忙做出退出聯邦的決策而導致戰爭。我相信如果臺灣用這種辦法公投決定其地位，大概很難選擇獨立（至少有一半以上的人反對獨立，所以不夠公投所要求批准獨立的三分之二人數）。美國憲法規定每個州都實行地方自治，如果某個州想退出聯邦，這是合法的，但他們不退出，完全是他們的自願選擇。美國南北戰爭中，北方打敗了南方，按美國憲法，南方退出聯邦是它的權力，北方強迫南方留在聯邦反而是違憲的。但內戰後北方不迫害南方，並保護他們的權力，把「反動派」扶起來，重新自由競選。現在你要南方退出聯邦，南方肯定是不答應的。

向：你說共和和民主是有差別的。能具體談談嗎？

楊：中國人對共和瞭解太少，對民主講得太多，對自由講得太少，對憲政也講得太少。英國是世界上憲政創始國，但至今沒有成文的憲法。英國、以色列、紐西蘭這三個國家是世界上憲政非常好的國家，卻沒有成文的憲法。中國有憲法，而沒有憲政。成文的憲法和憲法司法是美國人創造的，英文是judicialreview，譯成中文是「憲法司法」（直譯「司法審查」）。最高法院可以宣布政府、國會立的法為違憲，這就叫「法治」。在非普通法的大陸法系國家，憲法司法多由憲法法庭處理。但中國現在沒有「憲法司法」。現在中國想「依法治國」，其實「依法治國」和「法治」是有區別的。這裡說的「法治」是指有一個獨立的司法系統，司法系統對違背憲法的立法是可以否定的。「依法治國」的弊端是，政府制訂法律可以不受制約，想搞什麼就可以制訂一個相應的法律，這是很不好的。「五四」運動過去八十年了，中國人對「五四運動」要有反省精神。「五四」講民主和科學，在我看來，最應該講自由和憲政。

向：「五四運動」給我們的印象，也是主流意識形態一貫提倡的：即民主和科學，繼而就是愛國主義。「五四運動」八十周年時，我注意到一些大陸學者撰文紀念時加了一條「自由」。但據我觀察，這也只是在學術圈子裡闡述，一般人以為「自由」就是毛澤東當年的「反對自由主義」那些東西。中國的自由主義提得太少，是何原因？有學者說：「五四」啟蒙運動未完成就救亡了。要救亡，似乎自由主義就格格不入了。

楊：我認為，中國最缺少的是自由主義。中國所強調的「科學」，已經變成「科學主義」了。我們現在對「科學主義」也應有批判，因為迷信科學和迷信理性，都可能導致制度失敗。

向：這麼說來，科學和理性都需要批判。但我覺得，說「科學主義」和「理性主義」，似乎有點誇大其詞。大躍進中「一天等於二十年」、「畝產三萬斤」，還有「文革」等等，都是一哄而起的。細一想，正是缺乏科學和理性。直到最近的「法輪功」，都是反科學的。

楊：大躍進不是因為缺少科學，難道錢學森還不懂科學，他也鼓吹畝產萬斤符合科學。這是因為沒有言論自由，沒有憲政民主。「法輪功」當然不是科學的，但是取締「法輪功」是以反科學的名義進行的。世界上的事物，不是全能用科學來判斷是非的，宗教是反科學的，但政府對宗教是沒有任何權力去鎮壓它的。在一個憲政國家是不允許以「邪教」入人以罪的，也不能隨便將教派入罪。誰有犯罪嫌疑，只能以具體的刑事犯罪起訴。英文的cult有宗教崇拜的意思，也可譯成「邪教」，其實我將此詞看成中性的。正像英文中沒有野心和雄心之分，只有一個詞。在美國，幹什麼都是以宗教運動為先導。工業革命和現代化都是宗教改革的後果。所以宗教所起的作用是很大的，但它絕對不是科學。你可以說它是反科學的，但反科學有什麼關係，科學為什麼不能反？中國有一種「科學主義」，如「新三論」（即資訊理論、系統論、控制論）就是科學崇拜。

現在，什麼事情一講，就是符合科學，或不符合科學。不符合科學就歧視，這就是「科學主義」。有些東西即使不科學，你也不能壓制，不能歧視。如今中國很多人都同意：制度很重要。其實，「制度」就是信仰、意識形態和宗教創造出來的，而不是「科學」創出來的。最近諾貝爾獎得主諾斯正在寫一本書，他在書中比較南美與北美的差別，二者都是西方文化背景，西班牙甚至在中世紀前有比英國更發達的代議制。但是現在北美是世界上最富裕的地區，而南美現在還是發展中國家。諾斯認為造成這種差別有三個主要原因：一是英國人治理北美實行地方自治，各殖民地由地方代議機關治理，而西班牙、葡萄牙直接治理南美多年，把殖民地當作榨取稅收的來源地；第二，北美是個新教地區，由於英國傳統受宗教革命影響，而南美是天主教統治。新教與天主教的差別是，新教相信結社自由（FreeAgency），任何人可以不經過他人批准而自立教會（所以有成千上萬不同的新教教會），而天主教的每個分支成立都要經過上級教會批准認可。新教的自由結社意識，打破了意識形態和政治壟斷，在意識形態和成立組織方面是完全競爭的，所以社會更有活力和更富有公正；第三，北美是普通法（不是政府立的法，而是老百姓自發形成的習慣法），而南美是政府立的大陸法。費正清和Mokyr在比較中國和歐洲的差別時也有類似的分析。Mokyr在比較十八世紀的法國與英國時也有同感。他最有所感的是，由於英國光榮革命後有憲政秩序，所以有社會公正，人民繳的稅率比法國高，但人民卻更樂於繳稅，人均收入也比法國高三分之一。

向：從北美和南美的差別回到中國吧。「五四」的口號是民主、科學、自由和憲政，那麼現在按你的觀點，應把自由放在第一位？

楊：自由擺在科學之前，憲政和共和擺在民主之前。我甚至覺得不應當搞科學崇拜，現在中國面臨的很多問題都跟崇拜民主和科學有關。中國走了很多彎路，不是因為反「五四」，而是「五四」的後果。如果那時強調自由，強調憲政與共和，情況就肯定不一樣了。共和跟民主是不一樣的。共和是講上層的權力制衡，民主是講下層的政治參與，兩相比較，共和比民主更重要。共和強調要有三極世界：即選民的權力、州政府的權力、聯邦政府的權力，以及中央級司法、立法、行政之間的分權制衡。沒有共和思想，它容易形成兩極：即統治階級和被統治階級。兩極鬥爭起來，不是革命就是暴政，而三極就比較穩定。

向：看來，要想社會真正穩定，必須是一個多元的社會。

楊：至少是三極或更多極的。

向：上面我已提到，自由主義在國內學界已成為一個話題。現在學界一般都認為：個人的自由是自由主義的核心和一切立場的出發點，甚至可以說個人主義就是自由主義的另一種表述。你是否也這樣看？

楊：這是常識了。自由主義可以自由地選擇個人的生活方式，可以相信科學，但也尊重別人不相信科學。中國改革二十多年了，現在需要有一個意識形態的轉變，當然這種轉變有賴於爭論。「不爭論」是不對的。從人類歷史上看，任何一個制度的改革，都需要爭論。如沒有爭論，就沒有文藝復興，就沒有宗教改革，就不會有後來的工業革命。最近幾年美國經濟之所以活躍，這與七〇年代美國的新左派和新保守主義的爭論是有關係的。那時，他們開展大規模的宗教運動、辦宗教活動夏令營等等，然後影響到人的觀念徹底變了。所以民主黨的總統克林頓也受共和黨新保守主義的極深影響。

向：有人研究中西文化的差異，說東方文化的特點是封閉而專制，西方文化的特點是開放而包容。

楊：從中西文化比較談，這個題目很大。具體說來，我覺得共和思想在歐洲比較深入人心。如十二十三世紀的英國，它的法庭就有三個，一是國王的法庭，二是宗教裁判所，三是地方的封建法庭。三個法庭共存，這就有點像共和了。老百姓打官司可以在三個法庭中選擇。當時一般都認為國王的法庭比較公平。為什麼？是因為有另外兩個法庭的存在，如果把另外兩個法庭砍掉，那國王的法庭也肯定不會公平了。但是回頭看中國，幾千年的封建社會，就只一個「王法」。

向：中國的司法體制也在進行改革，但步子是緩慢的。在知識界早有三權分立的呼聲，但改革必定是一個較長的過程。你覺得中國司法改革要解決的根本問題是什麼？

楊：司法獨立必須以多元化為前提。我注意到中國這個話題談了幾年了，但因話語空間不大，大都是泛泛而論，或是偶爾觸及一些實質性問題。我說句實話，在中國要司法獨立，黨派必須退出法院。因為黨派控制司法、立法，要做到公正就很難。英國法庭有陪審團、雙方律師，還有一個法官，法官只保證司法公正，陪審團才是判決被告有罪或無罪的。

向：陪審團是否相當於中國的合議庭？

楊：中國的「合議庭」都是參與審案的法官組成的。而英國的陪審團成員既非達官貴人，也不一定是專家教授，而是街上請來的。對陪審團員唯一的要求是：必須要有良心，必須由原被告雙方接受。如告辯雙方中任何一方認為某某坐在陪審團會不公正，他可要求將其排除出陪審團。以中國而言，則任何反對共產黨的官司都必須將共產黨員排出判案過程，如果這一點做不到就不會有真正的司法公正。「文革」中，鄧小平等領導人對制度造成的不公正深有所感，曾大力提倡政治改革，黨政分家，最高領導人不能一人身兼黨政軍數職。但是九〇年代中國在這方面卻又走了回頭路。

工業革命之所以在英國發生，是因為它最早實現「黨政分家」。早在十六世紀，國王的財政與國家的財政分家（這在中國相當於執政黨的財政與國家財政分家），而國民黨的財政到八〇年代才真正與國家財政分家。英國最早實行了執政黨或處於競爭執政地位的政黨不允許直接從事贏取商業利益活動的制度，執政者的商業性贏利事業要交獨立的私人信託商經營。有了這些制度，貪污才能根治。而臺灣的黑金政治正是因為執政的國民黨有太大的「黨營事業」（儘管它已與國家財政和國營事業脫離）。英國早在十六、十七世紀就形成了國王財政和政府財政不可獨立於議會權力的制度。正因為行政當局沒有獨立的財權，限制政府權力的制衡機制才有根基。所有現代的憲政民主國家都實行這種制度。在中國實行這些制度也是中國現代化和根治貪污腐敗的基本條件。

向：在經濟方面，你認為中國政府的當務之急是什麼？

楊：政府該做什麼，不該做什麼，一九九八年我回大陸，在回答《經濟消息報》記者提問時就說過，你可找到那份報紙看看。

向：關於中國加入WTO組織，去年中美達成了協議。中國媒體說是「雙贏」。你認為中國加入WTO的利弊該怎樣計算？

楊：這就要看中國政府怎樣對國內制度進行改革了。WTO組織有它的遊戲規則，中國政府目前要做的，我認為首先是廢除與WTO遊戲規則（非歧視性、公平、透明、穩定、政府對遊戲規則的可信承諾）不相適應的政策和制度。據我所知，中國還有二十多個行業不准私人經營，如銀行、電信、鐵路、外貿等等。根據WTO規則，外國私人公司可以進入中國這些市場，而國內卻不讓私人經營這些，這就是歧視中國人了，真的成了「華人與狗不准入內」了。這不行。恐怕還得讓中國私人自己也搞，參與和外國人的競爭。另外，中國現在成立企業還是實行批准制度，必須由工商部門許可。你成立一個公司必須要多少萬資金，而國外卻不要，只要交幾十塊錢就自動註冊了。這些都必須改。還有戶籍制度，也是歧視鄉里人的。我今天在長沙街上看到佈告，農民進城打工要「三證」。即使農民在城市買了房子，置了產業，但因為戶口不在這座城市，孩子上學要多交錢，還有辦這個證，那個證，都要交錢。所以戶口政策與WTO規則也是相悖的。還有，農村不能私有和自由買賣、自由租賃土地，這很像封建制度。農民到城裡去就失去了對土地的集體所有權中的相應份額，此份額又不能自由買賣，所以就妨礙了城市化，也妨礙了私人農業資本家（專業大戶）用租土地和租機械的方式經營大規模機械化農場和興建水利。這些制度都會使農業在進入WTO後因無競爭力而受損。

向：戶籍制度的弊端政府也看到了，並且一直在試圖改革。

楊：這種歧視制度的結果，使不同的人，權利不一樣，任其發展是很危險的。中國喜歡搞雙軌制，其實雙軌制就是歧視性的。我在海外就想到，你加入了WTO組織，把機會讓給了外國人，而中國人自己得不到，這公平嗎？中國人的民族主義情緒本來很強，如果不引起足夠的重視，民族主義情緒上來，各種意料之外的事都是可能發生的。

向：你近來的思想看來否定了你早期的觀點，你是否仍堅持早期的個別觀點呢？

楊：我否定早期的觀點是由於我看了很多西方歷史書籍，發現我們大陸出來的中國人對這些不同的觀點是根本不瞭解的。我最近讀了Pipe的《財產與自由》一書，發覺我早期的「私有財產制度是民主憲政的基礎」這一觀點仍然站得住腳。英國國王十四至十七世紀財政不獨立，原因就是私有財產不可侵犯，國王收稅不容易，為了保證收稅，所以國王讓獨立納稅人開國會，自己決定稅率。自己同意的稅率，當然比較容易實行。所以英國國會與國王無關，國王不會要自己的下屬參加議會。因為這些下屬是由國王養的，而國會卻是為了向國王繳稅。這種國王在財政上對國會的依賴，當然只有在私有財產（特別是土地）不可侵犯時才可能。這種早期的民主制度，有點像兩個政府並存，因此是動亂的一個原因。英國大革命，美國獨立戰爭都是由此而生。但長期而言，這種權力制衡又是長治久安的根本。社會主義制度的一個目的是減少收稅的困難，但卻去掉了制衡機制，正像從異性繁殖倒退到同性繁殖，看起來更方便，實則是生存和進化能力的退化。隨著中國改革開放和私有化的深入，政府會遇到類似當年英國國王收稅的困難。一個辦法是倒退回國有經濟。如果不願意倒退，就要吸取英國的教訓「沒有民主就不繳稅」。所以經濟改革如不倒退，一定會有實行民主憲政的壓力。我們希望這種壓力不會造成在中世紀西班牙和法國發生的民主退化（這兩個國家的代議制都比英國出現得還早），而是像臺灣、像南韓那樣順利轉型到民主憲政。這其中成敗的關鍵是執政者要採取主動措施，執政者越主動，決心越大（像日本明治維新一樣），越容易成功。執政者越抗拒憲政轉軌（像清朝一樣），越容易使國家陷入動亂。

向：中國經濟改革成績有目共睹，但政治改革進展緩慢，沒有實質性的突破。我想，中國加入WTO組織後，經濟更加與世界一體化了。按照馬克思主義觀點，上層建築必須與經濟基礎相適應。所以，你認為中國加入WTO組織對政治體制改革會成為一種推動力嗎？

楊：我不是中國問題專家，我只是談談個人的想法。我認為，為了中共的長遠利益，也為了老百姓的利益，現在當務之急是共產黨必須學會搞選舉。中國村級選舉普遍開始了，但它不是一級政府，應該儘早開始鄉級政府的選舉，然後到縣級，待條件成熟再逐級往上發展

——這樣的直選越早越好。對「直選」這個問題，我的看法是：東歐和蘇聯，共產黨之所以丟失政權，是因為他們沒有學會選舉。直選在中國是遲早要發生的事，你不會，自然就有麻煩了。所以，學會選舉是一切革命黨在憲政民主新時代保持繼續執政機會必須走的一條路。

一九九九年夏訪於長沙，並經楊小凱本人審訂

自由的公民·自主的個人

——與劉軍寧談「中國教育病」

劉軍寧，政治學者。主編有《公共論叢》、《公共譯叢》、和《民主化譯叢》等，著有《保守主義》、《權力現象》、《民主·共和·憲政》等。現為中國文化研究所研究員。

國家應該放棄對教育的壟斷

向繼東（以下簡稱向）：從世界各國近代教育的發展歷程來看，國家是不是越來越多地參與了教育的發展？

劉軍寧（以下簡稱劉）：你所提的涉及到教育與國家的密切關係以及教育的國家化問題。中國教育的政治化或是國家化特別嚴重，我認為，這恰恰是中國教育的問題。中國的教育與政治的關係是太過密切了，國家與教育之間應該有一個分界，國家應該放棄它對教育方面的壟斷。

「參與」這兩個字有著太多的含義。國家全面壟斷教育是參與，國家讓教育獨立，僅給公立學校提供財政補貼也是參與。這兩種參與在性質與後果上的差別不可同日而語。在今天，世界上最好的大學是私立大學。在世界範圍內，由國家出錢興辦的最好的大學也根本無法與最好的私立大學相媲美。所以，要想辦出好大學，就要限制國家對教育在某些形式上的參與，準確地說是要限制國家對教育的無節制干預。

向：公立大學不能辦好的主要原因就是國家「無節制干預」嗎？

劉：應該說是這樣。國家掌握學校的命脈，導致教育聽命於國家。教育與學校便成了國家與政府的附庸，其存在的目的是為政府服務，教育和教育機構便失去了自主性與獨立性。在中國，教育的獨立性與自主性尤其缺乏，受到的限制尤其嚴重。現在許多人在討論北大的改革，我認為，北大的改革只涉及到中國教育改革的一個方面，即它只涉及到大學內部怎麼樣進行優化組合，怎麼樣調動一部分教師的潛能，怎麼樣樹立學術規範和公平的教授制度，怎麼樣發揮教授更大的作用。當然，其中許多措施本身是很有爭論的。但是根本的問題則沒有被觸及，如果最重要的問題不被觸及，那麼這個改革是不會有結果的。這問題是什麼呢？這問題就是治理大學的權力是從哪來的。

在我們國家，管理學校的權力是從國家那裡來的。誰在花這些錢，誰在任命教師，誰在給教師提職稱，誰在給教師分房子？都是代表體制的校黨政領導。北大的改革沒有觸及到這一方面。國外的大學權威是從哪來的？即使是公立大學，它們的權威也不是從政府那裡來的，大學的權力是從學校董事會來的。校長是董事會任命的，校長的權力是董事會授予的，並接受董事會的監督。董事會由兩種人組成，一種是給學校提供資助的個人，一種是懂得教育的社會名流。那麼，在中國，這個權威是從哪來的？是從各級黨委和組織部門和人事部門來的。說得直接一點，在中國教育制度就是政治制度，因為教育與教育機構被要求首先為國家與政府服務，所以中國的教育改革首先應該觸動的是這一點。

向：中國有這樣一種傳統，就是把教育制度納入到政治制度之中。

劉：這樣一個傳統，到現在更加厲害了。因為古時候尚允許私人獨立辦學，現在連這一點都做不到。什麼叫私人辦學？什麼叫民間辦學？私人辦學不是說有沒有權利去招生，去賺錢，去收費，而是說有沒有權利使用自己的教材，有權自主確定教學內容。在我們國家，教育體制上是絕對不允許你使用自己教材的、自己的教學大綱。

向：你認為國家在教育中應該起什麼作用？

劉：教育應該與國家分離，簡單地說，就是政教應該分離。國家應該允許教育機構自主、自治。學校的管理權應該屬於校董事會，即使在公立學校也應如此。校董事會是由各界人士組成的，並不是由政府來說了算的。

統一高考與中央集權大一統

向：現在中國教育還有一個問題，即中央集權的考試制度，高考就是最明顯的例子。

劉：中國古代的科舉制度本質上是文官制度，而不是教育制度。它存在的目的是說明政府培養與挑選官員。凡是培養官員不需要的專業，它就不設置。國家壟斷了教育權，把教育變成了政治的一部分，並通過組織統一考試來使教育服務於建立和維持中央集權大一統。科舉制度後來被廢除了，但科舉教育制度的核心——集中統一考試以及國家壟斷教育，卻被原封不動地繼承下來了。這個繼承下來的制度壞在哪裡呢？壞在它不把每個個人當作「人」，而是當作「才」，當作國家的原料，當作國家的建築用材。換句話說，通過這樣的考試安排，個人喪失了自主性，而只能被動地服從「需要」。所以，全國統一考試，統一命題，禁錮了人的思想，是教育制度中弊端最大的一個部分。這個考試制度現在並沒有改變。國家的教育中心是為國家培養、輸送人才。我是一九七八年參加高考的，當時的口號就是「一顆紅心、兩種準備」，「站出來讓國家挑選」。這裡，「人」被轉化為「才」，活的人變成了死的東西。國家需要你，國家安置你，你就屬於國家的；國家不要你，你就自己流落到社會上去尋找自己的位置。

向：按人道主義觀點來看，人應該把人當成人，但在很多時候人成為工具了。

劉：國家的需要無論多麼具體，都不應該把個人當作國家所需的工具或才具。你講得非常正確，實際上很多中國人想做工具還來不及呢。你願意做工具，那你就做工具；你願意做奴隸，給人當牛做馬，就給人當牛做馬唄。這樣的人多得是。但是它應該給不願做這些的人一個機會，是不是？

向：那麼教育可以做些什麼呢？

劉：教育應該培養人格的獨立，培養自由的公民、自主的個人，而不是讓個人依附於國家。國家的需要應該變成個人的選擇對象。這裡的關鍵問題就是誰在選擇，你是讓國家選擇，還是你選擇國家？如果你選擇到政府裡去工作，這是恰當的，因為這是你的選擇，你的自由；如果是國家讓你去選擇，指定你去做國家分配的事情，這就是國家的選擇。這有一個誰選擇誰的問題，並不是說不應該去政府部門工作，而應該是國家的任何一個部門都應是開放的，個人有權選擇。

向：個人利益可能要通過國家機器來實現，它應該有助於個人去實現自己的價值和理想。

劉：國家機器的目的應該是把個人變成「人」，而不是為了把個人變成「才」。如果一部分人變成「才」了，就會產生使用「才」的「人」。「才」是被「人」使用的，是吧？那麼為什麼一部分人就是「人」，另一部分人就是「才」？那些使用「才」的人或者叫做救世主，或者叫做皇帝，或者叫做領導，或者叫做書記。在這種教育制度下，必然出現分化。一些人變成天然的統治者，一些人天然地被統治著；一些人天然地支配他人，大部分人天然地被支配著。

有的人受的教育高，有的低；有的人錢多，有的人錢少；有的人社會地位高，有的人社會地位低；有的人學問多，有的人學問少……這些都很正常，這在任何教育制度下都會出現。但是中國教育制度的結果是要求一部分人無條件地服從另外一部分人，你不要去碰他們，不要去挑戰他們，你的任務只是聽話，服從。

不能以虛幻代替真實

向：你說的都是常識。那麼當下的教師們可以做些什麼？

劉：教師要為學生的發展負責。教師要為學生的需要而教育他們，而不是為國家的需要而教育他們。國家的需要應該滿足於個人的需要。

在中國，教師在很大程度上常常只是教育的工具。由於存在全國統一考試制度，有統一的考試大綱，每個老師都必須按照大綱盡其可能地將許多學生可能一輩子都不會用上的知識、甚至是早已過時的知識灌輸給學生，使孩子接受了許多沒用的東西。對於老師而言，他們是無能為力的，他們只是國家的教育「工具」。

對於學生而言，他們的大腦裝滿了許多一輩子也用不上的知識，而沒有了想像的空間。具體學習什麼內容，可以探討，但將孩子的大腦裝滿知識這一點是不合適的。例如，小學生學奧林匹克數學，有多少是因為有興趣去學的，有多少是為了考中學去學的？有多少知識是基於啟發孩子的潛力授予孩子的？很多人說，美國的基礎教育差，數學太簡單。我的看法正相反，如果在學校裡教授太多沒有用的東西，這對人力和物力都是極大的浪費。美國都承受不了這樣的浪費，更何況我們第三世界的中國呢？

向：現在一方面在浪費，另一方面是教些虛幻的「微言大義」，強調虛妄之說的意義。

劉：語文課則常常是一些八股的東西。老師根據參考書，指定這句話是怎麼解釋的，你就必須按照老師的解釋來說，跟老師的解釋不一樣都是錯的。

向：我讀高中的女兒，也常翻我桌上的書。有一天她突然問我：為什麼她書上說的與我書上說的正好相反？問得多了，她也漸漸變得明白起來，那天她終於理直氣壯地問我——為什麼她的書不能說真話？

劉：這就是現行教育的後果。我們的教育常常在散佈製造謊言，有些謊言連小學生都能看出來，因為他們在書本上學到的，跟他們在現實生活中看到的是不一樣的，跟在電影電視劇中看到的也是不一樣的。現在我們首先要考慮的是該不該觸動這體制，而不是能不能觸動。該不該觸動是道理問題，能不能觸動是一個策略問題。如果道理問題不講清楚是不會有策略的。道理清楚了，路徑就清楚了。如果大多數人不認為這是個問題的話，是沒有人要解決這個問題的。所以說在理論上認識這個問題是非常重要的。

向：現在需要大家都去關注這件事。

劉：我們首先應該允許民間介入教育，比如提供教材、組織討論、交流經驗，或是組織教師或是研究單位的研究人員到學校去培訓教師。公民教育是一件啟蒙工作。中國的教師本身需要啟蒙。在中國，我們看到一種現象，許多中小學校校長最擅長的事情就是把所有的學生都集中起來，聲嘶力竭地訓話。這是他們最喜歡做的事情。中國的教育體制就是一群人在聽一個人的話，中國整個社會就是一個放大的學校教室。

創造能力來自獨立思考

向：我們大學培養的人才創造性能力比美國的要低很多，這是事實。但有些人認為，我們的基礎教育不是比美國的基礎教育要好嗎？你是怎麼看這個問題的？

劉：我覺得不能這樣說。中國人的創造性能力差是因為中國人被當作「才」，只是一個原木，國家把你當做才的時候，既可以把你用來做火柴，或者做牙籤，剩下的就不要了，這個原木沒辦法決定自己做什麼。一旦變成「才」的時候，百分之九十九的都要被扔掉，國家只取你一點，其餘都是浪費的。

你說的中國基礎教育比美國的基礎教育好，你看到的是硬性的指標，比如說數學，中美兩國同年級學生比，中國學生程度是高些。但我覺得美國的教育設計是有道理的，它是根據社會的未來需要來設立自己的教育。未來不需要的東西，沒必要學，學了也是浪費，比如解析幾何，如果以後你不做工程師，幹嗎要在高中學？中國本來教育資源很有限，又浪費驚人，反而把自己這些學了沒用的東西當作優勢。

向：美國在培養人的公平競爭意識、每個人的進取心以及每個人表現自己的機會等方面，中國是無法與其相比的。

劉：在美國的學校，大家都平等地對話，老師和學生在身份上也是平等的，學生和學生之間通過小組的重新分配，每個人的表現機會也是平等的。美國中小學沒有統一的教材，就發幾張紙或是參考書，自己去編。大學教材也是自己編的，老師也不完全按照教材講。

向：美國的考試也是民間組織的。

劉：他們考試成績僅供升學的參考，因為升學是由大量的平時成績積累的，不是由一次性考試成績來決定的。還有，美國給個人發揮自己的潛能以更多的機會，如組織學生樂團，開展各種社會活動等。在美國，教學生做一個專案，這專案當然包括自己的想法，想法的論證，然後是想法的實現、驗證等，這都是由學生自己選擇的，與其自身的生活有關的。這樣培養出來的學生，當然從小就具有一種能力，即獨立地操作一件事情的能力。

向：從你的觀察來看，美國教育的最大特點就是培養學生獨立思考和獨立操作的能力，是這樣嗎？

劉：不僅是培養學生的想像力，更是培養學生的合理的想像能力。你要瞎想，比如你猜想月亮上的土，磷的含量會少一些。你這個想法很好，但是你沒有辦法去驗證。所以你的想法無論多麼豐富，抑或是奇思妙想，但一定要是你自己可操作完成的。如果你自己不能動手操作，就要把它放到一邊去。

向：美國的教育就是鼓勵學生把想像力與務實精神最好地結合起來。

劉：對。這樣從小學到高中，一直到大學，他的創造能力就自然而充分地展示出來了。這也就像我們研究人員做的科研項目一樣，你報一個選題，然後論證，論證後做完。不過，人家在小學時就開始這樣做了。所以我們能說我們的基礎教育比別人的基礎教育好嗎？中國學者到美國為什麼表現更好？因為美國沒有人才教育，中國學者的潛能在美國能夠得到更大的發揮，這是主要原因。

向：我讀過黃全愈的《高考在美國》（廣西師大出版社，二〇〇三年版），美國是沒有嚴格意義上的高考的。

劉：美國也有名牌大學，學生也是從高中選拔的，但沒有國家組織的統一考試它怎麼選拔呢？它依據學生的平時成績和學校校長寫的推薦信。即使有考試也是民間組織的。你想一想，如果中國名牌大學的招生都建立在校長寫推薦信的基礎上，中國的高校招生制度會腐敗到什麼程度？誰敢相信校長寫的推薦信？但在美國幾乎沒有人質疑這個問題。我們連想都不敢想這個制度，因為這個制度太依靠誠信了。

而中國最缺的就是誠信，不僅在教育領域如此，在其他領域也是如此。不僅校長的權力不受制約，那些任命校長的人還要通過校長來走後門呢。因為校長是上級任命的，教育局長或是書記來要他寫個推薦信，把某學生保舉到某重點大學，這不太容易了嗎？但是在校董事會制度下這是不可能的。統一招生制度存在的本身就說明我們的道德已經墮落到無可救藥的地步了。

向：招生制度本身是次要的，主要是看校長是怎麼產生的。

劉：只要校長是上級任命的，他就只能兩眼向上。誠信的問題就無法解決。如果校長由校董事會聘請，或是把校長的任命由黑箱操作變成公開競選，把校長的一言一行都暴露在光天化日之下，其個人素質馬上就會提高了。否則，舞弊、腐敗是不可避免的。

向：當下似乎找不到比高考更好的制度了。

劉：那也未必，因為我們許多問題是出在高考之後嗎。從以往網上已經披露的一些大學的招生黑幕來看，是我們根本無法抑制作弊和腐敗。

向：面對這樣一種現實，我們可以做些什麼？

劉：我覺得你首先把這個道理講明白了，讓大家從自己的角度去想。寫教科書的，講解教材的，出考題的，可以各自從自己的角色去考慮，做點切切實實的事。

向：那你的意思是說，還是需要靠個人？

劉：當然需要靠個人。在這個問題上，如果道理深入人心了，每個人都可以在自己的崗位上作出努力。如歷史老師在出考題時，就可以出那種比較接近真相的考題，迴避那些出於意識形態需要的考題；可以挑一些人類文明共同認可的東西放到他的考題裡去，這樣就會對考生起很大的誘導作用。如閱卷的老師，對不合乎教科書標準而又有獨立見解的答卷，可適當放寬標準，這樣必然會鼓勵學生獨立思考。學校也可有所作為，對那些通過其他管道進入學校的教材，可以採取一定的寬容態度。這樣，教育也許慢慢地就改變了。

現代社會最重要的是自主

向：在一個現代社會裡做一個現代公民，他應該具備哪些基本的素質？

劉：這可以從兩個方面來看：一個是品行方面，一個是能力方面。從品行方面去說，我覺得應該是自由、自律的公民。能力包括有一定量的硬性知識，這是必不可少的。在這個基礎上發展你的想像能力，你的操作能力，你的解決問題的能力。

向：教育領域的一個驚人浪費就是「所學非所用，所用非所學。」這個問題產生的根源是什麼？

劉：這當然是教育體制的問題。你不能找個地方把你所學的知識全部發揮出來，你學的東西可能就是用不了，因為這個教育制度是為國家設計的，為老師設計的，不是為學生設計的。一個好的教育制度是既適合於認為學習有樂趣的人，也適合於認為學習沒樂趣的人。這兩類人走出校門之後都能找到自己的位置，這才是一個好的教育制度。理想的教育就是讓每個人從學校出來之後都能找到自己的位置。在社會中怎樣找到自己的位置？你可能沒有多少知識，你可能沒有學問，你可能不能做研究寫論文，但是你依然可能工作得很充實、活得很好。

向：理想的公民是什麼樣子？

劉：我想，理想的公民應該是自主的公民。有自主的能力，自主的意識。自己替自己做主，自己謀取自己的利益，自己為自己的行動負責，這就叫做理想的公民。現代公民應該具備的最重要的素質就是自主意識。自主是第一位的。那麼在自主的基礎上你首先要克制，要跟他人合作。你必須溫文爾雅，恭敬謙讓，這溫良恭儉讓有助於調整自己與他人的關係，同時能夠幫助人與人形成他們之間的合作。要不然，每個人在社會上都絕對是有個性的話，就不能合作了。

向：那就是說，現代社會最重要的是自主，其次是合作？

劉：自主基礎上的溫良恭儉讓。強調自主，但也強調禮讓。他們重視合作，在學校就安排許多培養孩子合作的活動，使孩子理解自主、禮讓與合作的關係。由於他們很多事情都是由自己來決定的，因而也知道要尊重別人的自主性。

向：這種素質和能力是我們所缺少的。這可能與中國的傳統文化有關吧？

劉：這種素質本來應該是先天具有的，但在學校的教育中常常被壓制了。也就是說，這一素質不是靠教育來養成的，而是靠教育把它煥發出來的。教育不能把一個本來不存在的東西讓它存在，特別是在人性當中，教育就是要把潛在的人性調動起來，煥發出來，給人的自我實現提供一個機會，提供一種基本的素質和技能。我想，這就是公民教育的根本目的。

二〇〇五年秋於北京，此文利用了劉軍寧提供的資料，並經其審訂

聖經・現代化與傳統文化

——馮象訪談錄

馮象，上海人。文革期間曾在雲南邊疆下鄉。後獲北大英美文學碩士、哈佛中古文學博士學位、耶魯法律博士。現定居美國，從事智慧財產權與競爭資訊等領域的法律業務，業餘寫作。著譯有《貝奧武甫：古英語史詩》、《中國智慧財產權》（英文版）、《木腿正義：關於法律與文學》、《玻璃島：亞瑟與我三千年》等。二〇〇四年，江蘇人民社先後出版其《政法筆記》和《創世記：傳說與譯注》兩書，引起讀書界廣泛關注。八月底，馮先生來湘潭探親，筆者專程到湖南科技大學與馮先生會面並做了這次訪談。

作者與馮象（右）合影

《聖經》與「普法」

向繼東（以下簡稱向）：先談談你今年出的這兩本書吧。我記得，《創世記》裡的故事在《萬象》雜誌連載時，好像題為《塵土亞當》？

馮象（以下簡稱馮）：是的。但是作為書名，一個多卷本的開篇，為了跟後邊各卷的篇章銜接，覺得還是依照傳統叫《創世記》好。

向：你在前言中說，關於《聖經》的版本文字、歷史和思想背景，擬另文討論。這裡能談一點嗎？還有，《聖經》早有中文譯本，且被廣泛接受，為什麼還要重譯呢？

馮：《聖經》對於現代中國人的意義，我在《政法筆記》和一些訪談裡說過，這兒不重複了。希伯來語《聖經》的版本文字，包括中文舊譯的一些問題，我準備把譯經的筆記擇要發表一部分，稍加討論，明年開始在上海的《譯文》雜誌連載。

中文舊譯中，流行較廣的有「和合本」，可以簡單談談。那是新教各派在上世紀初妥協合作的產物，一九一九年起在上海初版。它用了一種非常做作、即使在當時也沒有人這麼說話的所謂「白話」，大概是受了傳教士的影響吧，我叫它「洋涇濱中文」。本來，經文拗口一點也無傷大雅，讓信眾和普通讀者慢慢習慣就是了。但它運氣不好，生不逢時：「五四」以後，現代漢語文學的發展即新文學運動走了另外一條道，和合本那個「白話」就留在死胡同裡了。當然，我們現在用來思考、寫作和討論問題的漢語的詞彙句法和節奏，它的豐富的表達力，還經過毛主席著作的薰陶和馬列編譯局的錘煉，就更不一樣了。你讀讀香港、臺灣的學術和翻譯作品，馬上就感到差距不是一點點，是一個時代。和合本另外一個缺點，是舛誤太多，沒有吸取當時西方已有的《聖經》研究成果。有些地方錯得還蠻有趣，我給你舉個例子：

《創世記》開頭，上帝在深淵大水之上造了光。然後說：大水中間要有蒼穹，把水分開（1:6）！和合本：諸水之間要有空氣，將水分為上下。

這「空氣」就是誤譯。古代近東的閃族人以為天空是一座晶瑩透亮的穹隆（raqia），托著天河，罩住大地；河水透過穹隆的空隙漏下，便是雨。所以蒼穹為固體，像一隻倒扣的碗，是上帝造來分開天上的水和地下的水的。古代譯本，例如希臘語七十士本和拉丁語通行本，都是這麼理解的。和合本怎麼會誤譯為「空氣」呢？我沒有考證過；說不定是參與譯經的傳教士們接受了現代科學觀念，把經文「重譯」了。

向：《聖經》和猶太教有很大的關係，是嗎？

馮：在中國，一般談到《聖經》都跟從基督教習慣，稱它的兩部分為「舊約」和「新約」。但前者本是古代以色列人的宗教文獻和民族文化遺產，「舊約」便有貶抑猶太教為舊教的意思，所以西方學界通稱希伯來語《聖經》。只在特指基督教的立場學說或歷史時，才講「舊約」、「新約」。我遵照這個學術慣例。我的《創世記》故事，就主要取材於古代以色列人的傳說。其中有一些對後世影響極大，從宗教思想、道德哲學到文學藝術——包括基督教在內——例如惡天使撒旦（上帝和子民的敵手）的故事。

向：我覺得，《創世記》和《政法筆記》有很大的不同，前者恐怕是對宏大的人類文化的追溯，而後者則是直面當下的急切關懷。

馮：沒有辦法，我們「知青」這一代傷亡慘重，「欠債」太多，不得不寫。

向：我很喜歡《政法筆記》。讀過你這本書，印象很深。從技術層面來看，你是一位隨筆文字的高手，簡潔的筆法，猶如史記；從思想層面看，你說的都是關於政法的問題，但文字穿透力極強，犀利而又不露鋒芒，且都擊中法律背後的要害。這樣的書，學府裡一般所謂的教授恐怕是很難寫出來的。

馮：過獎了。法律其實和文學差不多，只是文字拗口一些，道理淺白一點；兩者都是教化或思想改造的利器。我在《木腿正義》和《政法筆記》裡討論過這個問題。政法實踐對（廣義的）文學藝術的依賴、滲透和利用，在現代西方式法治意識形態建成，即支配大眾想像力之前，向來不是秘密。問題的關鍵是，其實現代法治也是這麼運作的，靠銀屏故事、報屁股漫畫、電腦遊戲、武俠和言情小說等等來說事、論理、蒙人。美國也是法盲大國，它怎麼治理？當然不靠律師法官，而是靠好萊塢「偶像產業」（包括色情文藝）和主流傳媒「年年講、月月講、天天講」，這麼潛移默化、灌輸教育出來的。否則不能解釋，為什麼政法業者尤其政客、律師的名聲那麼糟糕，大眾依然相信法治，至少相信沒有更好的制度選擇。但是，中國又有獨特的國情：因為大眾媒體和學界老在說「普法」，老百姓以為法律真是看不懂的什麼「東東」了，認了「秋菊」的命，哈哈。學者的任務，便是揭示這場「普法」運動之下、之後的問題。

法治的好處是避免政治攤牌

向：中國的司法問題很多，恐怕一時解決不了。但總而言之，政府的機會主義行為太多。立法則是條塊分割，如環保部門起草環保法，文物部門起草文物法。這樣，立法者都站在自身利益上。而且立法太容易，法多不治。

馮：正是這樣，千家萬戶上訪。

向：上訪人多，是因為老百姓不信任法律，上法庭也不能求得公正。

馮：搞法治，總該讓老百姓感到是在維護社會正義，而非寶馬權貴，才能有效運作。從前沒這麼亂，為什麼？一方面管得緊，基層組織嚴密，用劃分階級成分等手段來保持政治高壓。另一方面，老百姓多數接受了他們覺得還算公平的社會和財產關係。我窮，大家都窮，加之特權不下基層，心裡不平衡、鬧事和違法亂紀的現象自然少了。

向：那時是在財產面前平等；而現在是法律面前人人平等，只不過真難做到。

馮：不錯，法治的起點，是承諾形式平等。實際上，法律問題的背後往往藏著政治問題。政治問題不解決，法律便只是一紙具文；解決了，達成一種憲政安排，法律問題才可以按司法程式走下去，直至最終解決。發展中國家如此，發達國家也不例外。比如二〇〇〇年美國大選的戈爾與布希一案，聯邦最高法院五比四判布希勝。投關鍵一票（第九票）的甘迺迪大法官說，他之所以把總統寶座判給了布希，是怕兩黨攤牌，政治大動盪，影響整個社會。雖然後來佛州有爭議選票的調查結果表明，戈爾的票數比布希多，但是大法官至今仍認為自己做得對。所以你看，司法解決的好處是避免政治攤牌，讓社會各階層、政黨與利益集團和平相處，化險為夷。

腐敗會不會成為權利

向：香港經濟學家張五常先生在武漢大學做過一次演講，題目叫《三種社會制度》。他說的三種社會制度，一是私有制，二是等級制，這兩種都有缺陷，但也有合理性。他擔心中國社會滑向第三種制度，就是產品資源的排序既不根據產權，也不根據社會等級，而是根據人們貪污腐敗的權力：類別劃分對應的是不同政府部門的管制。例如，這個官員管手袋，那個官員管手錶，甚至連外匯管制也分成很多等級。這樣，貪污腐敗就有了方便之門，貪官們的權力慢慢地制度化了。他說，比如在巴拿馬，貪污的權力就劃分得非常清楚，官員甲負責星期一二三，官員乙負責星期四五六，各貪各的，管制得非常好。

馮：張先生常有高見讜論，他本來有希望做港大校長的，可惜。

向：貪污權力定義得最好、最嚴密的國家是印度。在印度，國營企業的多數產品價格都定得低於市場價格，很多官員就可以直接在這個差價中獲利。張五常還說，他並不反對貪污腐化，他反對的是滋生腐敗的管制。假如自己是個官員，恐怕也會貪污，甚至比別人貪得更有效率、更厲害。所以，真正消除貪污的辦法是取消政府的管制。印度的問題不只在貪污腐敗，它的主要問題是腐敗的權力制度化了。

馮：毋寧說是一種權利。和其他法權一樣，腐敗的權利也可能被人廣泛接受而成為穩定的財產制度，並且在事實上受法律保護。我在別處說過，這些方面，印度是我們的老師（見《中國法律人》二〇〇四年十月）。

向：你認為，中國當前面對的貪污腐敗究竟該怎樣去懲治？

馮：很難，樂觀不起來。李昌平先生的一本書《我向總理說實話》寫得很好，反映了一個普遍存在的問題。為什麼那些地方的幹部腐敗了？因為他不腐敗就做不成事，更不用說腐敗帶來的種種好處了。我這次在北京聽朋友聊天，有人說中國老百姓要求其實並不高，只要把上世紀五〇年代答應給他們的東西都兌現了，他們就心滿意足了。

向：包括憲政制度。中國上世紀三〇年代就有個「五五憲草」，但後來因日本侵略打斷了。一位學者說，他看二三十年代知識份子討論過的問題，比現在討論的水準還要高。

馮：那時候的人思想開放，什麼思潮都鼓吹，可也幼稚得可愛。現在鬧過革命，受過挫折，成熟多了。但需要補課，補當年那些書呆子政論家講過的東西。這就是從顧准先生開始，一直延續到八〇年代末的中國知識界的「啟蒙」運動。的確，都不是什麼新思想，也不是西方發達國家或資本主義中心地帶的學界關注的問題。但是，啟蒙不是做學問，是吶喊和索求，故名「思想解放」。思想解放需要戰士，顧准先生就是這樣一名在挫折中奮起的戰士。

現代化像一個硬幣有兩面

馮：從理論上說，中國現代化的核心問題是資本主義。作為資本主義邊緣地區的一個發展中大國，它不想做發達國家的垃圾箱，不想永遠當他們的加工廠，更不想把國際走私販毒洗錢這些黑社會活動搞到家裡來。所以，這個現代化進程不是中國一國的事情；和法治建設一樣，也是國際關係問題，必須和國際政治、軍事和商業關係結合起來謀略，以求實現自己的利益最大化。惟有如此，才有可能成為世界民族之林中的強者。毛主席領導，教訓不少，但最大的功績在哪兒？不是打日本鬼子，不是打蔣介石，而是結束中國的「前現代」，就是「一盤散沙」積弱狀況，把中國引到可以參與同列強競爭的真正的現代化軌道上來了。

向：現代化應包括政治、經濟、文化諸多方面，但毛時代的許多做法其實都是反現代化的。

馮：反市場經濟，反法治，反第三世界例如印度意義上的現代化，反我們現在奉若神明的一切。所以我說他創造了一個現代化的條件，開闢了一個不信邪的革命傳統。正是因為有了這個革命傳統，中國人的政治智慧才比俄國人高一籌，才有了今天資本再臨卻並未傾覆的「幸運」。當然，這第二遍現代化比起別人的一遍成功要困難得多；搞第二遍有許多包袱，還要受後進或者叫「後發」的制約。

向：楊小凱有一篇「後發劣勢」的文章，我覺得談得很好。

馮：我們不僅「後發」，還要把人家吃過的苦頭一個不少重吃一遍。第三世界國家為什麼絕大多數不成功？因為發達資本主義國家建立的全球政治和經濟關係是那樣形成的，總是讓後進國家吃虧。這是一個極大的挑戰。不是說你想搞民主，馬上就能成功，變得富強。民主政治作為現代化的架構之一，現實地看，恐怕還要走一段曲折的長路。

向：有位海外華人學者在網上發表文章，說目前中國又回到了百餘年前的「歷史原點」，重新討論在百餘年中反覆討論的一個問題：中國到底要專制還是民主？認為中國只能實行威權統治的論者說，中國人的素質是產生專制的天然土壤，只有威權統治才能促進經濟發展；而要求民主政治的論者則說，只要堅持在中國這塊貧瘠的土壤裡播撒民主種子，就一定能收穫民主憲政之果。你對此怎麼看？

馮：這是個虛假命題，邏輯不通。假裝有人愚昧無知，立個靶子，搞點民主說教而已。還生活在八〇年代似的，哈哈。具體就改革而言，當前的癥結在私有產權。《憲法》修正案往前走了一步，可以看作有了共識。但共識不等於就能辦事。障礙不在老百姓的觀念或所謂「素質」，而在現實利益及其分配與保護、攫取和抗爭。例如下崗工人，他有沒有產權？

他幹了幾十年，廠子賣了，股份化了，淪為城市貧民，有什麼辦法和說法給他沒有？再如農民承包土地，本來是一項改革，但現在想進一步，如允許出售或轉讓給他人。還有拆遷補償。這些「燙山芋」誰拿？農民沒有土地會餓肚子，會暴動。民主喊得再響也沒用。

向：但總是迴避問題也不是辦法。

馮：有時候，迴避也是辦法，甚至是唯一可行的辦法。我說過，現代西方式法治的要義之一，便是掩飾社會矛盾，做政治的晚禮服。政治是什麼？這兒湘潭附近出了個偉人說了，就是「與人鬥其樂無窮」。民主政治也是「與人鬥」的政治，也經常充斥著腐敗，像你剛才說的張先生介紹的一些民主國家的「寶貴經驗」。中國的現代化並沒有一條現成的路好走，那「後發」困局不是一次簡單的政治選擇可以解決的。如果政治選擇可以解決根本問題，俄羅斯和東歐那些前社會主義國家早就好起來了。

向：俄羅斯是休克療法，一夜之間私有化了。也許私有化沒錯，錯在權貴利用私有化大飽私囊。

馮：換個制度玩玩，還是同一批權貴。

向：是的。現在給人一種感覺，好像改革這輛車陷在泥坑裡，進也難，退也難，但好在大家都還在想辦法；不像當年勃列日涅夫把蘇聯那輛車陷進泥坑，明明不動了，他把窗簾拉上，硬要讓車上的人相信車還在走著，結果當然翻車了。

馮：我想，中國的情況不太一樣。中國革命比俄國革命曲折，經驗教訓也多得多。這影響到執政者改革家的路線，迫使他們慎重。當然，改革走一百步或五十步的口水仗是免不了的，還有虛假命題煙幕彈。但從根本上說，改革的最大受益者是執政者，既得和預期利益那麼大，這條路線不可能動搖，這是一。二、改革還要牽動多數人的利益，不僅僅是執政者的事。所以任何政治改革都變得十分敏感，不敢像戈巴契夫那樣天真草率、自討苦吃。我看他來美國參加追悼雷根總統，和美國政客一樣，把蘇聯解體歸功於雷根，就很可憐他。明明是他戈巴契夫的功勞，主動不「與人鬥」，放棄政權；下野後夫妻倆受盡了葉利欽他們的氣，講話還那樣順從。真是人窮志短哪。

向：前不久，網上有一篇批評新聞官的文章，在民間反響很大。中國人有個毛病，一旦作了官，就認為自己什麼都行，要惟我是從。其實，真正的智慧在民間。

馮：這事我也聽說了。不過我們最好不要說中國人如何如何；人性都是差不多的，是別的東西出毛病。我想，這些聲音能發出來，就是一個進步。這麼批評一下，也沒什麼大不了。而且批評者好像都挺會掌握分寸，曉得怎樣打擦邊球（這個我們在外國生活久了，就不太懂）。更重要的是，被批評者尤其官員和公眾人物，應該學點紳士風度。讓人說話，天塌不下來——好像也是毛主席說的，儘管他自己沒有做到。現在到了互聯網時代，新聞封鎖、不讓批評也難，還不如透明化一點。透明了，有時問題反而容易解決。「非典」就是一例。這方面，我是樂觀派。

向：其實現代化是一個系統，不可能只要你喜歡的，就像一個硬幣有兩面，你不能只要一面，不要另一面；必須學會接受它。

馮：早晚而已吧。另外，市場經濟本身也要求擴大公民的民主參與和言論自由。有些變化意味深長，比如出版審查，過去是直接追究作者的政治責任，現在一般只追究出版者，撤換報社主編。甚至還送上法庭，讓他們請律師辯護，通過法律程式和法治話語來做同樣的事，達到同樣目的。

二十一世紀是中國的世紀？

向：你在接受記者採訪時曾說到你的北大導師李賦寧先生，說他們那代人很有學問，並說你「特別相信一代不如一代，人類文明的衰落不可避免」。我相信你說的是事實，但從社會發展和進化的觀點看，卻又未必如此。此前每當我疑惑不解時，總想起梁啟超的《少年中國說》。是不是自然科學還是要發展的，而人文學科就不一定，換句話說：自然科學越發達而人文學科卻越是萎縮？

馮：人類文明和宇宙間一切事物一樣，也有腐敗變質而衰亡的一天。但那樣的「宏大」推論，對於現實生活和鬥爭中的人們無甚意義，是飯桌上的玩笑話——那篇採訪未經我審閱，把玩笑一塊兒發了，引起你的興趣。我想說的是：蓋大樓造大壩磁懸浮的成就，跟社會正義的重建例如消滅貧困、尊重人權，是兩碼事。我們不能輕信電視螢幕和新聞發佈會上的那些漂亮大詞和統計數字，被它們牽著鼻子走。要看到背後的資本的利益和權錢交易，新的雇傭壓迫關係和社會控制技術的成熟與運作。人文和社科學者之被稱為「知識份子」，正是出於這一知識上的期許或探求真理的公共利益——有時候公眾未必意識到的自身的利益。

向：好像你還沒有回答我的問題。

馮：你是指科學和人文的發展關係？不存在學科萎縮問題，是大面積的腐敗，從業者的腐敗。而且就非常有限的媒體報導來看，科技和工程領域的腐敗要比人文社科嚴重得多。

向：你在同一次接受採訪時說：「人們主動學習儒家的道德、制度，應該是個好現象，一個民族有了自信心以後，就會覺得家裡什麼東西都是好的。等中國再富強一些，在知識份子當中，儒家思想的正統地位會慢慢回來。再說，儒家的思想和資本主義沒有矛盾。而且中國人歷來有大國心態，還會覺得老祖宗的東西更自豪一些。」這話是否也是飯桌上的玩笑呢？

馮：那不是開玩笑，是我們身邊正在發生的事情。要知道，美女香車的電視廣告和八二老叟與二八閨女訂婚的喜訊一樣，「柔上而剛下」「感應以相與」，都是儒家那個「聖人感人心而天下和平」的時代崛起的徵兆（《易傳・咸・象》）。

向：還有人說，二十一世紀是中國儒學的世紀。你也真的認為二十一世紀是中國的世紀？

馮：二十一世紀中國會在東亞和全球事務中發揮越來越大的作用，乃至被美國認真地視為競爭對手，這一點大概是可預期的。那麼儒學會不會復興呢？我想不能輕易否定。儒家思想的根子在老百姓的生活習慣和宗法觀念那裡，「五四」以來，折騰了那麼久也沒有真正拔掉。將來的政治家怎麼對老百姓說話，尋求「凝聚力」？儒家的道德制度人物傳說，便是很有用的可供選擇的一個符號資源，正如今天的民主、法治話語。歷史常常重演，拒絕「進步」。不要以為傳統不會復辟。今天，以二奶小蜜為名的多妻制已經大體復蘇；明天，與之相稱的財產和人倫關係必然會轉化為有產者的政治要求。王船山讀史，批判「孤秦」，總結出一句話：「其上申韓，其下佛老。」儒去了哪兒？原來儒家之學是經世致用——做掩飾用的。等到中國再富強一些，再大國心態一些，能不能重新利用呢？

向：好像是顧准先生說過，幾千年的儒家文化證明，它不能產生民主，只能產生專制。

馮：這話是「五四」的遺產，不是顧准先生的洞見。歷史上儒家思想和專制的關係，是個有趣的學術問題，不會有討論結束的一天。將來儒家思想能否為統治者，包括那些訴諸民主與法治的統治者所利用，則是一個政法策略問題。對於後者而言，歷史上儒家如何，是不那麼重要的。看看新加坡就知道了。歷史的詭吊就在這兒，到那時，如果有學者想繼續批判「孔家店」，恐怕還不得不把民主、法治也一塊兒搭上罵了。就彷彿《易經》在今天的遭遇，連科學不發達，漢語「單音節」，也算在了它的頭上。當然，能夠這樣提出虛假命題來說事，隨意混淆事物發生的先後順序和因果關係而不自知，本身就屬於一個我們所熟悉的渾渾噩噩的傳統。走出這片渾渾噩噩，承認「知之為知之，不知為不知，是知也」，是我們討論任何問題，包括傳統文化的前提。

二〇〇四年八月二十九日訪於湘潭師院，九月整理成文，
歲末修訂於長沙，並經馮象本人修訂

就「汪暉事件」答《時代週報》李懷宇問

南京大學博導王彬彬撰文曝光「汪暉抄襲事件」後，媒體蜂擁而至。以下是廣州《時代週報》記者李懷宇對本人的電話採訪。

《時代週報》（以下簡稱周報）：你如何理解劉禾發起支持汪暉的聯名信？

向繼東（以下簡稱向）：這些支持者，也許大部分是被授意簽名的。因為其中不少外國學者不一定都懂中文，他們如何辨別汪暉的文章是否抄襲？其實在我看來，那封八十人聯名信並沒有為汪暉爭得多少分，只能使汪暉陷入更難堪的境地。當然，有了這封信，作為清華大學有可能做出的反應是：「汪暉抄襲事件在學界還有爭議，學校不會介入。」

周報：這件事情已經曝出幾個月了，你認為汪暉的沉默是正常的嗎？

向：我覺得汪暉一直保持沉默，反而對他不利。倒不如勇敢地站出來，坦然地面對。假如我是汪暉，肯定會站出來，直接面對這個事件。這樣對自己造成的傷害反而要小。我們都是從那個時代過來的人嘛，寫一篇文章說明當時的研究環境，是疏忽或是其他原因等，可能事情就不會發展成現在這個樣子了。昨天網上看到七月十一日《東方早報》文章：〈上海大學教授朱學勤博士論文被指涉嫌抄襲〉，先是一驚。原來有位叫「Isaiah」的網友在網上發表系列長文〈朱學勤：學術界的又一個「汪暉」？〉，指出上海大學教授朱學勤早年的博士論文〈道德理想國的覆滅〉存在抄襲嫌疑。朱先生接到《東方早報》記者電話時表示：他會在適當的時候作出正式的回應，特別是Isaiah能表明真實身份之後，會和他（Isaiah）做學術上的探討。」七月十二日，朱學勤接受《第一財經日報》採訪說：「不會像汪暉那樣一言不發，不會成為第二個汪暉。」當然，朱先生何時正式回應現在還不知道，但至少他有了個明確態度。

周報：在劉禾發起的致清華大學的信中，認為「汪暉事件」是「有組織的媒體攻擊」。強調「當媒體文化針對一個特定的學者發起無端的攻擊時，大學作為機構就被削弱了」，你認為「汪暉事件」是「媒體攻擊」嗎？

向：中國學界浮躁之風由來已久，批評一下，我認為這是媒體的良心發現，也是媒體人的良知。還有，當下媒體的禁忌很多，要吸引眼球，當然要找新鮮的話題，怎能算是「媒體攻擊」呢？同時需知，「扒糞」是媒體的天職啊。再說了，發表文章批評汪暉的王彬彬、項義華都是學者，也不是媒體人。媒體只不過是一個平臺，也發表了很多為汪暉辯護的文章。

周報：「汪暉事件」到現在幾個月的時間裡，社會各界的爭論已不僅僅局限在這件事情本身，問題變得複雜起來，你認為為什麼會這樣？

向：問題複雜是肯定的。我覺得支持汪暉的人，肯定跟汪暉或多或少有一定的淵源關係；但支持王彬彬的人，大多跟王彬彬也許沒什麼關係，站出來說話純粹是出於一種正義。我看過王彬彬那兩篇文章，寫得很扎實，有理有據。尤其是對汪暉文風的批評，一針見血。什麼是真正的大家？我覺得能夠把最深刻的道理用最簡潔易懂的話語，像面對面交談一樣說出來，而不是相反。而汪暉們總是要構建這樣一個話語系統——把簡單的問題複雜化，使你看不懂。這種不良文風，當然屬於學風問題，但批評一下也無妨啊。

周報：你認為這件事對中國學術界有什麼樣的啟示？

向：希望通過這件事能夠改變當下不好的學風。現在的學術界太浮躁，很多人不願坐冷板凳，所以頻繁出現抄襲事件。

二〇一〇年七月

答《懷化日報》記者陳甘樂問

我的故鄉在湖南省溆浦縣，屬今懷化市管轄。《懷化日報》記者陳甘樂日前來訪，說該報有「天南地北懷化人」週刊，專訪懷化籍人。他提了幾個問題，要我作答，遂從命。

記者：從民辦教師（即非「國家編制教師」）到「湖南省十佳編輯」，您走過了哪些自感欣慰的光輝歷程？

向繼東（以下簡稱向）：（笑）「光輝歷程」談不上，言重了。我好像還沒感覺到有什麼「光輝」，相反，我覺得幹到快退休了，前程依然很灰。我這一輩子，做什麼事都想把它竭力做好，要求自己對得起自己。譬如從民辦教師到公辦教師、到縣教育志編撰、縣誌編撰、縣文史主編，我一直堅守這個為人處事原則。反正，我不管到哪裡，都不是調皮蛋；但絕對是個不會巴結領導的人，也不屑於靠巴結別人改變自己的命運——至今，我也沒有改變這種習慣，對權力避而遠之。為什麼？因為權力是最不講信用的，只講利益。說來見笑，差不多四十年前，我高中畢業回鄉當代課老師，想巴結當時的公社駐隊幹部，特意讓母親殺了一隻母雞請他們吃，我去叫時，某副書記的「反正都是貧下中農，吃就吃吧」，這句話讓我至今想來心很涼。我不記得當時那頓飯是怎麼吃完的，反正吃完後我再也沒找過那位副書記了，正式的民辦老師也擱置了很久才當成。一九九三年元月，我由縣政協文史委借調到省政協《湘聲報》工作，三年後正式辦理調動，也純屬一種偶然，純屬當時的老總認為《湘聲報》確實需要我這樣一個人做事。要是按現在的「潛規則」辦事，我肯定沒戲了。二〇〇四年我被評上「省十佳編輯」也屬意外，記得當時的報社老總要我自己先寫份材料，可我遲遲不願寫，覺得是枉費時間——其理由：一是我編的不是新聞版塊，不一定適合參評；二是自己常年所編的版面並非主流話語，參評也評不上的。後來評上了，但也絕非我的材料寫得如何——其實我只寫了一千五百餘字，應該說這與專門研究中國言論史的學者傅國湧先生有關，他寫了篇〈向繼東和《湘聲報》「文化・滄桑」副刊：兼說影響過中國歷史的副刊〉，發表在國家核心期刊《社會科學論壇》（二〇〇四年七期）上。他在文中把本人編的版面與當年的《大公報》副刊相提並論。其實我心裡清楚得很，哪能與《大公報》副刊比？我也沒有當年《大公報》的條件和環境，可這篇文章倒幫了我一把，不僅評上了當年的「省十佳編輯」，次年還被破格評為主任編輯。回想自己這段經歷，有時真的感到很滑稽。

記者：您接手《湘聲報》「文化・滄桑」副刊之後，是怎樣經營、打造中國副刊品牌的？

向：不敢當。嚴格說來，當下報紙是沒有多少副刊的——你去閱覽室隨便翻翻就可以知道。既然沒有副刊，又何來「品牌」？上面提到寫《湘聲報》副刊的文章，也是重在懷念當年《大公報》副刊啊。或許，作者美言本報副刊，也是矮子裡挑高子，並非我們做得如何好。當然，從另一方面講，我也確實做了一些努力。從全國報業界來看，《湘聲報》只是一份地方小報，幾乎沒有可讀性。但我充分利用這個副刊，把它編出了一點名聲，國內思想文化界的高人大都知道有這個副刊；我也儘量把它辦成一個供大家交流的平臺。儘管我們稿費標準不高，但我們仍然能團結一批在國內思想文化界堪稱一流的作者隊伍，如李銳、吳江、邵燕祥、葛劍雄、朱正、鍾叔河、朱學勤、謝泳、丁東、鄢烈山、黨國英、吳思、李銀河等，還包括已故的龔育之、李慎之、王元化、何家棟、李普、牧惠等。他們確實對我支持很大。

我現在的工作是每週編一個副刊版塊、看四個版的終審。我自己編的版面一樣要經過二審、三審，假如本期某篇主要文章被老總「審掉」了，或是被刪得「慘不忍睹」了，我一定會推倒發稿計畫，重新組版。因為我覺得，一個版面就像一桌酒席，要是換下一道菜，就不得不重新考慮菜肴的搭配。要是偶爾出差幾天，我總會提前編好自己的版面才走。我的追求是：不說別人說過的老話，文章力求多少有一點新意。

記者：聽說您編雜文編出了全國影響，且又對歷史頗感興趣，嗜好挖掘歷史真相。能否談談這方面的真知灼見？

向：我沒有真知灼見。我的經驗還是那句話：「最好的雜文是那些沒有刊布出來的；最精彩的段落和句子是那些不得不被刪去的。」有人說我是雜文家，其實我只是個雜文編輯。我寫的不多，但我編的多，每年要給長江文藝出版社編一本「中國雜文精選」，收文一百四十篇左右，連續四年了，扣除收文重複的作者，至少也收過三四百人的文章吧——而這些人都是雜文寫家，當然就被他們記住了，也就是所謂的「影響」吧。還有，《雜文選刊》喜歡摘我編發的文章，幾乎每年還要我在該刊上堂而皇之「筆談雜文」；我自知不夠份量，然也厚著臉皮，作專家狀。

實話實說，我喜歡雜文，但我更喜歡歷史。歷史講史料和史識，比雜文來得有力。我給廣東人民出版社主編的「新史學叢書」，現在已出版到第三輯，一共出了近二十種。這套書雖曰「新史學」，其實並非傳統的象牙塔裏的高頭講章；而是涵蓋廣泛的、不重形式只重內容的叢書，無論何種寫法，何種體裁，只要有點新材料，或是有點新見識，都可納入。你說的「挖掘歷史真相」只是努力而已，因為歷史從無真相可言。也許，有些真相是永遠無法獲得的，只能在我們不斷追求中，讓歷史一點一點地接近真實。

三十多年前，我家鄉有個武文俊的案子，不知你知道嗎？武文俊原本是一個本分的小學教師，一九七六年四月因給當時的總理華國鋒寫了一封「匿名信」，一九七七年一月以「現行反革命罪」被判處死刑、立即執行。一九八二年案子複查結論是：「有罪錯殺」。「鑒於其家庭生活困難，特給予其家屬生活補助費八百元」——這就是事件的結局。我曾寫過一篇文章紀念他，把他挖掘出來，引起國內思想界的關注。他雖只活到四十歲，但其思想遠遠超越了那個時代。以後有時間，我說不定還會寫他，以免活著的人忘記他。

記者：在家鄉的省會城市工作，鄉情對您有哪些觸動？您對家鄉的眷戀是什麼？

向：其實鄉情對我來說，就是那塊熟悉的土地，以及這塊土地上的父老鄉親。記得在我的家鄉，曾有一位主要領導對我寫的一篇「內參」很有意見，公開在會上說我是「不受歡迎的人」。可事實恰巧相反，歡迎我的人越來越多，關於這塊土地上發生的一切，鄉親們通過各種管道找到我，或寄給我一份份材料，或睜著焦慮而期盼的雙眼向我敘述自己的遭遇。我至今很感歉意，有許多該幫而又沒能幫得上的事。幸好，鄉親們也能理解我的無奈。你問我「對家鄉的眷戀是什麼」，其實就是我對這片土地以及生活在這片土地上的人們的深愛。他們的生老病死，他們的喜怒哀樂，彷彿都牽動著我每一根神經。我太多的時候是愛莫能助，但有時候也可以給他們點撥指引，以求得正義的結果——儘管成本很高，然而也沒有更好的辦法。

對我來說，鄉情還包括對給我血肉之軀的父母的懷念。父親逝世於十年前，母親去世也快五年了。隨著自己年歲的增大，越發感到對不起養育自己的父母。因為在他們生命的最後日子裡，我這個遊子沒能多陪陪他們，甚至臨終時刻我也不在他們身邊。作為兒子，我一直是有負罪感的。為表達愧疚和懺悔，母親逝世後，我曾流著淚寫了〈愧對母親〉，而對父親至今不著一字，總想等事情少了再好好寫他，可我偏偏又有做不完的事。我曾和家人開玩笑說過：將來我死了不留骨灰，不要墳墓，就把骨灰撒在父母墳墓上。如果要寫幾個字，就寫「您的不孝之子終於回到你們身邊了」……

我這麼說，也許你會覺得我格調不高，其實這是人最本真的情感。

二〇一〇年十二月於長沙

其人其事

孤證不立
——也說毛澤東的入黨時間問題

《北京日報》理論週刊二〇〇九年三月二日發表陳述先生文章，〈毛澤東的入黨時間：一九二〇年〉。陳先生說：「關於長沙建沒建立共產黨的早期組織，中共歷史界在二十世紀八〇年代曾經進行過激烈爭論，經過廣大黨史工作者的調查考證和專門研究，得出的結論是長沙建立了共產黨早期組織。」還有，作者更得意的依據大概就是毛澤東一九五六年參加中共八大時自己填寫的一份表，說「這個登記表上關於入黨時間的一欄中，清清楚楚填寫的是一九二〇年」。

毛澤東究竟是哪一年加入中共黨的，似乎不必太當真，反正，毛就是中共黨的創始人之一，是不容置疑的。毛澤東自己在一九四五年籌備黨的七大時也回憶說：「當時對馬克思主義有多少，世界上的事如何辦，也還不甚了了。所謂代表，哪有同志們現在這樣高明，懂得這樣，懂得那樣。什麼經濟、文化、黨務、整風等等，一樣也不曉得。當時我就是這樣，其他人也差不多。當時陳獨秀沒有到會，他在廣東當教育廳長。……《聯共黨史》開卷第一頁第一行說，蘇聯共產黨是由馬克思主義的小組發展成為領導蘇維埃聯邦的黨。我們也是由小組到建立黨，經過根據地發展到全國，現在還是在根據地，還沒有到全國。我們開始的時候，也是很小的小組。這次大會發給我一張表，其中一項要填何人介紹入黨。我說我沒有介紹人。我們那時候就是自己搞的，知道的事也並不多，可謂年幼無知，不知世事。」（《毛澤東文集》第三卷，人民出版社，一九九六年八月一版，二九一頁）毛澤東這段話很樸實，講到黨創建時的情況是可信的。他入黨沒有介紹人，入黨具體時間他也沒有說。

五年前，筆者和華中科技大學教授王炯華作訪談。王先生是李達專家，從事研究二十多年了，著有《李達與馬克思主義哲學在中國》、《李達評傳》等專著。我們這次訪談題為《李達與毛澤東、陳獨秀》，發表在二〇〇四年第七期《書屋》雜誌，就涉及到了毛澤東入黨時間問題。

李達從一九二一年二月起曾一度擔任中國共產黨發起組書記，集中共籌建中的宣傳、組織、聯絡於一身，中共一大召開就是他發的通知。因為是秘密的，開什麼會自然沒有說明。李達分別寫信給北京、長沙、武漢、廣州、濟南等地的共產主義小組，通知他們各派兩人於七月二十日來上海開會，其中給長沙共產主義小組的信就是寄給長沙文化書社毛澤東的。（王炯華著《李達評傳》，人民出版社二〇〇四年二月一版，六三、七九頁。以下只註明書名頁碼）一九五七年「七一」同武漢大學哲學系青年教師座談時，李達說到毛澤東參加一大的情況。一九六二年「七一」前夕，李達應邀在湖北省委黨校一個訓練班上回憶一大召開的情景又說，毛澤東接到他的通知後，便邀上何叔衡來到上海。他兩找到李達後，李達問：

「你們是C. P.還是S. Y.？」毛澤東說：「我們是S. Y.。」李達說：「我們是開C. P.的會，你們既然來了，就參加C. P.開會吧，會後回湖南就組織C. P.。」（《李達評傳》四六五頁）C. P.是共產黨的英文縮寫，S. Y.是社會主義青年團的英文縮寫。這就是說，長沙代表毛澤東、何叔衡當時還是社會主義青年團員。長沙有無共產主義小組或可存疑，或者說，這樣的「小組」還沒有達到建黨的層面，上引毛澤東所述「我們……是很小的小組」，這個「我們」，應該是就全黨而言的，並不一定專指長沙。因而可以這樣認為：毛、何二人是參加一大後才成為黨員的。

李達的這個說法，還有蕭三和易禮容的回憶可以印證。蕭三一九五四年寫了《毛澤東同志青少年時代和初期革命活動》，書印出來了，後因故沒有發行。在該書第六章三一節《可紀念的「三十節」》中，蕭三寫到一大閉幕後，毛澤東被派回湖南，開始建立中共湖南地方黨組織時說：

「一個秋涼的日子，在長沙城郊協操坪旁邊的一個小叢林裡，有幾個人在散步。他們一時沉默地站在樹叢和石碑中間，一時在叢林的小路上走動。彼此熱烈地談論著。在腳步緩重的毛澤東的身旁，走著矮矮身材的何叔衡，此外還有彭平之（彭為湘鄉人，一九二四年曾任中共湖南省委組織部長。引者注）、陳子博、易禮容等。這幾個人這一天在這裡討論建立湖南黨支部的問題。這一天是民國十年十月十日，因此湖南黨組織正

式成立日，曾被戲稱為三十節。」（李銳著《毛澤東的早期革命活動》，湖南人民出版社一九八〇年二月一版，三二四、三二五頁）

有關「三十節」的事，據蕭三說，是毛澤東自己的回憶，易禮容也有同樣的回憶。其實，易禮容一九七九年九月十一日接受胡慶雲、高軍、邵維正、周子信訪問，後由訪者整理出《黨的創立時期湖南的一些情況》（一九八〇年四月又經易禮容本人修改定稿），文章與蕭三說的略有不同：

「毛參加『一大』後，大約八月回到長沙。他回來後不久到朝宗街文化書社找了我。當時因為社裡人很多，談話不方便，他把我邀出來，在書社對面的竹籬笆旁邊談話。他說成立共產黨，我說：我聽說俄國一九一七年列寧領導的革命死了三千萬人。中國現在要成立共產黨，要是死三十個人，救七十個人，損失太大，我就不幹。他說：你錯了。社會主義革命，是瓜熟蒂落。我說：瓜熟蒂落，就幹吧。又過了幾天，他找了我和何叔衡，在現在的清水塘後面的協操坪……當時我們怕被敵人發現，沒有坐在那裡開會，一邊走，一邊談，這樣，我們三人在那裡決定了要成立黨。有材料說湖南有個三人小組，這是實實在在的，就是我們三個人，不過那時不叫做三人小組。時間是一九二一年九、十月，即在文化書社正式營業後不久。第一批發展的黨員名單我記不清了，當時新民學會的一些骨幹都參加了……李達曾說過，湖南在中國共產黨成立以前，只有社會主義青年團，沒有共產黨的組織是對的。一部分新民學會會員形成了當初的共產黨核心，這是毛建黨的重要力量。但講事實，毛組織了青年團。共產黨還沒有成立。」（《「一大」前後》二，人民出版社一九八〇年八月一版，二八二、二八三頁）

對照來看，蕭三和易禮容的回憶，「開會」的大致時間是相同的——一大以後，「開會」的地點和形式也是相同的——協操坪、樹林下，邊走邊談，只是參加人數多少各人回憶不同。但不影響得出這個結論：湖南黨組織是一大後建立起來的。

一九二〇年，毛澤東到底忙些什麼，現在無從考證，但從《毛澤東早期文稿》（湖南出版社一九九五年三月二版）附篇《毛澤東生平大事簡表（一八九三年十二月～一九二〇年十一月）》中可以看出一個大概。這一年，毛澤東除了到北京、上海跑了一趟，編了《新民學會會員通信集》兩本外，主要做了以下這些大事：一是成功地推動「驅張運動」（「張」即「湖南省督軍張敬堯」，百度上搜索的「張敬堯」詞條說，張「因遭到當地軍閥、土豪的反對被迫辭職」，其實這是不確切的）；二是創辦湖南文化書社；三發起湖南自治運動，發表《「湘人治湘」與「湘人自治」》、《「全自治」與「半自治」》、《反對統一》等多篇文章，主張制定「湖南憲法」，建立「湖南共和國」；四是在湖南發展社會主義青年團組織。

關於發展社會主義青年團組織，李銳著《毛澤東的早期革命活動》一書就有較詳細的記載，說「毛澤東積極地在第一師範、商業專門學校、第一中學等校的先進學生中，尋覓團員對象」。當時，第一師範有個叫張文亮的學生（後來這個學生並未參加革命，成了神經失常的人），接受了毛澤東建團的任務。他在一九二〇年九月至十二月的日記中（這本日記是從賀爾康烈士家中得到的），簡略地記錄了這件事情的經過——「這也是我們現在可能找到的有關這方面的最確切的記載」。以下摘自張文亮的日記（轉引自《毛澤東的早期革命活動》，湖南人民出版社，一九八〇年二月一版，三一九頁）：

一九二〇年九月十日。至通俗教育館，通俗報明天出版。何先生（按：指何叔衡）要我投稿，我已當面允諾。

回師範，晚與毛澤東談事頗多。

九月二十五日。昨日澤東哥來邀我，今天下午赴遊江之約。抵文化書社，會見楊開慧君。

十一月十七日。接澤東一信，送來青年團章程十份，宗旨在研究並實行社會改造。約我星期日上午會他，並託我代覓同志。

十一月二十一日。會見澤東（在通俗館），云不日將赴醴陵考察教育（按：即萍鄉之行），並囑青年團此時宜注意找真同志；只宜從緩，不可急進。

十二月二日。澤東來時，他說，青年團等仲甫來再開成立會，可分兩步進行：一、研究，二、實行。並囑我多找真同志。

十二月七日。到文化書社見澤東、殷柏。

十二月十五日。接澤東覆信，「師範素無校風，你應努力結些同志作中堅分子，造成一種很好的校風』。『青年團你可努力在校製造團員，盡可能於本學期開一次會。」

十二月十六日。澤東來此。青年團將於下周開成立會。

十二月二十七日。澤東送來《共產黨》九本。

從以上日記可見，這幾個月毛澤東用心最多的是建社會主義青年團。直到一九二一年一月二十一日，毛澤東給正在法國留學的蔡和森寫信時也說：「黨一層，陳仲甫先生等已在進行組織。」「陳仲甫」即陳獨秀。這表明毛澤東知道陳獨秀等人在上海組建共產黨，也表明他本人或長沙方面當時還沒有組建共產黨。金沖及主編的《毛澤東傳（一八九三～一九四九）》也說：蕭子升「一九二〇年十二月底回國，帶來蔡和森於九月十六日寫給毛澤東的長信。信中詳細闡述了成立共產黨及其國際組織之必要，主張『明目張膽正式成立一個中國共產黨』（中央文獻出版社，一九九六年八月版，六八頁）。」毛澤東「在一九二一年新年大會上又提出『有組黨之必要』」，大家並「達到了完全一致的認識」。（李銳著《毛澤東的早期革命活動》，三一七頁）所有這些都表明，說毛澤東是一九二〇年入黨證據是不足的，即便毛澤東自己填寫了，也只是孤證。

二〇〇九年夏，於長沙

楊偉名和武文俊

楊偉名是陝西戶縣的農民，武文俊是湖南漵浦縣的小學教師。他們並不相識，只是他們都死於那個年代，於是把他們扯到一起了。

楊偉名係戶縣城關鎮七一大隊（現甘亭鎮七一村）人，讀過三年私塾。他曾參加中共地下黨工作，一九四九年二月入黨，一九四九年五月任職副鄉長，當年冬天自行脫黨回鄉，一九五七年重新入黨，任大隊會計兼調解主任。一九六一年，楊偉名接連寫出了〈有關處理目前物資供應困難的建議〉、〈關於自願參加食堂的建議〉、〈應該以生產隊為基礎——對六十條修正草案的修正意見〉和〈談關於一類物資的開放問題〉四篇文章，寄出後不久，便受到中共陝西省委辦公廳的重視和咸陽專署的肯定，當時的中共中央西北局書記劉瀾濤

楊偉名（左）和武文俊（右）

也特意派人探望他，以示關心。因此，楊偉名隨之被聘為《西北建設》通訊員和咸陽地區政策研究室特約研究員。

楊偉名的厄運，是從一九六二年寫出〈當前形勢懷感〉開始的。楊偉名在文章中說，「這篇懷感，不是向上級領導『報喜』，而是『報憂』。但就目前形勢而言，『報憂』重於『報喜』。因之『懷感』所及，似頗多『苦口良藥』與『逆耳之言』。」還說「這篇『懷感』屬個人見解，或為『一葉知秋，異地皆然』。或為『坐井觀天』而流於管窺之謬。而其所道所說係實踐事實和親身體驗，真實程度，頗堪自信！」一九六二年八月六日，毛澤東在北戴河中共中央政治局擴大會議上說：〈當前形勢懷感〉這篇文章中「有一句話，『一葉知秋，異地皆然』。一葉知秋，也可以知冬，更重要的是知春、知夏……任何一個階級都講自己有希望。戶縣城關公社的同志也講希望，他們講單幹希望……共產黨員在這些問題上不能無動於衷」。隨後，楊偉名被撤職，寫檢查。一九六八年五月，楊偉名在「文革」中被批鬥。當他聽說自己的好友劉景華因對文革不滿而貼出大字報被判死刑的傳言後，楊偉名和妻子劉淑貞便雙雙服毒自殺了。

一九七九年六月，楊偉名獲平反昭雪。一九八八年七月三十一日，《中國經濟時報》重新刊發了〈當前形勢懷感〉。二〇〇二年七月，戶縣圖書新館改名為「楊偉名圖書館」，並由縣委宣傳部主持召開了「關於楊偉名思想研究座談會」。座談會紀要說：「楊偉名是偉大的農民思想家，農民才子，更是農民英雄……楊偉名思想是一筆豐厚的精神財富。」會議決定：一、成立民間社團「戶縣楊偉名思想研究會（暫定名）」；二、編輯《楊偉名文集》；三、拍攝楊偉名電視紀實片；四、舉辦楊偉名生前實物展；五、修建楊偉名墓園及整修故居；六、舉辦楊偉名事蹟報告會；七、組織撰寫論文；八、組織開展多種形式的外宣活動……去年底，《楊偉名文集》終於由山東畫報出版社出版了。

和武文俊相比，楊偉名是幸運的，因為他的思想被主流接受了。他的死，當然是不堪凌辱，選擇了「寧為玉碎」；而武文俊是因一封「匿名信」而被專政的子彈射殺的，至今卻未能徹底平反。他們的不同之處：一個是從經濟的層面，反映當時農村存在的嚴重問題；一個是從政治建設的層面，表達了自己對國是的觀察和思考。幸運者，也許是我們的「經濟與世界接軌」了；而不幸者，也許就因為政治對我們來說，還是一個敏感的話題？

武文俊與我同鄉，同是湘西漵浦人。那時，武文俊在該縣低莊公社楊和坪大隊小學當公辦教師，我在與低莊相鄰的雙井公社寶塔小學當民辦教師。我們彼此並不相識，只是這個案子破獲後，我才知道有一個叫「武文俊」的人。

武文俊蒙冤二十五年後，我曾踏上那塊土地。武文俊的妻子劉滿英流著淚對我說：「他本來最膽小怕事的，也不管閒事的，教書回來，要麼幫著做點家務，要麼就在木樓上讀他的書。那次，他也是鬼迷住了……」與武文俊一起任教楊和平小學的同村人武思月說：「武文俊是個好人。他善良，從不與人爭吵，做事都考三慮四的。還有，他膽子小，出點事就嚇死了。他還比較孤僻，有書呆子氣，書讀得多，社會上的事也想得多，但平時開會討論什麼，大家七嘴八舌，他不吱聲的。到出事時，我們都不相信那信會是他寫的。」

武文俊的「匿名信」是一九七六年四月十二日開始醞釀起草，四月十八日至二十二日寫成的。四月二十四日從漵浦縣城投郵。三個月後，即七月二十五日夜武文俊被捕。經過一百六十七天的審理，武文俊就被槍殺了。一九七七年一月四日漵浦縣人民法院下達死刑判決書稱：「武犯自一九五八年參加教師工作後，資產階級思想極為嚴重，經常發洩不滿言論，曾受到學區重點批判，但仍不思悔改，發展到仇視我黨和社會主義制度，思想極為反動。挖空心思、絞盡腦汁，書寫了一封三千餘字的反革命匿名信，一九七六年四月二十四日投寄『國務院總理親收』。利用古今中外最惡毒的語言，極其惡毒地攻擊我們偉大領袖和導師毛主席，攻擊我們當之無愧的英明領袖華主席，攻擊社會主義制度，妄圖復辟資本主義。反革命氣焰極其囂張，罪行嚴重，民憤極大。

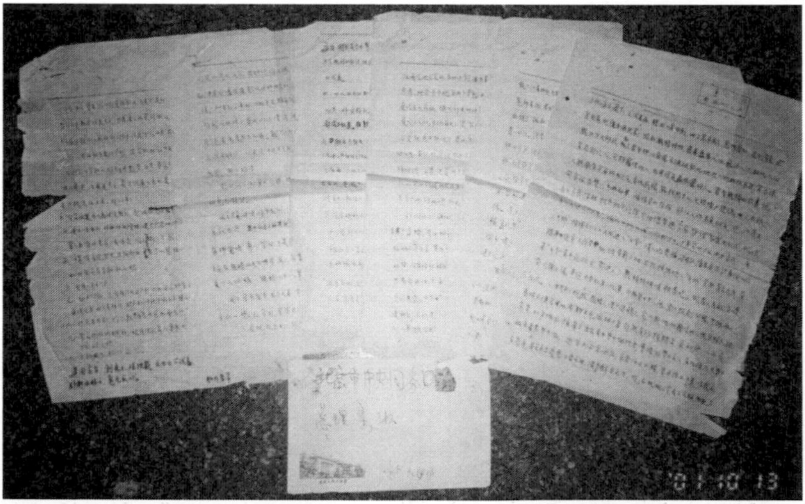

武文俊招來殺身之禍的「反革命罪證」

本院為了保衛毛主席的無產階級革命戰線，保衛以華國鋒主席為首的黨中央，保衛揭批『四人幫』的偉大鬥爭深入發展，保衛無產階級專政，保衛『農業學大寨』和『工業學大慶』，堅決打擊現行反革命分子的破壞活動。特依法（沒有說根據某款某條，引者注）判處武犯文俊死刑，立即執行。」一九七七年一月九日那個寒冷的冬日的上午，武文俊被槍殺在縣城對河的沙坑裡，時年四十歲。

三年後，武文俊的妻子開始上訴，要求複查此案。一九八二年五月十八日，懷化地區中級人民法院終審裁定：武文俊屬「有罪錯殺」。鑒於其家庭生活困難，特給予其家屬生活補助費八百元——這就是事件的結局了。

武文俊在那封「匿名信」裡說的，其實都是大實話。他說現在「竭力煽動鼓勵人們之間鬥爭，說是階級鬥爭，使人們自己打自己，自己消滅自己」。「所謂革命……一時運用這股力量，打倒一方，一時運用那股力量打倒另一方」。「人民沒有政治地位，連買個東西也要講情面，講人熟。沒有政治權力，沒有言論自由。特別是學術界，不能發揮才能，都被認為是毒草，要進行批判，於是沒有人敢寫書了」。「一切人的行動都不自由……職業不自由，不能由自己選擇職業。人身不自由，處處有約束，連勞動生產都不自由（反對生產自由種植，反對勞力自由支配），生活不自由，生存不自由」。

「經濟不……富裕，外面光華，內部空虛，國家和人民都很貧困。就拿農民的勞動和收入來說，現在農民一年三百六十天，天天勞動，起早摸黑，比封建社會給地主做長工辛苦得多，可是收入很少，只能維持半飽的生活，吃自己的飯，每個勞動日的工資不到一升大米……以前給地主打長工，一日三餐飯是吃地主家的，有時還有點酒肉葷菜，每月工資兩擔稻穀，一年就有二十四擔稻穀餘著，折合市斤就有兩千多斤」。「農民貧困，又不許搞點副業收入，說是資本主義道路，要退賠，要批判，真是連吃鹽的錢也沒有。農村忙碌不休而生活苦，城市蕭條而頹廢，工人生活水準亦不高」。

在這種的情況下，報刊還「專門吹噓成績，鼓吹……『優越性』，從不承認……缺點錯誤。一九五九年到一九六一年那一階段更苦，確實餓死不少人。可是把錯誤加到別人頭上，說是蘇修掐我們的脖子，要我們還債，又說是劉少奇路線搞的，又說是下面幹部的『五風』，又說是天老爺不下雨」。「報刊廣播，都是講的『大好形勢，而且越來越好』，從來沒有講過半點缺點錯誤，使人們看透了這種虛偽的實質，因而產生反感，都不相信」。

今天看來，武文俊的信，對那個時代確實是反動的。至於「反動」得正確與否，一九七八年以來的中國改革本身已經做出了回答。

我曾在《一封信和一個人之死》中說：在那個黑白顛倒的年代，殉難者的名單可以開出長長的一列，遇羅克的死是為了讓「出身不好的人」有同樣的「平等參加革命」的權利；張志新的死是為「被打倒的走資派鳴冤叫屈」；李九蓮的死是因「懷疑文革、為劉少奇鳴冤」；林昭則是為了反對「現代迷信」……可以這樣說，他們的死，都是灑向共產主義祭旗上的血，而武文俊似乎不在他們的價值體系之內。我想，那時如果允許個人思考的話，武文俊是看出「革命」後果的人，他也許會像顧准那樣走向「經驗主義」的。

在獄中審訊時，問武文俊寫信的目的是什麼。他說，「長期以來的階級鬥爭抓得過死了。」並說寫信「給中央領導，如果領導對……民主、自由等問題能考慮一下更好，能否改革一下。」判決書上說他提出所謂「重新建黨建國建軍十大綱領」，其實他只不過在信中說出了自己的改革主張。他說：「中國進入資本主義不是復辟倒退，而是封建社會發展的必然規律」。「國家應為社會契約產物，國家機構設中央、省（市）、縣、鄉、裡等級，國家應民主產生，為全國大多數人服務（為勤勞、正直、善良的老百姓服務），國家機關的負責人員，應由人民逐級普選產生，真正代表人民利益，並且每四年一改選，連選可以連任，但最多只能連任三屆（即十二年）。」「國家政策由人民討論制訂，逐級匯總上報中央，最後頒布確定。」要「提倡言論、學術、出版自由，人民可以登報批評政府，提出建議，獎勵科技和對國家有貢獻的人材」。「財產問題，凡國有企業、工廠等仍為國家所有，集體財產仍為集體所有……不願集體化者，由人民討論，財產平均分配，不許以強凌弱，侵犯他人財產和利益」。要「發展工農業生產」。「國家徵收的賦稅，根據國家實際需要，稍有餘地地來決定人民的負擔（儘量精簡機構、減輕負擔）」。「創民主，除獨裁，立自由，滅殘暴，興文明，破野蠻，建幸福，濟貧窮」，這樣，「天下必群起而服之……」等等。而那時的時代語是「無產階級專政下的繼續革命」，他卻希望「改革一下」，當然與那個時代就格格不入了……

武文俊和楊偉名，在這個世界永遠消失了。二十年前，對武文俊案的結論是「有罪錯殺」，於是少有人知道他；而楊偉名，近幾年已漸成媒體關注焦點——儘管一九八五年戶縣人編撰的《戶縣誌》，楊偉名未能入志，但他的《當前形勢懷感》卻附錄於後了。盧躍剛說，對於戶縣歷史，陝西歷史，楊偉名都是個思想的亮點，精神的亮點，人們最終記住的是楊偉名。但武文俊對於漵浦歷史，對於湖南歷史、乃至中國歷史又是什麼呢？

今天，楊偉名和武文俊之所以進入我的視野，並非偶然。楊偉名有人寫過了，但武文俊還是冷門。

二〇〇五年五月於長沙

附錄：武文俊的「反革命匿名信」

十化宗主閣下：

上次來函，想必一定收到，此事宜早圖之，愈快愈好，遲則有變，反害自身，則禍必臨頭耳！須知，熊精特性，最善蠱惑人心，籠絡人心，軟化人心，熊乃丁火所化，即是最堅硬的金屬，亦能被軟化，它迎人則抓住不放，笑不休，笑後則吃人。它所寵信的人，也可說是最倒楣的人。曾有熊精的故事，說人能感受宇宙陰陽之氣，變化成精，能托胎於人，又能借屍還魂，世人不識。它宣揚專替人民辦好事，騙得多人信服，好認人作親屬朋友，但一旦真正與它親密接觸，就會被它吃掉。它自謂窮通宇宙哲理，有通天之術，可以引導人民進入「天堂」，騙得五湖四海人們的信任。於是它把舌頭伸出，變成了一座「天橋」，指揮人們上「天橋」，進入「天堂」，於是人們受騙，沒有認清本質，不識真偽，人們絡繹不絕竟不辭勞苦地披星戴月地忍饑挨餓地上「天橋」，豈知有去無歸。原來「天堂」是個死胡同，都進入了熊精的咽喉，被吞吃。眼看人民就會遭受滅族之禍。幸好，天帝知道了此事，即降賢士於人間。賢士拔劍斬精，才拯救了人們。

歷史到了現代，熊精又借屍還魂了，它不斷地把寵信的人做為梯子，踏著梯子使它可以不斷上升。做梯子者，自然是被踐踏者。最初還以為是榮幸，認為地位提高了，其實是個夢中犧牲者。曹操好夢中殺人，實際操刀不在夢中，被殺者在夢中也。還是那句老俗話，良禽擇木而棲，賢臣擇主而事，得寵應當思辱，居安應當慮危，上臺之時，須考慮下臺之日。現在既做了它足下之梯，那就不能不認真對付，無能無為，會被踏碎，有偏有倚，亦會踏扁，須知熊精變化多端，要人倒地，鬼神莫測，若稍有不慎，就會遭險。它打著「為人民服務」旗號，掛著「為人民造福」的牌子，騙取了五湖四海的人信任之後，因而也就有了殺人之權，置人於死地，只要一句話。經常思考著殺人之術，治人之道，整人之法，竭力煽動鼓勵人們之間鬥爭，說是階級鬥爭，使人們自己打自己，自己消滅自己，這就是它經常宣揚的「鬥爭哲學」，也是它全部學說的宗旨。所謂革命，按照它的打算，先革有產者之命，後革無產者之命，一時運用這股力量，打倒一方，一時運用那股力量打倒另一方，以逐步達到消滅人民之目的，確實沒有哪一股政治力量能夠與它共事始終。不主張公理、正道，惟我獨尊，至高無上，毀滅人類文明、自由、民主幸福，實行野蠻、殘暴、滅絕人性的社會奴隸主義制度，它是真正的拉歷史倒車，使中國由封建社會進入到萬惡的社會奴隸主義制度（林說它是社會封建主義，這種說法不當）。

下面只簡舉數例，證明它不如封建社會進步，而是倒退到奴隸社會去了。

一、經濟不如封建社會富裕，外面光華，內部空虛，國家和人民都很貧困。就拿農民的勞動和收入來說，現在農民一年三百六十天，天天勞動，起早摸黑，比封建社會給地主做長工辛苦得多，可是收入很少，只能維持半飽的生活，吃自己的飯，每個勞動日的工資不到一升大米，與奴隸生活水準差不多。以前給地主打長工，一日三餐飯是吃地主家的，有時還有點酒肉葷菜，每月工資兩擔稻穀，一年就有二十四擔稻穀餘著，折合市斤就有兩千多斤。打零工是每日工資三到五升大米，一天三餐飯還是吃主人家的。插田打禾時的零工工資，每天可達一斗五升左右的稻穀，三餐飯是吃主人的。手工業每天工資有五到八升大米，一日三餐吃主人的。其他行業人員的工資就更不用說了，要比農民高得多。封建社會人們的勞動量又沒有現在這麼大，勞動時間沒有這麼多，種植面積也不及現在的一半。「楊立貝、白毛女、祥林嫂」畢竟還是加了浪漫色彩的創作小說，不是真人真事。當然不能否認以前的封建社會沒有弱點。但是現在不許寫陰暗面，若允許寫的話，又何止千萬個比祥林嫂、白毛女更慘的人呢？這證明現代社會不如封建社會，是奴隸社會。

二、關於婦女的「解放」，若說婦女現在得到了「解放」，不如說是用繩子把婦女穿了鼻栓。看農村婦女，除了負擔家務勞動外，又還要參加田間勞動，婦女的勞動量、勞動時間超過了男人，變成了女奴隸。以前說婦女整天繞著鍋灶轉，沒有得到解放，現在才是「解放」了，勞累得要死。又說老人和兒童「解放」了，不看別的地方，就看大寨的老年和兒童就知道，一個個都被整彎了腰。當然，要人民勞動並不錯，不過，所付出的勞力和所得的收入，對比一下，不及封建社會，與奴隸社會差不多。

三、人民沒有政治地位，連買個東西也要講情面，講人熟。沒有政治權力，沒有言論自由。特別是學術界，不能發揮才能，都被認為是毒草，要進行批判，於是沒有人敢寫書了，只有熊精的邪說獨盛，盈櫃滿架。這種奴隸主義社會，阻礙了人們的思想進步和學術的發展。

四、一切人的行動都不自由。就是當官的也不見得比老百姓自由多少，都被當做奴隸一樣管得死死的。利用奴隸管奴隸，這是一種巧妙的奴隸制度，人們都成了奴隸。在封建社會人們的行動還比較自由。

五、職業不自由，不能由自己選擇職業。人身不自由，處處有約束，連勞動生產都不自由（反對生產自由種植，反對勞力自由支配），生活不自由，生存不自由，生育不自由（要把生有兩、三個以上小孩的二、三十歲的男女青年，強迫實行閹割結紮生殖器）。它沒有後代，痛恨人民有後代，要減少人口，實行截絕代滅種之法，完全把人民當作牲畜，侮辱殘害，明殺人，暗殺人，數目之多，無可統計。

六、傜役賦稅之多，史無前例。徵收公糧，按單位畝積計算，比封建社會所交公糧多十幾倍到二十倍；按總斤額計算，比封建社會多四十倍左右。與農民以前給地主交的租穀差不多（每畝田土交稻穀兩百斤左右）。「收租院」是演的現實，不是演的歷史。各種稅收繁多，什麼都要交稅，真是熊精「萬稅」，人們常常喊「萬稅，萬萬稅」！還有其他派購、統購、傜役、義務工、積累工等等，人民總負擔量，超過封建社會若干倍，農民貧困，又不許搞點副業收入，說是資本主義道路，要退賠，要批判，真是連吃鹽的錢也沒有。農村忙碌不休而生活苦，城市蕭條而頹廢，工人生活水準亦不高。

七、專門吹噓成績，鼓吹這種社會奴隸主義制度的「優越性」，從不承認自己的缺點錯誤，五九年到六一年那一階段更苦，確實餓死不少人。可是把錯誤加到別人頭上，說是蘇修掐我們的脖子，要我們還債，又說是劉少奇路線搞的，又說是下面幹部的「五風」，又說是天老爺不下雨。就是不承認自己有錯。報刊廣播，都是講的「大好形勢，而且越來越好」，從來沒有講過半點缺點錯誤，使人們看透了這種虛偽的實質，因而產生反感，都不相信。

它否認了一切學術思想，獨尊熊精的思想和個人的主義，完全違背了人民的意志願望。

以上只是隨便略舉數例，說明熊精的倒行逆施，由封建社會復辟倒退到奴隸主義制度，至於社會上的其他（利弊、舞弊）弊病，不勝枚舉，現在全國絕大多數人民有所覺悟，民心背向，只是怒不能言。人民跟著它，遭受了多少劫難，多少苦難。現在熊精的天下快要滿了，有童謠云：「王不像王尾巴長，四成幸運被水淌，十田交了八丘糧，熊精二十八筆（必）亡。」

閣下若有智勇，成全大事，除卻大害，拯救人民，拯救中國，定天下不難，我們當助一臂之力。否則，若苟且拖延，受它籠套，必為所害。前車是鑒，不可重蹈覆轍。

若能成全大事，下面附有建國條例商討：

一、中國進入資本主義不是復辟倒退，而是封建社會發展的必然規律。熊精的所謂「社會主義」實際上是社會奴隸主義，才是真正的復辟倒退。

二、煽動鼓勵人民之間鬥爭，說是階級鬥爭，其目的是為了鞏固它的奴隸主義制度。

二、國家應為社會契約產物，國家機構設中央、省（市）、縣、鄉、裡等級，國家應民主產生，為全國大多數人服務（為勤勞、正直、善良的老百姓服務），國家機關的負責人員，應由人民逐級普選產生，真正代表人民利益，並且每四年一改選，連選可以連任，但最多只能連任三屆（即十二年）。

三、國家政策由人民討論制訂，逐級匯總上報中央，最後須布確定。

四、建立一定軍隊，防禦外敵侵略，建立少量地方治安，解決民事糾分和刑事犯罪。軍人來源由基層人民選送，服役期三年。願繼續服役者，根據情況加級加薪。

五、提倡言論、學術、出版自由，人民可以登報批評政府，提出建議，獎勵科技和對國家有貢獻的人材。

六、發展工農業生產。

七、財產問題，凡國有企業、工廠等仍為國家所有，集體財產仍為集體所有，給予獎勵，不願集體化者，由人民討論，財產平均分配（但不予獎勵），不許以強凌弱，侵犯他人財產和利益。

八、對原來幹部、除少數確有作惡利（作）弊者外，其餘一律不予追究。

九、國家徵收的賦稅，根據國家實際需要，稍有餘地地來決定人民的負擔（儘量精簡機構、減輕負擔）。

十、大赦天下，釋放囚犯。

建國宗旨：創民主，除獨裁，立自由，滅殘暴，興文明，破野蠻，建幸福，濟貧窮，天下必群起而服之，定無反心。

知內者草

附注：武文俊在獄中交待說：稱呼「十化」，即簡體「華」字分拆，指華國鋒；「宗主」，武說是指奴隸社會的頭人。「上次來函」係虛構，意在增加破案難度。「熊精」二字共二十八畫，系影射毛澤東。「熊精的故事」是根據民間「莽蛇精的故事」改編的。「賢士拔劍斬精」，「賢士」即指一九七六年四月五日在「天安門廣場鬧事的反革命分子」，「精」即「熊精」。武文俊所謂「重新建黨建國建軍十大綱領」，其實有十一條，「二」為原文序號重複。

兩本書和兩個人

忽然想起幾年前讀過的兩本書，一本是向明著《改革開放中的任仲夷》，一本是郭靜秋自費印刷的回憶錄《流放者之歌》。由這兩本書，想起任仲夷和郭靜秋這兩個人。

任仲夷是位「思想型的領導人」，是中國屈指可數的幾個值得敬重的老人之一。中國的改革開放史，在某種意義上說，其實就是一部思想解放史，而任仲夷始終是站在思想解放最前列的。一九七七年三月，他調任遼寧省委第一書記，以極大的勇氣為張志新平反昭雪；一九八〇年他調任廣東，使廣東成為改革開放的前沿陣地。一九八五年退下後，他仍然竭盡所能，倡導思想解放。因此，一九九七年他退下十二年後，仍然當選為中共十五大正式代表。在這十多年裡，在需要有人說話的時候，他總是站出來，公開發表文章，表達他對改革的意見。大概是二〇〇〇年吧，任仲夷在《南方日報》發表〈再談堅持四項基本原則〉一文說：「四項基本原則最早是鄧小平同志在一九七九年三月提出來的，至今已有二十一年了。在這二十一年裡，中國的情況發生了很大變化。實踐的發展必然引起人們在認識、觀念、理論上的變化。對四項基本原則不能用靜止的僵化的觀點來看待，它們的內涵並不是一成不變的，而是隨著實踐情況的變化而變化，在實踐中不斷發展和豐富。應當根據今天改革開放的新形勢，賦予它們新的時代內容，作出新的解釋和說明，注入新的意義。如果不能對這些原則賦予新的內涵，那就是僵化的。而以僵化的思想去機械地、教條式地堅持原則，反而不是真正行之有效的堅持原則，而是放棄原則了。」任老說得多好啊，大家都敬佩他敢說真話實話。

記得讀《改革開放中的任仲夷》後，我曾寫過一篇小文力薦此書，但也說到此書的小疵。任仲夷審讀書稿後給作者寫有一信，作者原文引用在本書「尾聲」裡。任老說，「『尾聲』全是表揚我的，把我說成了一個完人了，還是『人無完人』好……你所接觸的人，都是對我說好話的人。如果去訪問一下對我有意見的同志，他們肯定能提出不少關於我的錯誤和缺點。」任老還說，「我是個不愛整人的人，但在政治運動中也犯過『左』的錯誤，整過人。一九五九年反右傾機會主義時，我任哈爾濱市委第一書記，哈爾濱也曾打出個『反黨集團』，直到『文革』後期才平反。雖然那是市委集體決定的，但作為第一書記我是應當負有首要責任的……」

我真想知道哈爾濱當年打出的那個「反黨集團」和其他地方打出的「反黨集團」有什麼不同。恰好作者在引用任老此信時說明了，稱這一事件在本書中有較詳細的記述。於是我翻到書的這一頁，作者是這麼寫的：「在一九五九年發起的反右傾機會主義鬥爭中，我也是一個忠實執行者……哈爾濱市委，也像許多地方一樣，搞出一個所謂的『反黨集團』。這是在一次市委擴大會議上，由於過火地錯誤地批判『右傾機會主義』，根據錯誤的認定，並經省委同意的。我作為市委第一書記，對於受到冤屈的同志，負有重要的責任。一九六二年初……七千人大會後，我一回到哈爾濱就抓緊平反工作。在市委召開的平反大會上，我公開進行了檢討，並向受冤屈的同志賠禮道歉。對其中有代表性的幾個人，我還親自到他們家中去賠禮道歉。」「只是對於那個錯誤的『反黨集團』，因為比較複雜，沒有隨著『一風吹』及早平反，後因『文化大革命』，又拖了幾年，是我至今感到遺憾的事……」

任老這裡說的，與他信中說的相差無幾。哈爾濱那個「反黨集團」究竟打出多少人？這些人姓什名誰？有哪些反黨罪行？這些人及其家人以後的命運如何？「過火地錯誤地批判」是否有點像李銳寫的「廬山會議實錄」那樣？等等，都一概不詳。

郭靜秋的回憶錄《流放者之歌》，其實就是郭老一家的苦難史。郭靜秋是離休老幹部，晚年曾任湖南省藝術學校校長等職。一九四八年，郭老湖南大學畢業，畢業前，冒著生命危險加入中共地下黨。郭老真誠追求革命，到後來，「革命」又扼殺了他。郭老一九五三年調入省文化局，兩年後，也許是領導「看不順眼」，也許是「革命」的需要，他無緣無故地被列為肅反對象。一九五七年他被打為「右派」，一九六二年全家被下放到洞庭湖屈原農場，直到一九七九年才平反回長沙。這期間，他和幾十萬中國知識份子一樣，備受折磨。三年困難時期，因為他是右派，在省圖書館工作的妻子被下放到數百里外的漣源市勞動，餓成了水腫病；他被發配到長沙市郊東屯渡農場勞改，每天清晨四五點出去，晚上十點多才回來，又累又餓，瘦得皮包骨。當時正讀小學一二年級的孩子，一個七歲，一個八歲。放學了，他們有時在電影院門口撿烟蒂子，剝出烟絲就賣給店老闆，得個三毛五毛；有時冒著刺骨的寒風，呆呆地站在有坡度的街道旁，看到拉得很吃力的人力車，他們就走上前去，弓著腰，用手推，用肩扛，送過陡坡後，他們往往也會得個三五毛。那時孩子們儘管餓得慌，但得了錢總是要交給深夜歸來的爸爸；有時等著等著就睡著了，但皺巴巴的角票還抓在髒兮兮的手裡，令做父親的看到這情形心裡很難受。

郭老一家在屈原農場當了十七年農民，住的是築堤時蓋起的工棚，房的四壁是用蘆葦和稻草編織的，再糊上一層牛糞加泥漿，一家五口，面積僅十五平方米。為了全家活下去，他學會了犁耙，農活樣樣能幹，餵雞、養豬、種菜，也是好手。好容易熬過四年，「文革」爆發了，「革命風暴」無孔不入。按照那時對人的劃分，郭老屬「二十一種人」，是「牛鬼蛇神」。造反派來抓時，他就高呼「共產黨萬歲！」「毛主席萬歲！」讀到這裡，我心裡很痛，對他生出一種悲憫。我捉摸他呼喊這口號時的真實心境——儘管他說當時是為了免受皮肉之苦，但在我看來，他和當年鄧拓在「絕命書」上呼喊口號時的心境也許大致相似。

我曾說郭老的書是用淚水寫成的，其實也有那淡淡的血。郭老劃為右派一度下放衡山縣勞改時，他年邁的老母不堪打擊，終於在一夜之間命入黃泉；還有流落街頭而死的「右派」音樂家曾小帆，還有死於屈原農場的「右派」導演熊秉勳，還有死於西湖農場的「現行反革命」演員鍾曉峰……郭老在後記中說：「噩夢醒來，舔乾身上的血漬，寫那不堪回首的往事……我十分悲愴，邊寫邊掉淚。」我相信這是真的。我覺得，他的淚不單單是為自己，為他的一家，還為我們曾經有過那樣一個時代。

郭老是長輩，我是晚生。他以見證人的身份，留下這份檔案，已相當不容易了，但我偏偏是個認真的人。郭老「想把歷史的真相告訴人們」，但又為「迫害狂」而諱。我問他書中的C科長是誰，當時的省文化局長是誰，想置他於死地的是誰，他都含含糊糊。我曾建議他，如果精力還來得及，重寫此書，書名可就叫「我所經歷的政治運動」。當史料寫，全部真人真事，全部秉筆直書，那麼其價值就太不一樣了。郭老卻說，他考慮過這樣寫，但當年撿過烟蒂的兒子和含辛茹苦過來的老伴堅決反對。他的書稿，就被老伴「審稿」時刪去了兩萬多字……他尤其讚賞韋君宜《思痛錄》的反思深度，但在《流放者之歌》裡，他反思的勇氣是十分有限的，甚至面對血和淚的「完全」真相，他也自覺或不自覺地躲閃起來……

兩本書，讓我想起兩個人。寫任仲夷的書，也許是任老受訪時有所顧慮，也許是來訪者故意避諱，致使那些原本血肉豐富的歷史細節被「粗」略去了。我想，假如讓任老寫成自傳，也許不會留下如此遺憾了。後者郭靜秋，顯然是心有餘悸，「一朝被蛇咬，十年怕草繩」，恐懼來自其內心深處啊。我們追求「免於恐懼的自由」，看來還只是一種奢望。

古人修史修志，說要「秉筆直書」。今人撰寫史志，同樣說要「秉筆直書」，但真正做起來卻很難。好在我們已有一種共識：歷史是不能欺騙的。真相是不能永遠掩蓋的。宏大的歷史敘述與我們無緣，自己的歷史就自己去寫吧。

二〇〇九年春

文來文往
——懷念龔育之先生

龔育之（一九二九～二〇〇七）是湖南湘潭人，著名理論家。曾任中共中央文獻研究室副主任、中共中央宣傳部副部長、中共中央黨校副校長等職；著有《關於自然科學發展規律的幾個問題》、《科學・哲學・社會》、《自然辯證法在中國》、《龔育之文存》等。

我一九九九年第一次採訪龔育之老（那時他還是全國政協常委），從此與龔老建立了聯繫，至他去世共有七年多。二〇〇〇年我開始上網，第二年我們就有了文來文往。雖然那時郵箱容量有限，刪去了許多郵件，但我信箱裡至今還保留著不少龔老的郵件。

龔育之在書房

一

龔老電子函件大多不長，有時稱我「同志」，有時直接三言兩語答覆問題。最後一次發郵給我是二〇〇六年一月七日，稱我為「繼東兄」（這也是唯一的一次）。此前，長沙銅館窯文物專家蕭湘先生擬編《新諸子百家手跡集成》，想索要龔老的墨寶，於是託我給龔老寫信，希望龔老能題寫銅館出土的唐窯詩，並把蕭湘先生準備的《長沙銅館瓷銘詩》九十九首寄給了他。龔老這次來信說：「你要我為令友蕭湘寫的字，已寫好，但不知往何處寄，請示知。新年好。」

我馬上告訴了蕭湘先生的地址。不幾天，蕭先生就收到了龔老的題唐窯詩：「東家種桃李，一半向西鄰。幸有餘光在，因何不與人。此句似有杜甫『堂前撲棗任西鄰』詩的意境。龔育之／二〇〇六、一、六。為蕭湘先生題寫」。此外，龔老還附錄一張為蕭先生糾錯詩：「第二十八首應為：天明日月奣，立月已三龍，言身一寸謝，千里重金鐘。奣，音weng，天色清明也。見《漢語大詞典》六三七頁。龔育之二〇〇六年一月七日」。

此詩蕭湘先生提供的首句為「天奣日月明」。我曾問及蕭湘先生，他說，龔先生肯定是查對了新編《全唐詩》的。新編《全唐詩》係增訂本，全十五冊，一九九九年中華書局出版，傅璿琮作序。蕭湘先生的《長沙銅館瓷銘詩》至少寄出兩百餘份，包括研究古典文學、唐代文學的專家，但發現此錯者僅龔老一人。此事，也可見龔老治學之嚴謹。

二

我所在的機關圖書室訂有中央黨校主辦的《學習時報》，讀龔老的「黨史札記」專欄文章，覺得大都適合我編的《湘聲報》副刊，而《學習時報》與本報讀者又不重合，於是囑他也可給我一些。後來這個專欄結集《黨史札記》、《黨史札記二集》先後由浙江人民社出版，他題簽並鈐印贈予我。寫這篇文章時，我數了一下，一集中有六篇文章在《湘聲報》發過，二集中有十二篇在《湘聲報》發過。鄭惠先生逝世，龔老寫了《故人長憶亦長磋》發我。我當即回覆說：「非常感謝您發來此稿，很好讀，下周就發稿。我想找一張效果好一點的照片配發，如您掃描方便的話，就給我發一張。另外，我冒昧給您提個建議：您為「黨」寫的文字已經夠多了，祈望能看到更多的屬於您個人的文字，即自己所見所聞所歷所思。又：順便發來李銳老的一篇文章，不知您看過沒有。您對喬木印象如何？」龔老當天回覆說：「我這裡不能掃描。鄭寄給你費時。怕來不及。鄭惠新出的《程門立雪憶胡繩》上有很好的照片，劉皓宇同志（劉是龔老明德中學時同學、嶽麓書社原副社長，現住長沙。引者注）處有此書，你可否就近向他借用一下？《百年潮》三月號內封也有他很好的照片，不知長沙已到否？」（龔育之，二〇〇三年三月九日）我的建議，龔老當然不置可否。我所說的李銳文章，是指《耀邦去世前的談話》，李銳老在文章中說到了胡喬木及其兒子的事；龔老回覆自然不會與我說這樣的話題。

三

二〇〇三年夏，龔老給我《關於林徽因——讀梁從誡〈不重合的圈〉》。我讀後，覺得不是很適合本報，我就告訴他不準備用了，但龔老一點也不介意。他回覆說：「林文早已在《學習時報》發表，不一定另找發表處，只是供你看看而已。」

毛澤東誕辰一百一十周年前夕，龔老給我來信說：「今天再發你一稿，題為《憶往：讀毛與編毛》，是為將在湖南人民出版社出版的《毛澤東著作出版編年紀事》一書而寫的長序，已在《百年潮》和《學習時報》發表，也是送你看看。你可視情況，在湖南再發表也可，不再發表亦可。」（龔育之二〇〇三年十二月六日）接著，龔老又給我補發一函說：「這個『長序』已……發表，供你看看，並不要求你在湖南發表，正如關於林（徽因）的那篇那樣。另，晃縣是不是新晃？我不知道。」因為他「關於林徽因」文中，寫到抗日時期林徽因逃難曾路徑「晃縣」，可他不知「晃縣」就是後來改名的「新晃縣」，我立即告訴了他。龔老的《憶往：讀毛與編毛》一文雖長，但敘述了自己與毛著的淵源，很好讀。龔老的父親龔飲冰是一九二三年加入中共的老黨員，曾任中央統戰部副部長。一九四八年秋龔老第一次讀到《毛澤東選集》就是在香港工作的父親處。一九四九年二月，北平解放，龔老幾乎是用父親為他存著備用的全部積蓄，買回了東北書店版的《毛澤東選集》。這錢是用來解急的，相當於八百斤小米的價錢。龔老說，這書是他藏書中的珍品，一直放在書架上，成了他研究毛選的參考版本……對於一個有點歷史癖的我來說，當然很喜歡這樣的文字。最後本報發了一萬餘字，並擬了十個小標題，登在《湘聲報》十二月二十六日那一期頭版轉三版。記得當時總編對「讀毛與編毛」的簡略有看法，最後付印時給改成了「讀毛著與編毛著」。這樣一改，味道當然差多了，但龔老對此也很包容。

二〇〇四年八月是鄧小平誕辰一百周年，《湘聲報》也想做點策劃文章，這時我又向龔老求援。龔老立即把《一個政治交代——〈鄧小平文選（第三卷）〉編輯三人談》發給我，並說明此文是應《解放日報》記者狄建榮之約而談的。八月二十日，我讀後回覆說：「談鄧選的文章很長，給我們老總看了，想在《湘聲報・觀察週刊》頭版發一個版。處理後的文章再發給您審，不知可否？」過了兩天，龔老回覆說：「此稿《解放日報》已於二十日全文發表，用了兩個連版。如你們還要發表，請將你們刪節後的稿子電郵我一閱。可在題目下加一注：『這篇用《解放日報》記者採訪記錄的形式寫出的回憶文章，係由龔育之執筆，與鄭必堅、逄先知共同討論、修改、補充而成。』」

得到龔老的授權，我和同仁們認真處理了稿子，又發給他審定，八月二十五日，龔老回覆說：「看到你的節略稿，很好。署名應把鄭必堅放在前面。原來有一節：『黨中央是怎樣部署學習鄧選第三卷的』，最好能選進來，如篇幅不夠，一二卷修訂的那一節刪去都可以。如再捨得篇幅，把『鄧選第三卷的編輯任務的提出和確定』補充進來最好（可刪去關於各人職務的對話）。這樣可以完全地反映第三卷編輯過程。文中只加了一處『建設有中國特色的社會主義』，以照應被刪去的上文。」一篇約兩萬字的稿子，最後我們從一版轉二版，發了約一萬五千字。

我還編發過龔老的力作〈胡繩晚年論胡適〉。此文在《湘聲報》發表後，上海學林出版社編輯慧眼識珠，曾編入《讀者參考》叢書轉載（具體哪一輯忘了）。我告訴龔老此事，他也很在意，通過我向出版社索要了樣書。

四

二〇〇五年，我受邀兼職花城出版社《隨筆》雜誌特邀副主編。我向龔老約稿，他給了一篇短文〈舊遊瑣憶〉，發在該年第六期雜誌上。這也是龔老在《隨筆》雜誌發表的唯一一篇文章。

這一年，我基本上每月擇週末去一次廣州。去得多了，我見花城出版社有小說、散文、雜文、詩歌、報告文學等「年選」，卻沒有「文史年選」。我想，隨著中國社會老齡化的加快，老年人喜歡文史類讀物，於是我試著報了這個選題，結果獲得通過。八月二十六日，我發出《二〇〇五中國文史精華年選》邀稿函：說本人受花城社之約，從今年起擬編「文史年選」，祈望大家支持，推薦近兩年來（因是第一次出文史年選，所以時間放寬到兩年）在國內公開報刊發表的文史佳作。只要好看，字數不限，內容也不限。基本要求是要麼有點新材料，要麼有新的見識；不要「戲說」和「故事新編」。力求做到筆下寫的是過去，心裡想的是現在。既重可讀性，又重學術性；既帶學術研究性質，又不乏閱讀的愉悅。

我定的截稿時間是九月三十日前。九月一日，我就收到龔老來函說：「向繼東同志：我托韓鋼考慮，他送來這封信。現轉給你。他所選，前六篇都在《黨史札記二集》中，後三篇發表在《學習時報》黨史札記專欄上。請你選定，電子版稿可由韓寄給你。龔育之」。韓鋼那時係中央黨校教授。韓鋼電子函他也轉給我看了。

「龔校長：您好。初步考慮選以下九篇：〈獻疑和獻曝〉、〈憶往：讀毛與編毛〉、〈一件歷史公案和新的研究起點〉、〈在小平同志指導下編鄧選〉、〈在中共黨史人物研究會上的發言〉、《〈黨史札記二集〉後記》、〈關於陳獨秀致靳樹鵬〉、〈毛選注釋上的周作人〉、〈黨史研究：萎縮還是繁榮〉。「獻疑」、「憶往」、「公案」三篇是前年的，時間上不大合編者要求（他要近兩年的）。今年的選了比較為人注意的三篇。如何？請酌。謹致敬禮韓鋼、二〇〇八年八月三十日」

我接信後即覆：「龔老：您好！我傾向於選〈憶往：讀毛與編毛〉。〈關於陳獨秀致靳樹鵬〉、〈毛選注釋上的周作人〉兩篇我也想看看。您老把韓鋼的電子信箱告訴我，我就直接和他聯繫吧。」後來，因二〇〇五年「文史年選」受篇幅所限，只選了他〈毛選注釋上的周作人〉這篇短文；雖然我很喜歡他的「讀毛和編毛」，但也只好割捨了。二〇〇六年「文史年選」是我編得最窩囊的一本，由於突然要求出版社送審，結果被審掉了不少文章。本來選了龔老的〈我所知道的陸定一〉，但後來他的文章也被刪了。我想，他的文章不會是審稿通不過，可能是篇幅過長的原因吧。如果本書責編告訴我，我肯定會節選龔老此文。二〇〇七年「文史年選」，我選了他的〈一個讓讀者更多瞭解領袖歷史的方式〉（本文是作者在二〇〇六年十二月二十日召開的「《思念依然無盡》作品研討會」上的發言。由北京出版社隋麗君同志提供記錄整理稿，韓鋼同志幫助校訂的。原載《北京日報》二〇〇七年四月九日）。可惜，書在二〇〇八年一月出版，可龔老已於二〇〇七年六月去世了，未能看到樣書。

回頭說說二〇〇三年夏編書的事。該年我編了一套文史叢書，先是給上海的一家出版社，後來又轉到長江文藝出版社，但最後僅出了三種（即藍英年的《回眸莫斯科》，文匯出版社，二〇〇四年七月版；魏得勝的《歷史的點與線》和王彬彬的《往事何堪哀》，長江文藝出版社，二〇〇五年十二月版）。記得當時我向龔老約稿，他回信說：「此函早已收到。我已出過一本《黨史札記》，那以後寫的東西還不夠一本的份量……（龔育之二〇〇三年九月九日）」我回覆說：「您新的文章如不夠的話，可從舊文中選一些……」幾天後，龔老發來一個書目，並作了說明：「書名定為《故人長憶》。初選篇目送上，其中末四篇已經收入河南人民社「滄桑文叢」中，書名《在漩渦的邊緣》；《胡繩瑣憶》已收入浙江人民社的《黨史札記》中。」後來，龔老的書沒出成。他費時親自編定了書目，卻沒有責怪我。

五

讀過龔老夫人孫小禮教授的《病中的龔育之》，我才知道龔老是怎樣讀書和寫作的。在他生命的最後兩個月裡，龔老自己不能拿書，就讓人給他讀；拿不起筆，就口述讓人記錄。孫小禮說，龔老興趣廣泛，「連楊天石寫的《欺世之『書』還是欺世之『辯』》這樣的考證性文章他也仔細地分兩個上午聽完。……住院期間，我告訴他報上登的書訊，很多書他都要買。買到後，有些書他說放在家裡，以後回家看；有的書要拿到醫院給他念。」龔老留給親人的最後一句話，就是「重新配……」，「眼鏡」二字說不出來了，是親人猜出來的。而我，這麼多年來，一直與他郵件往來，還轉了不少自以為他會看的文章，或是想讓他看的文章，這要花去他多少時間啊！甚至，一些有關我的資訊，他都要弄個究竟。

我曾寫過家鄉一個因思想而罹難的人，題為《華國鋒時代：一封信和一個人之死》。一九七六年四月，湖南省溆浦縣小學教師武文俊給華國鋒寫了一封匿名信，破案後說武在信中「提出了重新建黨、建國、建軍」的十大綱領，一九七七年一月以現行反革命罪被判處死刑。民間思想研究者丁東著文曾提到我的文章。二〇〇三年春節，我給龔老發郵祝賀新春。龔老回覆說：「從《王申酉文集》丁東後記裡得知你發掘出武文俊案的材料，不知發表在何處。如方便，能否用電子郵件發給我？」（龔育之二〇〇三年二月一日）我當然把文章發給了他。

還是二〇〇三年的事：李慎之和吳祖光先後逝世，我都寫了文章，在報上發表時都有刪節，但文末都做了說明。我寫吳祖光的文章是〈八年前的一次訪談〉。龔老讀了後發來郵件說：「讀了《湘聲報》你紀念吳老的文章，是刪節的，可否將全文發給我看看？『國貿事件』是否也在刪節之列？我想知道一點究竟……」我把原稿發去後第三天，龔老回覆說：「謝謝寄來的文章。你文章中的『關牧霜』，可能是『關肅霜』之誤，當然也可能是『關牧村』，但關牧村還在。」訪談中吳老談到國是。龔老說：「海外談中國政局，有些只能看看而已。這方面水份太多，惡意也太多。」囑我加以分辨。

我的〈我與李慎之的交往〉刪節本龔老看到了，也要我發全本給他看。文章中，我說到李慎之老這一代人的命運，稱其「清醒地看到了革命的後果，最終選擇了自由主義」。這樣的文字，龔老看了心裡會怎麼想，自然不得而知了。

二〇〇四年春，我和華中科技大學教授、李達研究專家王炯華先生有個對話，在《湘聲報》（連載）和《書屋》雜誌都發過，但都有刪節。龔老來信說：「久未問候……讀到你們關於李達、陳獨秀、毛澤東的對話，《湘聲報》說有刪節，《書屋》上也發表了，沒有說有刪節；如也有刪節，請把沒有刪節的原稿發給我。」後來，我把這篇約兩萬字的全本發給了他。

龔老逝世後，讀龔老夫人孫小禮悼念文章知道，龔老自二〇〇一年起，醫院大夫一再囑咐他「不要勞累和感冒」；二〇〇四年以後，大夫更強調「千萬不要勞累和感冒」，而龔老還是像往常一樣勞累。孫小禮說：「他或是專心地、手不釋卷地讀書看稿，或是全神貫注地坐在電腦前邊思索邊寫作，一坐就是兩三個小時……」我看到這些文字，心裡有一種自己是謀殺龔老幫兇的感覺——因為這期間，當然也包括龔老看我發去的那些文章啊……

在龔老逝世兩周年之際，特書此文，以表愧疚和哀思。

二〇〇九年六月四日草畢，二十一日修訂

另一個龔育之

龔育之先生二〇〇七年六月十二日去世的消息，是韓鋼先生用訊息最先告訴我的。儘管我知道龔老身體一直不好，記得有一次打電話問他近來還好嗎，龔老說：「反正沒死囉，還活著。」當時感到龔老對自己病情是悲觀的，我也不知說什麼是好。這次他真的去了，心裡很不是滋味。我和朱正先生說起龔老的去世，都感歎他文章越寫越好，可惜他去得太早了。

關於龔育之先生，我曾寫過一篇〈文來文往〉，覺得言猶未盡……

初訪龔老

一九九九年人民政協成立五十周年前夕，我供職的《湘聲報》擬作策劃報導，其中之一是要赴京採訪湘籍全國政協委員。龔老當時是全國政協常委，我想採訪他，但又從沒和他聯繫過。幸好「周實時代」的《書屋》雜誌與我有染，是「特邀編輯」，所以假《書屋》作訪談之名找上他。我還知道，朱正先生與龔老是多年的朋友，於是向朱正先生要了他的住址和電話，並順便打聽龔老是否好說話。朱正先生說：「他是官員裡思想比較解放的，民間的聲音也能聽。」北京學者丁東先生告訴我，他聽過龔老一次座談會上的講話，印象是滴水不漏的。

當年，湖南人民出版社出版了兩卷本的《龔育之論中共黨史》，我找朋友要來一套，並匆匆翻讀了一遍。相對而言，我比較喜歡該書最後一輯「回憶和雜談」。該輯包括〈幾番風雨憶周揚〉、〈毛澤東與胡適〉、〈從葉德輝之死談到黃興的流血革命和胡元倓的磨血革命〉等文章。這幾篇不像那些職務性寫作，讀來感覺很實在，是大家手筆。尤其是讀到該書「後記」，龔老說自己退休後「希望作為一個『自由撰稿人』，繼續寫一些東西」。我就想，龔老是否要開始「個人寫作」了？

赴京採訪前，我準備了十幾個問題提綱，首先是圍繞人民政協的，諸如，進入新世紀人民政協工作是否有新的發展？民主黨派的作用是否能和一九五七年以前相比、真正做到有職有權？民主是世界的潮流。在現行的政治體制中，政協在民主監督上到底能發揮多大的作用？然後，就我國政治、經濟、思想、文化等諸多方面廣泛設問，往往一個問題就是幾百字。寫這篇文字時，我把保存完好的兩盒採訪磁帶重聽了一遍，歷時近兩個小時，而我的問話用時至少接近了一半。龔老說話始終平和，語調沉穩；而我往往顯得很激動，有時差不多是「慷慨激昂」、肆無忌憚了。提出的問題，不待龔老說完，我又打斷他。要是換成別人，說不定早被下了逐客令，而龔老卻不。

我找出當年的採訪本，重溫我提出的一些問題：諸如鄧小平說社會主義我們搞了幾十年，什麼是社會主義，他也不知道。現在說是「有中國特色的社會主義」。是什麼樣的「中國特色」（我之所以提出這個問題，因為我知道龔老是「建設有中國特色社會主義理論研究中心主任」）？我們是遵循一個主義的，但事實上中國已出現文化多元現狀，如既有《書屋》、《方法》那樣的雜誌，又有《中流》、《真理的追求》、《當代思潮》這樣的刊物。馬立誠和凌志軍合作過一本叫《呼喊》的書，不是說中國當下有五種聲音嗎？您老對此是怎樣看的？憲法上說我們的國家是「人民民主專政」的國家。「人民民主專政」這個概念是否為我國首創？有人說，「民主」和「專政」是對立的，合在一起邏輯上就說不通。請問龔老怎樣理解？您是中共黨史專家，因為檔案未解密，許多大事還是一團謎，如朝鮮戰爭是怎樣發生的，如反右派鬥爭究竟是「陽謀」還是「陰謀」，如「文革」的發生，還有關於人治與法治，關於晚年周揚的反思……等等。在我印象中，龔老並不迴避問題，說到文化多元現象時，他說：這麼大的國家，有不同聲音是正常的。多元不一定就是對抗。馬毛是一元，馬毛與其他是不是對立的？我看不一定吧。不同文化，不同聲音，在有中國特色的社會主義主導思想之下，是可以互相協調、和諧共存的。說到何為「中國特色」，他說這其實是個「方法論」問題，就是說，我們現在搞的與過去那一套是完全不一樣的，與東歐西歐社會主義也是截然不同的。「有中國特色的社會主義」沒有一個固定的模式，它還要發展，還要變化，還要建立現代企業制度等等……

記得這次採訪是在九月七日下午進行的。我九月四日到北京，五日晚上九點多，我試著給龔老打去電話，簡單講了兩個目的：一是為自己謀飯的報紙做個採訪，二是為《書屋》雜誌做個「人物訪談」。我問他是否有空看《書屋》那種口味的雜誌，他說哪怕再忙，也要翻一翻的。那天下午，我一進門龔老就問：「最近《書屋》發了〈我有這樣一個母親〉，范元甄有什麼反映嗎？」此文作者李南央，范元甄就是文中的「母親」，係李銳前妻，副部級幹部，如果范有反映，雜誌肯定是有麻煩的。我說沒有，並問龔老對此文有何看法。他不置可否。此前拜訪邵燕祥先生，邵老說到此文：「李南央作為女兒不應寫，別人寫可以。」我把此話說給龔老聽了，他只是笑笑。

採訪從下午四點多一直談到六點多。龔老是主流話語的核心智囊之一，改革開放以來，中央的許多重要決定和報告，他都是主持起草者或參與起草者，但他自始至終不談個人如何如何。快結束採訪時，龔老說今天是九月七日，九月九日他有個活動。這天是毛的忌日，有九十九人參加。我問鄧力群會參加嗎？他說不知道。我問他與鄧力群來往多嗎？他說只是過年去一下，平常往來幾乎沒有。我問：「鄧力群當部長時，您是副部長嗎？」他說，那時他不是副部長，他和鄧力群沒有上下級關係。我說胡耀邦辭職時，曾傳說鄧力群有可能做總書記。龔老說：「那也只是聽到傳聞。但我想，這種可能性極小。」我又問，馬立誠與段若非打官司的事他知道嗎？龔老說知道，段敗訴了。龔老覺得這很滑稽。是否指法院只抓住「侵不侵權」問題審？也許是吧。最後，龔老題簽贈我〈大書小識〉後，把我送出門口，並告訴我怎麼出大院，怎麼往回走。我說回去整理給《書屋》的稿子就送給您看，報紙的應景文章就不一定看了吧？他說：「還是看看好，怕有些你沒聽清，或是我沒說清。」

回來我把談「政協成立五十周年」的內容整理了一個稿子，基本上是根據錄音整理的。他上午讓我把稿子傳真過去（那時我還沒上網），下午給我打來電話，把他改過的稿子讀給我聽，讓我改在紙上。結果以他口氣說的話，幾乎改動了百分之七八十，差不多疑似棱角的地方，都變換了語氣。看到這個改後的稿子，我擬為《書屋》整理的稿子也就拖了下來，一直沒整理。前不久，因自己主編「新史學叢書」與章百家先生電話裡聊到龔老，章先生說「其實老龔是最傳統的」。這裡的「最傳統」大概就是主流吧。但我想，作為這麼一位主流意識形態的話語人，他能讀當時被指為「自由主義」的《書屋》雜誌，能耐心聽我那些近乎「離經叛道的」問題，真令我肅然起敬。我還想，要是當年他是中宣部長、不是副部長，會不會對不同聲音採取另外一種態度呢？

再訪龔老

再訪龔老，是在六年之後，即二〇〇五年五月廿一日。這次是和《隨筆》雜誌主編秦穎、學者朱正先生一起去的。

下午三點多到了龔老家，猛一見面，我驚了一下。六年前見到他，紅光滿面，氣色很好，但這次看上去衰老多了。頭髮依然白得好看，可臉色一點不好，說話也感中氣不足。最後送我們出門時，龔老是拄著拐杖的。我問龔老腳有什麼毛病，他說就是腿軟，沒勁兒，要癱塌下去。

因為這次不是採訪，所談話題也很隨便，且大多是和朱正先生談。秦穎是位肖像攝影迷，不停地找角度，為龔老拍照。我好像一位傾聽者，只是偶爾也插上幾句。

印象中，當時龔老正在校讀一部關於「自然辯證法」的書稿。他問朱正先生，「唯」字究竟是「忄」還是「口」字旁？秦穎插話說，國家文字改革委要求用「忄」旁。我說，我在編輯文稿時聽作者的，一般不改。龔老反對書中用阿拉伯數字，並專門寫過文章。他說，這本書我已向出版社提出「嚴正」要求，數字就用中文。最後出版社也同意了。

龔老還說到王蒙的新書《不成樣子的懷念》。王蒙告訴龔老說，書稿出版社說要送審，因為文章涉及到黨和國家領導人，如胡喬木、胡繩等。王蒙對責編說：「書裡文章都是發表過的。」責編說：「也要送審，單獨一篇可以，集到一起就不行了。」王蒙有一篇紀念周揚的文章：《悲情的思想者》，責編說這標題要改，「悲情」很敏感。王蒙問有什麼敏感，年輕的責編又說不出所以然。王蒙說，「悲情」就是悲壯的情懷，這下才把責編說通了。我問龔老，王蒙這本書最後有刪節嗎？龔老說，基本上還是沒什麼刪改。

話題轉到何方的香港版《黨史筆記》上，我問龔老看過此書沒有。他說，看過何方幾篇文章，但書沒看到。接著，龔老對朱正先生說：「我這裡有本《陳伯達最後口述回憶》，我還沒看，你可拿去先看。」說著他把書拿給朱正先生。我從朱正先生手裡拿來翻了翻，是香港出的，十六開本，複印的，作者是陳伯達的兒子陳曉農（後來，此書陳曉農先生贈我一本，原來龔老這本就是據此複印的，只是複印時略微放大了一點）。

我問龔老還是全國政協常委嗎？他說這一屆就退了。現在還有一個職務：中共黨史學會會長，但很快就要不是了，下個月就要開會改選了。我說：「沒有職務了，您可以完全說自己的話了。」這時龔老笑了，朱正先生也笑了。我說：「《隨筆》希望您也能給他們寫一點。」龔老說：「我的可能不太適合。」我說：「您說書說人的文字大致是可以的……」

話題扯到當時全國上下的「先進性教育」活動，我說：「您也要參加嗎？」龔老說：「沒通知我，我就不去；要求必須去，也去。那天他們找到我說，『您老去給我們上一課吧！』我就去了。當然不是上課，是聽他們說。」我問：「你們要寫『黨性分析』和『自我剖析』材料嗎？」龔老說：「要，但我沒寫。」這時，我說了自己所在單位的要求，兩個材料分別要寫三千字和六千字。我坦承自己就是從網上抄來的。龔老說：「我們這裡列印的不要，要手寫的，發了一個很大的筆記本。他們對我說，要怎麼怎麼寫。我說，我學習了幾十年，但要寫這麼大一本，從來沒寫過。後來我沒寫，他們也不向我要。筆記本還在我那個包裡。」這時龔老笑著說：「那本子寫完了，就是一本大書啦！」我說：「您老在高層，把這些下面的情況也轉達上去吧。這是勞民傷財的事，浪費人力物力啊。」我還說到當年一位中央領導在湖南「先進性」活動試點上的講話：要大家不要以為這是形式主義的，大家相信了，都認真去做了，還是有效果的（大意）。

我說得龔老和朱正先生都笑了……

龔育之現象

首次採訪，龔老說到想做「自由撰稿人」。他解釋說，這只是想寫自己感興趣的東西，並不意味著改變自己的觀點和立場；並說自己的職務雖然沒有了，但還是一個共產黨員。

龔老逝世後，被譽為「中國共產黨的優秀黨員，忠誠的共產主義戰士，著名的馬克思主義理論家」，稱他的逝世「是馬克思主義理論事業的一大損失」，這是很中肯的。龔老自己也說，他是個馬克思主義者。但他是個正統的馬克思主義者，還是個可以變通的、活的馬克思主義者？或是人道的馬克思主義者？……我覺得，如果僅以龔老留下的文字來看，似乎還只是他的一面。龔老似乎還有不為人知的另一面？我不敢妄斷。《炎黃春秋》是一本另類的雜誌，而龔老去世前是這本雜誌的編委。我以為，這個身份對解讀龔老晚年很重要。

記得那年李慎之逝世，我曾寫過《我與李慎之的交往》，《湘聲報》發了個刪節本。龔老看到了，他要我發全本給他看。那時我想引發李慎之老的話題，於是向李老提問：為什麼現實裡明明沒有的言論、出版、集會、結社等自由，還要寫進憲法呢？李老當然奇怪我為什麼會提出這樣的問題，然後是洋洋灑灑誨於我。在回憶李老的那篇文章中，我全文引用了這封信。文章結尾處，我曾寫下這麼一段話：

「在這個春雨淫淫的夜晚，我的悲憫的心無法平靜。我一邊讀著李老的信札，一邊想著李老這一代人的命運——他們早年是堅定地投身於暴力革命的知識份子，經過二十世紀下半葉的磨難和洗禮，他們分化了，有的成了僵死的教條派，還事事搬出老一套唬弄人；有的成了修正派，竭盡全力新釋聖典，從而證明並非全盤皆錯，前途依然光明。而李老呢，以其思想巨人的睿智，清醒地看到了革命的後果，剝去『皇帝的新衣』，最終選擇了自由主義。對李老這一代人來說，走出這一步是何等的不容易，但李老走出來了！」

這樣的文字，龔老看了會怎樣想？

楊小凱生前，我作過他兩篇訪談，一篇發於一九九七年《書屋》雜誌，題為《從經濟學角度看中國問題》；另一篇是《革命與反革命及其他》（另有《一個經濟學家的視野——澳洲社科院院士、經濟學講座教授楊小凱訪談錄》等題），只在網上發過。龔老知道後，曾要我把這兩篇文章都發給他看看。尤其是後一篇，楊小凱從「革命與反革命」談到「科索沃戰爭」，談到民主、自由、共和與憲政的關係、科學與自由的關係，以及權力制衡、多元才能長久穩定、WTO原則等等問題。最後楊小凱說：「東歐和蘇聯，共產黨之所以丟失政權，是因為他們沒有學會選舉。直選在中國是遲早要發生的事，你不會，自然就有麻煩了。所以，學會選舉是一切革命黨在憲政民主新時代保持繼續執政機會必須走的一條路。」

龔老看了，自然不會回應，也不會跟我說什麼。他心裡會想些什麼呢？不得而知。我想，假如龔老不是七十八歲去世，而是活到八十八歲、或是九十八歲——我雖不敢說龔老可能會變成個「兩頭真」的人，但到那個時候，許多問題他可能看得更清楚了……

當然，歷史是不能假如的。嗚呼！

二○○九年六月，於長沙

痛悼吳老

前天下午收到一份快遞，拆開一看，是吳江夫人「邱晴率眾子女」寄來的訃聞，告說吳江老已於十一月十三日「走完了他的人生」。

吳江老生於一九一七年，比我父親還年長兩歲。我們交往至少有十幾年了，無論打電話，還是寫信，我都稱他「吳老」。得到這個噩耗，我先是一怔，然後釋然了。人終有一死，他畢竟活到九十六歲了。

吳老與我的通信至少有幾十封吧，寫這篇小文時也沒來得及全找出來，但他贈我的十幾本書，現在都擺在案前。吳老送我的第一本書是《社會主義前途與馬克思主義的命運》，時為二〇〇一年五月；最後送我的一本書是《吳江別集》，時為二〇一二年五月，並題簽：「向繼東同志留念。這大概是我最後一本集子了，謝謝你的文章。」此書裏，吳老有篇《我們應當記住》的文章，附了我發表於《書屋》雜誌（二〇〇一年第四期）的《重讀趙丹的遺言》，並加[吳按]說：向繼東這篇文章「……寫於一九九九年歲末。通過這個個案，對於理解我在這裏提出的問題是有益的……」

就在收到《吳江別集》贈書不久，也可能是我寫給吳老的最後一封信。此時，因我和葛劍雄、丁東三人主編《當代學人自述》，我把「徵稿函」列印寄他一份，希望他也能為這本書撰稿。過了大約半個月，吳老沒有回，我就打去電話，問他是否收到我的信了，吳老說收到了，但現在要寫稿可能困難了（這次通話，聽他嗓音依舊洪亮，哪知說走就走，當時一點預感都沒有）。我說：您老如果沒有精力寫，我就從您的《政治滄桑六十年》裏摘編一篇，然後寄給您自己定稿如何？他非常爽快地答應說：「那好，由你隨便摘，最後讓我看一下就行了。」但遺憾的是我至今還沒有摘出來。在《當代學人自述》第一輯即將出版之際，我感到有點愧對吳老的信任。之所以遲遲未動手去摘，是因為簽約此書的南方某出版社因故不順，選題被擱置，最後我們只得找到二十一世紀出版社。該社很給力，很快敲定選題，並且三個月就出書。

現在思想文化界有「左派」「右派」之說，也有人說自己「超越左右翼」，其實在我看來，可能不是左就是右，而讀吳老的書，覺得他老人家倒是適中的。吳老思路清晰，文筆簡練老到。如今很多所謂的「筆桿子」，只會製作「正確的廢話」，而吳老總是新見迭出，全然沒有套話廢話。我曾寫過一篇《李慎之現象》，把三四十年代參加革命的那一代知識份子大致分為三類：一類是馬克思主義教條派（如鄧力群等），一類則從馬克思主義走向了自由主義（如李慎之等），還有一類就是馬克思主義修正派——不是馬克思錯了，而是我們自己誤讀了馬克思。我覺得，吳老也許屬於「修正派」——這從他的《社會主義前途與馬克思主義的命運》、《社會主義資本主義溝通論》、《馬克思主義是一門大史學》和三卷本《吳江文稿》也許能看出來。吳老自上世紀五十年代開始著書，著作等身，但他在改革開放後這三十年的著作，應該說歷史的一部分，百年以後研究這三十年，也許吳老的書是不可不讀的。

吳老活到老，學到老，思考到老。去年底，《文彙讀書週報》發表他的《談「實踐的思想路線」》長文，他給我打來電話說，你一定看看，那裏有我最近的一些思考。當然他也發表過《慎言「民主的普世價值」》，引起思想界爭論。他知道有人辯駁，但很快他又寫了《「普世價值」索解》，文中說「民主有始有終，它取代專制獨裁，將來也將被『自由人聯合體』之類所取代」……不管你同意他觀點與否，都不得不承認他一直沒有停止思考。

四年前，我在臺灣出版《思想的風景：近代思想史另類閱讀》。因為樣書不多，考慮到吳老年齡這麼大，當時就沒有寄給他。後來我電話裏提到這本書，吳老說：「那怎麼不送我一本？」這時我不得不送他了。書寄出十多天，吳老就寫來一封信：

向繼東同志：

《思想的風景》一書前日收到，昨日已翻閱幾篇（因目力不濟，看得很粗），今日給你寫信。

我很少讀到你的作品，這大概是你寄給我的第一本書，至於關於趙丹的那篇文章是例外。你們這一代在特殊的驚風（濤）駭浪中長成並生活，沒有時間（也沒有環境）能夠坐下來進行學術研究和理論研究，現實迫使你們關注當前發生的事並引發你們的思考，所以現在的雜文、時論佔優勢。

你這本書是以人物命運寫當代痛史，雖然零散，但集合起來就是當代史，是很有價值的。至於什麼是現今的自由主義，顧准的價值究竟在哪裡，就不可能深入研究闡述了，讀者也不可能從你們那裡弄清楚這些，這是一種局限。目前大致也只能這樣：短兵作戰，記下一事算一事，但仍露出了思想鋒芒。你所寫的人中，《華國鋒時代：一封信和一個人之死》是獨特的一篇，一個小學教師，不是文人，但寫出了那樣一封信，可見我們時代對人的思想的觸動達到了多麼深刻的程度。多謝你寄給我一本佳作。

專此敬祝

編安

吳江　二〇一一年五月六日

讀了吳老的信，我很感動。他那麼大年紀，居然真的讀了，並提出了很中肯的意見。還有一點令我難忘的是：有一次我給他打電話說又在編什麼書，他說：「你還是能寫的，你應該多寫一些。再怎麼編，都不是自己的東西。」他的意見，竟然和我所尊敬的前輩鍾叔河先生不謀而合，雖是批評，實為激勵我多寫。我很快就要退休了，也許屬於自己的時間多了。我會多寫的。

吳老家人「遵其遺願，一切從簡」，致使他去世十多天了，網上搜索「吳江逝世」居然還得不到任何資訊。但願人們不要忘了，他就是當年「實踐是檢驗真理的唯一標準」的啟動者、運作者和組織者之一啊！沒有他們的努力，也許我們至今還籠罩在「兩個凡是」的陰霾下……

願吳老在天之靈安息！

二〇一二年十一月二十五日匆草

吳祖光的四封信

我手裡保存著吳祖光老的四封信，其中三封是寫給我的，一封是寫給《湘聲報》總編的。一九九六年我供職的《湘聲報》改版，新闢「文化・人物」副刊，每週一版。我是這個版面的責任編輯。大概是這年二月份的某一期，我首發了一篇在當時學界產生較大影響的文章，題為《逢場作戲的悲哀》，作者丁東先生在文中理性而尖銳地批評了郭沫若。此文下面是我的一篇小文——《吳祖光與生正逢時》。文章七百餘字，現全文引錄：

近讀《湘泉之友》特刊，上有吳祖光先生為湖南湘泉酒廠的題詞——「生正逢時」。重讀吳老墨蹟，倒使我想寫這篇小文了。

去年夏初，吳祖光作為全國政協委員赴湘視察團一員來到湖南，我是陪同視察的隨行記者。我向他索字，他隨手在我筆記本上寫下「生正逢時」四個字，並說他最喜歡這幾個字。之後沿途十天的湘中、湘北之行，「生正逢時」好像成了他的專利，凡遇索要墨蹟者（除非內容提出了要求），他總是不厭其煩題寫這四字，只是佈局運筆略有變化而已。在花明樓，看了「劉少奇生平」資料片，「劉少奇紀念館」要他題詞，吳老寫的還是這四個字。當時有人問吳老，這四字作何解，吳老說，「劉少奇是國家主席，他死了，我卻活到今天……」近聞，吳老和夫人新鳳霞出了本書畫合集。書未得讀，但我想，「生正逢時」一幅應入集中吧。

吳老為文為人，坦坦蕩蕩，此為文藝界所稱道。「國貿案」，他仗義執言遭官司，幸得清明盛世，終得勝訴。他說：文藝有其自身的規律，靠「領導出思想、群眾出生活、作家出技巧」是出不了東西的；如都要靠領導，那麼屈原、李白、杜甫、關漢卿、曹雪芹等又是誰領導的？這樣的話，也只有吳老才敢說敢寫。大概是去年五月份吧，國外傳媒說中國有四十多位學部委員和文化界著名人士致函國家領導人，要求什麼什麼的，簽名者中就有吳老。我採訪證實此非謠言後，問他這次赴湘前有關方面是否就此找過他，他說「至今還沒有」。這也許正是「生正逢時」，不然，什麼事情都是會發生的。

河洛汀先生說，吳老書齋自撰的一副對聯曰：「不屈為至尊，最富是清貧。」但遺憾的是近讀一篇寫吳老「坐擁書城」的文章，卻未見提及這副耐人尋味的對聯。其實，換一個角度看，這副對聯正是對吳老「生正逢時」的補充和詮釋。

報紙出來後，我給吳老寄了一份，並順便向吳老索要「文化・人物」刊名題字。不久，吳老寄來了題字，並給我寫了第一封信：

向繼東先生：

遵囑將「文化人物」四字寫好寄上。我的一聯是「不屈為至貴，最富是清貧」。並以奉聞

敬禮　吳祖光

一九九六年二月二十五日

看得出，吳老寫這信是要糾正我引語的錯誤——他的聯句是「不屈為至貴」而非「不屈為至尊」。短信裡，吳老沒說是否讀過丁東批評郭沫若的文章，但可以肯定，他是讀了且讀出了共鳴的，因為差不多一年後，我和丁東夫婦去吳老家時他還說到此文。

吳老給我的第二、三封信都是為一篇懷人文字而寫的。這篇文章即〈知遇之恩〉，是寫裝幀藝術家曹辛之的。因為文中寫到當時的文化部長周巍峙怎麼勸他入黨，後來胡喬木又怎麼勸他退黨，所以「敏感」，寫好半年沒發出來。這時吳老想到我這個做副刊編輯的，將文章寄了來。也許是吳老急於發表，兩天裡兩次用掛號信寄給我。第一次寄有兩稿，另一篇為〈藝術大拼盤〉，附信是這樣寫的：

繼東兄：

來信收到。找出兩篇小文章，其中一篇懷人之作，就遇見（到）了障礙。你看湖南可有此種顧慮否……思之可悲可笑。祝安

並賀新年　吳祖光
一九九六年十二月三十一日除夕

第二天再將〈知遇之恩〉寄我，並附信曰：

繼東兄：

十二月二十八日函收到，寄上〈知遇之恩〉一稿，是曹夫人約寫的，但出版單位要求刪節。審稿當局之怯懦令人可歎可笑，不知貴刊能過關否？今日之事若此！

即祝新年快樂　吳祖光
一九九七年元旦夜

我看了〈知遇之恩〉，覺得並不怎麼出格，於是急忙發稿——因為我即去北京組稿，屆時好帶上樣報去見吳老。不料，老總在最後簽字付印時，一狠心又把此稿撤下了。文章沒發表，北京組稿還是去了。我見到吳老，把「處理」過的文章清樣給他一份，並說了最後沒發出來的原委。吳老聽了，溫和地說了句什麼，如今只記得有「害怕」、「脆弱」等字眼兒。大概過了一年多，適逢《書屋》雜誌讓我幫著組稿，於是我將〈知遇之恩〉送了去。後來，稿子終於在《書屋》雜誌發表了。

那段所謂「敏感」的文字，《書屋》雖未作多大刪節，但也進行了一些「技術處理」。記得我將《書屋》小樣寄給吳老過目後，吳老仍在小樣上堅持將勸他退黨的人名字寫上，同時又附了一句寬厚的話：「假如來得及就改過來，否則就算了。」最後當然「沒來得及」，直到後來出版《天火——書屋佳作精選》收錄此文時，文中自然也找不到勸他退黨的人的名字。我曾與當時的《書屋》主編開玩笑說：「看來這位勸吳祖光老退黨的政治局委員是誰就只能讓後學去考證了。」就此，我曾寫過〈吳祖光的一篇文章〉，把這事算是說清了。

我手裡保存的第四封信不是吳老寫給我的，而是寫給當時的《湘聲報》總編的。那年，《湘聲報》副刊分四次連載了（說是連載，也並非一週一次，因副刊版面常被廣告佔用，拖了兩個月才發完）北京學人邢小群撰寫的〈章乃器百年祭〉。也許是看到最後一期，觸動了吳老那根痛苦的神經，他索要此全文寄給章乃器的女兒。信是這樣寫的：

湘聲報總編輯同志：

感謝每期送給我的《湘聲報》。（《湘聲報》）內容豐富，品味高尚，十分佩慰。

今天收到的一月一日第五〇三期貴報，第三版載有〈章乃器百年祭〉（之四）一文，讀之令我感動。章先生是我的前輩，相知甚久，亦甚敬佩。他的女兒章湘華是我的學生，久居臺北及美國。去年十二月我曾接她來北京小住，現已返美。我很想把這篇文章寄給她，但我因收到報紙太多，沒有留存，只能把一月一日這期寄去，現在希望您把前三篇即「之一」「之二」「之三」再贈我一份，或直接寄往美國章湘華女士收，十分感謝。

春節好　吳祖光

這封信沒有落款日期，但信封郵戳時間是一九九七年一月十日。這封信老總交我處理，我很快找到吳老所要的報紙寄去了。這以後，我仍然給吳老寄贈報紙，偶爾還夾帶寫上幾句，囑咐有了新作一定賜我。一九九八年吳老失去老伴病倒後，我曾給他打過幾次電話，都是小保姆接的。我曾試著要求和吳老說幾句話，但小保姆說他已不能接電話了。而今吳老駕鶴西去，不禁悲從中來。

二〇〇三年五月於長沙

鬼才黃永玉

梵谷、畢卡索是天才，天才都有常人不可理喻的地方。我覺得，黃永玉也是天才，詩、畫、文章都作得出類拔萃。他不會奉迎什麼，他只相信自己的眼睛。下榻山城鳳凰賓館後，我就聽到不少關於黃永玉先生的傳聞：那年鳳凰家鄉舉辦畫展，黃永玉有幾幅作品參展，認識他的人見他，懂與不懂，都讚不絕口：「這幅畫得好極了！」而一農民從畫前走過，隨口說道：「這好什麼，我也能畫得出。」黃永玉先生眼睛一瞪：「你曉得個屁！」黃永玉先生在〈太陽下的風景〉一文中坦言：「他（指其表叔沈從文——筆者注）不像我，我永遠學不像他，我有時用很大的感情去咒罵，去痛恨那些壞蛋……」黃永玉先生當年離開香港回祖國大陸，幾十年後又到香港定居，這大概也是性格使然吧！

得到黃永玉先生回故鄉的消息，是在前不久中央電視臺「東方之子」中看到他，採訪他卻是不容易的。鳳凰作家馬蹄聲說，黃老的胞弟黃永前是原縣政協副主席。於是，我通過鳳凰縣政協吳秘書長一番操心，才算敲定晚上採訪的時間。

晚七時三十分，如約敲開黃家大門。與我同行的有青年美術愛好者張開、地方電視臺記者何先培等。張開對黃永玉先生頗有研究，黃老的畫風他極推崇，說得頭頭是道。十多年前，張

作者與黃永玉（左）合影

開在北京進修美術，曾去過黃宅，但不見人，只見緊閉的大門上寫道：「本人不吃軟，不怕硬，不簽名，不題字，不送畫，未經電話聯繫概不接洽。」回來四處打聽黃老電話而未得，只得悵然而歸。此刻面見黃老，張開顯然比我們激動，況且他還想索購一幅黃老的畫。

我本擬好了採訪提綱，可黃老不是一個「忠實」的配合者，談鋒常常「以攻為守」，存心讓你跟著他轉，不讓你討個沒趣就很不錯了。

我說：「黃老，在您的影響下，鳳凰成長了一批中青年畫家，如劉鴻洲等。這些人都是你的弟子吧？」黃老說：「我不會收弟子，學校才有弟子。現在有些人動不動就說，某人是某人的老師或學生，好像一說便沾光。故鄉這些中青年畫家，都是我年輕的朋友，不能說是我的學生……」

話題轉到他兩年前在香港出版的兩本畫冊，我說：「我曾在一本香港雜誌上讀到〈展現詩意和愛意〉的文章，專題介紹了您的畫冊《詩意》和《水滸人物》……」黃老卻淡淡地說，《詩意》只是他以前回家鄉給「年輕的朋友」講畫課的示範之作。談到《水滸人物》，黃老話多了些，他說，這本畫冊輯錄了他一九八七年至一九八八年間創作的一百四十九幅《水滸傳》人物水墨造像，裡面沒有大奸大惡，也沒有完美無瑕的正面人物。黃老認為：用今天的觀點看，道德的批判不一定有力，幽默的分析對整部作品才有說明。例如，黃永玉先生喜歡潘金蓮敢愛敢恨的性格，覺得具有爭取男女平等的時代意義，所以他畫了一幅潘金蓮雙手插腰、昂起頭的形象。題字是：「愛了，把我怎麼樣？」另一幅畫喝得臉紅耳赤的宋江，右手按著左手顫兮兮地拿起筆點將，題字是：「凡事清醒才清楚明白。」從來沒有畫家敢脫皇帝的外衣，他卻畫了宋徽宗赤著胳膊坐在石頭上捉衣服裡的蝨子的窩囊相，左上角寫道：「朕身上長蝨狀如琵琶」……

黃老畫畫的同時，還寫詩和散文，寫小說。近兩年，他一直在撰寫自傳體長篇小說《無愁河的浪蕩漢子》，還只寫到四歲，就已有十多萬字了。作品在《芙蓉》雜誌開始連載，讀者反響很好。他卻自謙說，那不叫長篇小說，可以叫長長的小說。他只記錄了一些有趣的故事，為歷史作一份見證。因為那個時代、那些人物、那些事件都是很有意思的。他還說，他寫小說完全是先娛樂自己。因而，他沒有任何套路，常令讀者有意外的驚喜。

這時，我問黃老這部自傳體小說到底能寫多長。他說，寫到七十歲該有多長，他也不知道。

有客人來訪了，黃家大門洞開，各色人等進進出出。

一番熱鬧過後，我轉換話題問：「黃老這次回來幾個月了，您還準備在故鄉住多久？」

黃老說：「這次是移居香港後第三次回故鄉，在鳳凰過的春節。老伴過了春節就回香港了。女兒黑妮也一同回來了，前幾天才回義大利。我想住到五月底回香港，因為還有些事沒辦好。」

「是因為您的藏畫樓未竣工而留住？」

「不是，我還有其他的事。明天就有一位德國朋友來訪，是德國駐中國大使館的官員。」

「請黃老原諒，未經您許可，我們就去您的藏畫樓看了，那樓很古典很別致的。樓修好了，您是否可能回故鄉長住？」

「想回來就回來，但不會長住。『東方之子』裡說我有三個家，其實我有四個家：義大利、香港、北京、還有這裡。香港有我的居民證，北京也有我的居民證，我還是中央美術學院教授、中國美協副主席……」

我又問：「九七年臨近，在香港傳媒中，我不止一次見到您要『港人愛港』的報導。您能談談自己的感受嗎？」

黃老沒有正面作答，只說：「我是一個畫畫的人，直到現在，我每天至少在畫室工作八小時以上。我覺得，我們幹什麼都要有一種敬業精神，忠於自己的職守，當幹部的當好幹部，當教師的教好學生……你們說我身體好，身體雖好，但年紀大了，我總嫌時間少了……」

突然，在「東方之子」裡黃永玉牽著走過一條石板路的那隻獅頭狗（頭部像獅子，於是筆者就稱獅頭狗）倏地竄上前來。我心頭一緊，想起黃家大門口「家有惡犬，來客小心」的告示，好在黃老把它支走了。

這時，我把自己供職的報紙遞給他兩份，並希望他為我責編的「文化・人物」副刊題寫刊頭字。黃老看了吳祖光先生題寫的刊頭字，問我怎麼認識他（指吳老）。我說明原委後，要他也題寫一幅，他卻婉拒了，說：「等以後再題吧！再說，筆墨也不在身邊。」我又爭取說，「就用鋼筆寫吧！」他卻說：「那不是天大的笑話！」我只得放棄了努力，一味聽著黃老說：「我看，不要請什麼名人題字，關鍵是要動腦筋，把報紙儘量辦得有意思點……況且你要請名人題字，我又不是名人……」

此刻，兩隻獅頭狗一齊轉悠過來了，黃老又支開了它們。忽然，黃老想起什麼似地進屋，取了幾張衛生紙，我以為他要方便了。其實不，他叫了一聲什麼沒聽清，其中一隻獅頭狗轉身回來了，仰起頭，黃老上前為它擦了嘴巴。待黃老重新坐定後，我問黃老，狗是從香港帶回來的嗎？他說是。我又問還帶回去嗎？黃老說，就留在新蓋的藏畫樓看家了。

那夜適逢鳳凰縣人民醫院一牙科大夫來為黃永玉先生治牙，採訪多次被補牙所打斷。這時黃老又回中堂坐在沙發上讓牙醫治起來。我們幾位也跟著跨進燈火輝煌的中堂。中堂沒有神龕，對門正上方大書「古椿書屋」四字，下面是一幅黃永玉先生畫的梅，配對聯句為：「理得則心安，無欲而名立。」左側是黃老的一幅國畫，題為《在河之洲》，鶴立數隻，十分傳神。

張開說此畫曾以《望鄉》為題在畫報上發過，我說，這類畫一般在東方很受歡迎。這時治著牙的黃老插話說：「西方照樣也喜歡，這就是從義大利掛曆上抽下來的！」

中堂右壁上掛著一幅幾筆勾畫的「大炮閣下」像，很傳神的。我問黃老：「這是畫的您自己嗎？」黃老忙摘下鴨舌帽說：「我是這個樣子嗎？這是鳳凰一個有名的染匠師傅。」

黃老菸癮很大，談話幾小時，他不停地從皮菸盒裡取出洋雪茄，一支接一支抽。先培君見狀，說：「黃老，經常抽煙影響身體嗎？」他說：「不曉得。反正我二十多歲就開始抽，七十多歲了，沒咳沒痰的。」其實，我和他合影留念時，只聽得他呼吸粗粗的，似有輕度的老年性氣管炎。

黃永前先生在黃老治牙時還告訴我們，黃老作息時間沒準，有時搞到深夜一兩點才睡，早上六七點鐘照樣起床入畫室。午飯時刻了，問他吃點什麼，黃老說就吃碗米豆腐吧。春節前後冰凍天，全家圍在火盆邊，黃老卻一個人侍弄著畫筆。黃老還喜歡足球，看到深夜一兩點不累，往往這時，他也總陪著坐。黃永前先生還說，黃老性格倔強，嬉笑怒罵，溢於言表。他二哥黃永厚心性直爽，那年二哥勸大哥黃老「和范曾還是要搞好關係」等語，黃老一下子火了，至今還耿耿於懷。

關於黃老畫的價格，外界相傳說，他隨心情好壞而定。心情好，畫價就低，反之價就高。張開問畫究竟要賣多少錢一幅，黃永前先生說，他要六萬元一平方尺，所以在北京幾十年，一般部長都不敢開口向他索畫。

待黃老補過了牙，張開終於開口向黃老買畫。這時黃老也認真了：「很貴的，幾萬元一張，拿了有用的錢變成無用的東西。你不是千萬富翁，我勸你不要買。讓那些有錢的來買吧！」張開問，「您老畫湘西沿河風光的那幅能買嗎？」黃老說：「那幅更貴，要二十多萬元。字畫最少也要好幾萬一張。」張開又說：「我就買您要價最低的那幅吧。」這時，深知大哥脾氣的黃永前先生用手勢止住了張開。

黃永玉先生回鄉幾個月，索畫索字者不絕，招駕勞神時，他自撰「啟事」一則，掛於中堂左壁。我曾寫過一篇關於他的小文，並錄「啟事」，文章發表後，報刊紛摘。因「啟事」頗耐玩味，特原文再錄：

啟事

本老人年過七十，久居外地，浪跡天涯，從不知錢財佳妙處，左來右去，拋擲隨意，惡習成癮，可恨之極。近年返鄉稍頻，見故鄉諸君子開發氣象恢宏，如日中天，白銀子進，紅票子出，數鈔票不眨眼，進銀行當散步，形勢喜人，一股暖流通向全身。本老朽沐此德財兼備光耀氛圍景象下，大有昨非今是之感。本老朽雖少年失教，然好學之心未泯，面對君子，豈可不學？面對佛腳，豈可不抱？聖人有云：「肚子痛馬上進茅室。」老朽，「進茅室」者，即約收繪事書法之薄酬耳：

一、熱烈歡迎各界老少男女君子光臨舍下訂購字畫，保證舍下老小態度和藹可親，服務周到，庭院陽光充足，空氣新鮮，花木扶蘇，環境幽雅，最宜洽談。

二、價格合理，老少、城鄉、首長百姓、洋人土人……不欺。無論題材、尺寸、大小，均能滿足供應，務必令諸君子開心而來，乘興而返。

三、畫、書法一律以現金交易為準。嚴禁攀親套交情陋習，更拒禮品、食物、旅行紀念品作交換。人民眼睛是雪亮的，老夫的眼睛雖有輕微「老花」，仍然還是雪亮的。鈔票面前，人人平等，不可亂了章法規矩。

四、當場按件論價，鐵價不二，一言既出，駟馬難追。糾纏講價，即時照原價加一倍；再講價者放惡狗咬之；惡臉惡言相向，驅逐出院！

五、此告示張掛之日起生效。

六、所得款項作修繕鳳凰縣內風景名勝、亭閣樓台之用，由侄兒黃毅全權料理。

黃永玉（章）手訂

一九九六年四月二日於白羊嶺古椿書屋

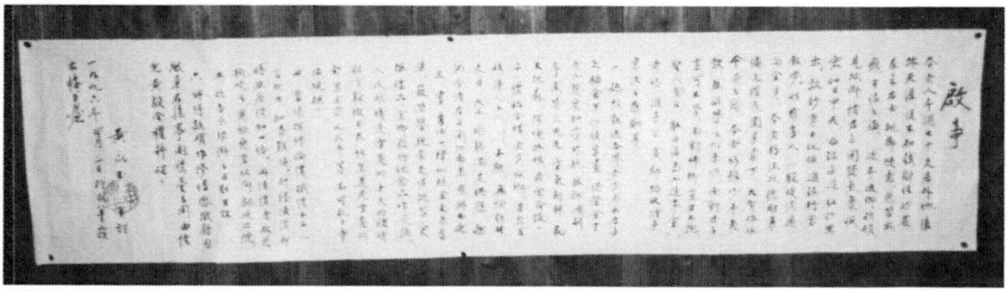

黃永玉自書的啓事

讀之，雖有幾處覺得不是滋味，但黃老笑了，說：「這是開玩笑，但又開玩笑又當真。政府有許多事情缺錢難做，照顧不過來，能幫就幫一幫……」

也許，這正是真實的黃老，也許這是黃老特有的幽默。

黃老生活在現實裡，但他卻詩意般活著……

一九九六年四月末訪於鳳凰黃宅

彭靖武與錢宗仁

彭靖武兄長我十餘歲。那天他來到辦公室，把即將付印的詩稿《風之韻》電子版給我，囑我作序。這是他四十多年間所寫詩歌之選輯，寫得如何，暫且不論，就憑其對繆斯的真誠，自愧弗如。

彭靖武兄原籍湘西保靖，早年隨父親定居長沙，上世紀五〇年代流放漵浦。一九六一年，他漵浦一中畢業，高考成績很不錯，但因父親是「國民黨上校軍醫」和所謂「地主」成分，被「不予錄取」。於是，他和幾個同學結伴盲流新疆，在疆北建設兵團的一個農場開始了自己的人生。繁重的勞動之餘，他為了尋求精神的寄託，學著寫詩。令他沒想到的是，第一次投稿便在兵團報發表了，並從此開始了一生的詩歌之旅。他說：「我深悟當時主流對詩歌的要求：誰也不能有自己的聲音，哪怕是極其微弱的——唯有大力歌頌，加入『大合唱』才是詩人的正途。這也是我們這一代詩者最最可悲的……」讀他的詩，聽他說出如此肺腑之言，除了佩服他的坦率，還敬佩他幡然有悟。其實，大而言之，文學作品都是時代的，作家也是時代的，真正超越時代的作品和作家是不多的。

「文革」中，彭靖武兄曾遭批鬥，不准寫詩；父親也被投進監獄。直到「文革」結束後，父親才平反出獄，他才有機會從新疆調回溆浦一中。教學之餘，他又拿起了久違的詩筆。當年他寫過這樣的詩句：「讓我們以邊疆的宏圖壯景，連同人民賦予的榮譽和獎賞，一起獻給偉大的祖國，獻給親愛的黨」。後來，他的詩中有「山承包了，竹子也發」這樣的句子，再後來還有「突破就是革命，突破就要改革……官僚主義還板著鐵青的面孔，層層設防，處處封鎖。『左』的幽靈還不時喬裝打扮，搖唇鼓舌，暗中作惡……」從這些詩句也可以看出，詩不僅僅是用來「歌唱」的，還可以思考和鞭笞。他退休後，以寫作為樂。六年前，作家出版社曾出版他那五十萬言的長篇小說《盲流》，寫的就是自己新疆盲流那一段生活。此書出版後引起很大反響，並不斷有人找他改編電視連續劇，但他拒絕「觸電」，繼續「我手寫我心」。除了編輯這本詩集外，他還有一本散文集《師說心語》也即將付梓。從一個盲流的青年，成為一個作家，彭靖武兄走過的路是多不容易啊！

寫這篇小序時，我還想起了同是盲流新疆的錢宗仁。論名氣，錢宗仁大得多，這當然與一九八〇年代孟曉雲寫他的一篇報告文學《胡楊淚》有關。我問彭靖武兄當年是否知道錢宗仁，他說是讀了《胡楊淚》才知道的。錢宗仁是湖南湘鄉人，一九六二年高考總分位列全省前十，考上清華大學，可政審因為家庭成分是「富農」，被「不宜錄取」。次年再考，被哈爾濱工業大學精密儀器系錄取，又因家庭成分問題被當地政府拒絕辦理戶口遷移，錢宗仁上學三個月後，哈工大不得已又讓他退學。一九六四年，錢宗仁幾次去公社申請報名參加高考被拒絕，遂於同年八月盲流新疆。到新疆建設兵團後，錢和彭靖武經歷也差不多，先是做苦工，然後當農場子校教師；同樣愛文學，寫小說，寫散文詩詞。恢復高考後，錢宗仁考上研究生，卻因年齡大了兩歲而未被錄取。著名數學家張廣厚曾為其出面說事，也未能叩動體制這堵冰冷的牆。最後，在愛才惜才的中組部副部長李銳斡旋下，一九八五年四月，錢被調到《人民日報》當記者。但由於常年積勞成疾，不到半年，錢宗仁就因肝癌病逝，時年四十一歲。錢逝世後，湖南人民出版社曾出版《胡楊淚盡》一書紀念他。十年後的一九九五年，海南出版社又出版朱正編《不要忘記錢宗仁》，收錄了錢宗仁「事蹟介紹」和「遺著選編」等。李銳作序說：「他的天分甚高……可惜他沒有得到正常的學習條件，以致一直到他去世，在所有他接觸過的領域都沒能做出大的成績。在他傾注了很大精力的高等數學方面，只中止在接受的階段，對於推進學科的發展，沒有來得及做出貢獻，還不能說是數學家。他在小說散文詩詞的寫作方面，雖說都已經達到了一定的水準，似乎也不好說是文學家……」可彭靖武兄，我們說他是作家，大致是可以的吧——他的長篇小說《盲流》，僅從其題材的開掘來說，就填補了一項空白，寫了別的作家沒寫過的生活……

我曾與彭靖武兄談起過他們那一代人的命運。他說：「我和錢宗仁是同樣的命運。都是被人鄙視的盲流，忍辱負重，苟且偷生。儘管我和他生活環境有別，他在塔里木，我在准格爾，一南一北，他一師我七師，但心靈的傷痛是一樣的，生活的感受是相通的。也許，他的心氣更高，心裡流血更多，所以儘管天才橫溢，大有可為，卻英年早逝；而我卻心氣不高，逆來順受，不能有所作為，故苟活至今。」其實在我看來，在那種非常情況下，「苟活」也是一種生存的智慧。

彭靖武和錢宗仁都是那個時代的優秀青年，不甘沉淪，奮鬥向上，但社會沒有給他們提供平等的機會。那時，除了他們兩個，還有多少出於同樣原因而盲流新疆的有志青年？五十年過去了，如果有人就此作一社會調查，我覺得是很有意義的。

但願我們再也不要因這樣那樣的理由戕害人才了。

二〇一一年四月十八日於長沙閒居齋

想起雜文界的兩位朋友

人從哪裡來？活著為什麼？恐怕沒有人說得清，但好好活著，也許是大家的想法。如果有誰不想活了，那肯定是出了問題——要麼是來自本人的潛意識，要麼是被外部環境逼迫所致。開始編「中國雜文精選」這本年選時，那天突然收到阮直兄的郵件，說「接到朱鐵志震驚的短信。《人民日報?大地》主編徐懷謙今天下午跳樓自殺（抑鬱症）」。那一刻，我懵住了。然後，想起與懷謙兄的交往。我們來往至少有十餘年了，去年我主編《新啟蒙年代：一九八〇年代的閱讀》，懷謙兄還給我撰了稿，文章標題是《提倡啟蒙，超越啟蒙——重讀李澤厚「三論」》；我每年編雜文年選，也總少不了他的文章。懷謙兄的雜文少有義正詞嚴、義憤填膺之狀，留給我的印象不溫不火，理性而冷靜。猛得噩耗，我當即回了阮直兄一句話：「真是震驚！！他怎麼會自殺？從他的文字和感覺根本看不出啊！」幾天後，我看到懷謙兄去世的震盪，覺得自己並不真正瞭解他。

懷謙兄贈我《生命深處的文字》等三本書，我也沒認真讀過，現在想來，真是虧對朋友了。懷謙兄生前曾說：他的痛苦是敢想不敢說，敢說不敢寫，敢寫無處發。其實在我看來，文章該怎麼寫就怎麼寫，無需考慮發表與否，就當「立此存照」嘛。當然，這需要捨棄，只當尋求內心的安慰和快意。也許，惟其如此，才能做到我手寫我心，寵辱不驚。然而沒有人分享自己的思考，可能會使自己鬱鬱寡歡，承受著巨大的內心煎熬。也許正如此，懷謙兄慢慢患上了「抑鬱症」……

些日子，還有網友把懷謙兄《酷的臉》中的一段話貼出來：「有人說，這是一個平庸的時代，一個物質的時代，一個愚樂的時代，一個缺乏大師的時代，可是，我們不能把什麼過錯都推給時代。一個人左右不了時代，卻可以左右自己的臉——它可以不漂亮，卻不可以沒內容;它可以很醜，卻不可以沒有個性。」看到這些，聯想到懷謙兄的身份，以及他在全國雜文大賽評委席上遭遇的「尷尬」，就不難想懷謙兄緣何得了「抑鬱症」！抑鬱症為何竟然讓人輕生去跳樓？我真不敢想像。

雜文界失去了懷謙兄是一大損失，尤其對他尚未成年的女兒和已到中年的妻子，更是無法估量的損失。他去世後，鐵志兄曾發起募捐，我也曾收到鐵志兄的短信，但我當時沒有回應。因為就在此前三個月——二〇一二年五月十一日，《雜文報》資深編輯李恩柱兄突然病逝，終年五十。說起來，我和恩柱兄交往不比懷謙兄早，但我們來往更多一些，除了郵件，還有電話、短信不斷，尤其是他對「中國雜文精選」的支援，幾乎每年的序文，他都為我「廣而告之」。恩柱兄供職地方小報，影響不及懷謙兄大，再加上他不是以主動方式結束生命，因而沒有產生大的震動。他去了就去了，也沒有人想到為他讀大學的女兒和年近五十的妻子做點什麼。可是對朋友，我不能厚此薄彼，似應同等相待。

恩柱兄生前，女兒大學畢業想發篇論文，曾托我找適合的雜誌——哪怕交點版面費也願意。我知道他並不寬裕，儘量讓他不花錢。最後找到一家相關專業雜誌，那位主編與我曾有交誼，二話沒說，慨然答應不收費發表，恩柱兄就說「全托老兄之福」了。恩柱兄去世前文章還沒發出來，我都擔心了，好在那位主編朋友還夠義氣，兌現了承諾。

恩柱兄編雜文寫雜文，雖然沒出過書，但在業界知名度很高。四年前，《雜文報》多人來長沙參加「許家祥雜文研討會」，我以為會見到他。去後劉晶等兄告訴我，說恩柱兄「因腳有點不方便」，一般都不出去，辦公室一周也才去一兩次。石家莊我有不少朋友，心裏正盤算著找機會去看他一次，哪知未等成行，恩柱兄卻去了天國，豈不悲哉？

「善有善報，惡有惡報。」這其實是欺騙和麻醉人的。我見到的，往往是「惡人總不死，好人總先亡」。我們失去了恩柱和懷謙兩位仁兄，對雜文和雜文陣地是無法挽回的損失。

逝者不可追，來者猶未卜。願雜文界的新老朋友們，好自珍惜，有些事，望眼欲穿終不得，但說不定哪天一覺醒來，說變就變了。想透了，文章少寫多寫無所謂，寫了發不發也無所謂。好好活著——為自己，也為自己的家人，才是最重要的。

二〇一二年十一月二十二日於長沙

悼念蕭金鑒

那天晚飯後，接到唐巍先生短信，說「蕭老師於今日下午二時三十分辭世，追悼會定於二十三日晚在其住所社區內舉行」。當時我猛地一怔，以為北方那位身體也不太好的「蕭老師」走了，於是馬上給唐巍先生打去電話。因為加撥了「0」，怎麼也打不通，只得回覆短信問是哪位「蕭老師」，答曰「蕭金鑒老師」。

蕭金鑒先生是老報人。我認識他許多年了，前些年我們常在特價書店見面，碰到總免不了聊起書。看到他大包小包的買，就問他家裡怎麼放得下，老伴囉不囉嗦，他說自己河西還有一套房子專門放書。後來蒯高毅先生告訴我，他嗜書如命，隔個三五天不去書店，就過不得。他走了，「天涯讀書」第一時間貼出訃告：「藏書家蕭金鑒先生逝世。」我這才知道，別人早稱他「藏書家」了。

我住在政協大院時，蕭金鑒先生是來過我家裡的。我並送過他一本小書。記得那次他還借了我幾本書去，硬要寫上借條，以誌備忘，後來當然都還了。我每每碰上他，都聊書，總說我下次一定要去他家看看藏書，可自己總有忙不完的煩瑣事，終於沒有去。聽蒯高毅先生說，他孩子不搞文化這一行，不知他走了後，家人又將會如何料理他的「書事」。

寫這篇小文時，我又給唐巍先生打了電話。唐巍告訴我，蕭金鑒先生知道自己來日無多時，曾寫遺詩曰：

我在大河西
長眠青山裡
這兒是多麼的寧靜
能聽到書友
讀書的聲息……

然而，我覺得蕭金鑒先生還是一位編輯名家。他雖沒編過什麼有影響的圖書，但他退休後的編輯生涯是值得一寫的。《書人》和《文筆》這兩本民刊，就是在他手裡搗鼓得像模像樣的。雜誌編得有品位，國內一些文化名流的稿子，他都拿得來。我有幸讀到《文筆》，當然得感謝他向主事者提供了我的地址。我不是一個善於保存資料的人，但書房裡仍能找到這兩份雜誌——雖不敢說完整保存著，可至少還有若干本。《書人》是他一手創辦的。原為一家民營書店出資辦刊，後來這家民營書店不想「玩」了，他心有不舍，找到嶽麓書社繼續出資辦刊。

從這詩裡，也可以讀出蕭金鑒先生對書的熱愛和對死的坦然……

他辦《書人》時曾向我約過稿，我給他發去〈一萬與六萬〉的短文，他回覆說「這個稿子很有意思」，但後來又不見發出來。文章很短，不妨照錄如下：

半個多世紀前，重慶有兩個黨報：一個是共產黨的《新華日報》，一個是國民黨的《中央日報》。多年前，我曾在《讀書》雜誌發過一篇談《新華日報》的文章，文中說當時執政的國民黨《中央日報》占盡便利，但發行量僅一萬多份，而在野的共產黨的《新華日報》發行量最高時竟達六萬份。

一萬和六萬，兩個數字很能說明問題。

那時國民黨是如何管理黨報的，我未作過專門研究，但從以往的閱讀印象裡也可略知一個大概。國民黨口口聲聲「黨國的利益」、「總理遺訓」和「三民主義」，很是中聽。實際上呢？恐怕不是這樣。它怕丟權柄，怕在野，對於言論之類，慎之又慎，哪些能報導，哪些不能報導，哪些暫緩報導，哪些嚴禁報導……諸如此類，條條框框，我想應該是有的。正因為如此，《中央日報》的活力被完全扼殺了，登出來的要麼是假話廢話，要麼是黨話官話。說的是一套，做的又是一套，這樣的報紙當然沒人看。而共產黨的《新華日報》，卻是竭盡全力「傾聽人民大眾的心聲」，理直氣壯地「為老百姓說話」，所以老百姓都喜歡它。

一萬和六萬，還值得多說幾句。那時國民黨政府奉行的是「黨國一家」，「國產即黨產」。我想，發行這一萬份，恐怕大都是國費訂閱的。國費訂閱的，大都是可讀可不讀的——因為其可信度，大家早就心知肚明。所以要說這一萬份的閱讀率，還真不好說。《新華日報》沒有「天時地利」，惟有「人和」，惟有靠說真話吸引讀者。國民黨的貪官污吏，土豪惡霸和鄉保長的為所欲為，國際國內的問題，中國的現實危機在哪裡，等等，它都不迴避。所以當時聚集在重慶的各界精英，甚至相當一批國民黨政府官員，都在偷偷地看《新華日報》。《新華日報》這六萬份，都是靠讀者自願購買的，其閱讀率自然不可與《中央日報》同日而語。我曾在一本書裡看到，共產黨只用三年時間就把國民黨趕到臺灣島上去了，這是毛澤東和蔣介石都沒有想到的。其實，這個結果是偶然也是必然。

一萬和六萬，還給人啟示：再怎麼說自己如何如何，都是空的，因為老百姓只相信看得見摸得著的。老百姓心裡自有一桿秤。

當時因何沒發出來，蕭金鑒先生沒有告訴我，我也沒問。如今我想，原因大致就是這些吧：一是我說話方寸把握欠妥當——其實此文後來在《雜文月刊》發了，上海的《報刊文摘》也摘了；二是被他的審稿上司拿下了（他有無審稿上司，至今我也不知道）；三是他有報人的自律經驗，凡事穩妥為上。當然，這些都只是猜想。《書人》和《文筆》是有其個性的，從它們一貫的風格看，大都傾向於閒適、清淡，而我的口味略重一些，可能真的對它們不是很適合。再說，什麼文字拿來都發，那可能就不是《書人》和《文筆》了。

我們都是做編輯的，文章沒發表，當然無所謂。我們見面，依然聊些書話。這些年，我編了些書。他說買過我編的書，但很可能是客氣話，而他留意我做些什麼倒是真的。我曾為花城出版社編《中國文史精華年選》多年，有一次，他在定王台書市打來電話問我：「你那本文史年選還在編嗎？怎麼沒看到？」他是看到花城版的小說、散文、詩歌、報告文學等年選了，而獨不見「文史」才打來的，因為他不知道，「文史年選」每年都有「送審」這一環節，所以書來得稍慢一些……

我現住星沙，蕭金鑒先生住賀龍體育場附近一社區。我沒車，晚上開追悼會沒去。假如九泉有知，不知他怪我不夠朋友否？今撰小文，以為悼念。

二〇一二年三月二十四日於長沙閒居齋

書裡書外

還得「回到蔡元培」

楚漁先生著《中國人的思維批判》是一部大書。所謂大，並非篇幅之大，而是它所闡述的問題之大。作者把我們司空見慣的現象上升到理論，徹底顛覆了傳統的主流觀點，說中國社會落後的根本原因，並不是如思想界所公認的「兩千年封建專制統治」、「儒家思想的文化桎梏」、「社會制度和社會體制」等，而是傳統的思維模式阻礙了中國的進步。不管是否贊同其觀點，恐怕誰都不得不正視他所提出的問題。本書二〇一〇年初版，《南方週末》年底盤點新書，記得楊奎松教授就推介此書。當時本想找來拜讀，但俗務纏身，就放下了。今弄來一個二版，讀後頗有共鳴，也有話想說。本文只想就《改造中國人傳統的思維模式是我國教育的頭等大事》一章，談點感想。

楚漁先生說：「我們的教育不是在培養人才，而是在培育庸才，培養缺少思辨能力的、只能按教科書規定的套路去鑽的工匠式的人才。」（《中國人的思維批判》，人民出版社，二〇一一年四月二版，九八頁。以下只注明頁碼）此言可謂一針見血，直指問題的要害。「我們的僵化教育，從學前兒童就開始了，幾歲的孩子，正是活潑好動的時期，這個時期也是兒童探索未知世界、拓展自己的智力空間的黃金時期。但卻被我們的家長們逼著去學這個年齡段不該去學的東西：識字、英語、彈琴等（個別特別喜歡幹一件事的除外），有些還要背什麼唐詩三百首等，就這樣活生生地扼殺了孩子們拓展智力空間的能力。我們一些所謂的兒童教育家，制定了一整套的扼殺孩子天性的教育方法，把兒童未來的潛力和智力從小就扼殺在搖籃裏。」（九八、九九頁）應該說，楚漁先生的觀察是準確的，也是長久以來中國基礎教育的頑疾。

二十多年前，鄧小平說，我們最大的失誤在教育。今天我們總在追問中國為何沒有出大師、沒有出諾貝爾獎獲得者？楚漁先生的回答是：「我們的整個教育理論包括學校的教育模式，從兒童期間就扼殺了孩子未來的創新和思維能力。我們的教育體制，也是全套引進西方的……但是我們卻用中國式的僵化思維模式來對待鮮活的西方傳來的教育模式。中國的這種教育體制，很難培養高素質的具有首創精神的人才。」（一〇二頁）中國教育照此下去，一百年也出不了大師！

有位叫高低的雜文家，以日本和中國就「甲午戰爭」出的中學歷史試題寫過一篇好文章。在中國，關於甲午戰爭的試題，無外乎「甲午戰爭是哪一年爆發的？戰後簽訂了什麼條約？割地賠款的情況如何？」題目、答案都是現成的，教科書裏有，學生死記硬背就行了；但考試一過，大都忘了。而日本試題卻不同，如：「日本跟中國一〇〇年打一次仗，十九世紀打了一場日清戰爭（我們叫『甲午戰爭』），二十世紀打了一場日中戰爭（我們叫『抗日戰爭』）。二十一世紀如果日本跟中國開火，你認為大概是什麼時候？可能的遠因和近因在哪裏？」有位日本高中生回答說：「我們跟中國很可能在臺灣回到中國以後有一場激戰。臺灣如果回到中國，中國會把基隆與高雄封鎖，臺灣海峽就會變成中國的內海，我們的油輪就統統走右邊。這樣，就會增加日本的運油成本。我們的石油從波斯灣出來跨過印度洋，穿過麻六甲海峽，上中國南海，跨臺灣海峽進東海，到日本海，這是石油生命線。中國政府如果把臺灣海峽封鎖起來，我們的貨輪一定要從那裏經過，我們的主力艦和驅逐艦就會出動，中國海軍一看到日本出兵，馬上就會上場，那就打！按照判斷，西元二〇一五年至二〇二〇年之間，這場戰爭可能爆發……」

不論在二〇一五年至二〇二〇年中日戰爭會不會再次爆發，不論日本的那位高中生說得對不對，至少人家的回答動了腦筋，有自己的見解和思考。反觀中國，年復一年機械地出題答題，早已使學生喪失了思考問題的機會和能力。所以，深圳有「梧桐山裏的私塾」，湖北東南部鄉下小鎮有臨時的「立人大學」……這些學校的出現，就是對現行教育體制的反叛——前者大都是三至十二歲的孩子，在私塾裏讀的是孔孟老莊等國學經典，外加一天一小時讀英語；後者學生都是高中生或是大學裏的在讀生。前者是對基礎教育的不信任，後者是對大學教育的徹底失望……

楚漁先生說，改造中國人傳統思維模式是我國教育的頭等大事。這種認識無疑是準確的，也是必須的；但仔細一想，它只是揭示了問題的表象。有人說，他沒有深入地闡釋教育與科學、教育與民主的關係，我也有此同感。八年前，楊東平教授出版《艱難的日出——中國現代教育的二十世紀》（文匯出版社，二〇〇三年八月版），我曾寫過一篇讀書隨筆〈回到蔡元培〉。蔡元培是我國現代教育的奠基人。在學術上，蔡主張「仿世界各大學通例，循『思想自由』原則，取相容並包主義」，主張「圓通廣大」，「無論為何種學派，苟其言之成理，持之有故，尚不達自然淘汰之運命者，雖彼此相反，而悉聽其自由發展」。蔡元培在〈教育獨立議〉中說：「教育是幫助被教育的人，給他能發展自己的能力，完成他的人格，於人類文化上能盡一分子的責任；不是把被教育的人，造成一種特別的器具，給抱有他種目的的人去應用的。所以，教育事業當完全交與教育家，保有獨立的資格，毫不受各派政黨和各派教會的影響……」蔡元培的這些思想，成了知識份子這一百年裏始終追求的理想。

一百多年前，我們的前輩提出「科學救國」、「教育救國」，而今我們的口號還是「科教興國」，當然令已進入「世界民族之林」的我們多少有幾分尷尬！實話說，「教育問題」從來就不是教育本身的問題。如果我們不在教育體制、教育理念及考試制度上做根本的改革，中國教育的成敗是不言而喻的。

美國思想家加爾布雷思曾說，「一個國家的前途，不取決於它的國庫之殷實，不取決於它的城堡之堅固，也不取決於它的公共設施之華麗，而在於它的公民的文明素養，即在於人們所受的教育……」幾十年來，我們習慣於用大而無當的虛化的道德教育去培養「接班人」，結果培養出了成克傑、胡長清、李真這樣的數不勝數的貨色。我們一直要孩子「誠實」，告誡他們以「誠信為本」，但有篇高考滿分作文居然是虛構的，明明是活著的母親，「滿分作文」卻說母親死了。記得我孩子讀高一時，作文喜歡實話實說，可老師的批註要麼是「立意不高」，要麼是「觀點欠正確」。孩子回來問我：寫作文為什麼不能說真話呢……這些，難道不應引起教育當局以及全社會的深思嗎？

我們的困境是深層次的，有來自制度的、理念的等等。如何完成現代教育轉型？楊東平先生說，二十世紀「二、三〇年代由五四知識份子開創的現代教育運動，奠定了現代教育的基本價值和思想資源」。在那一代開創者中，尤其如蔡元培者，無論是在教育理念上，還是在教育實踐方面，都是傑出的。所以我覺得，教育要走出困境，僅僅改變思維模式是不夠的，恐怕還得「回到蔡元培」！當然，我還是欣賞《中國人的思維批判》這本書的，因為它在當下「有限的語境」裏，選擇這個角度剖析「中國問題」，也實在是一種智慧。

卑微如我者：一個小小的奢望

——我與「新史學叢書」

去年廣東人民社成立六十周年，約我寫點文字，這當然讓我想到自己主編的「新史學叢書」。四年前，這套叢書在廣東人民社出版第一輯，如今已出了三輯，近二十種，其中李南央編注的《父母昨日書——李銳、范元甄通信集（一九三八～一九四九）》（上下冊）、高華的《革命年代》、楊奎松的《民國人物過眼錄》、蕭功秦的《危機中的變革：清末政治中的激進與保守》、智效民編著的《民主還是獨裁：七十年前一場關於現代化的論爭》、王彬彬的《並未遠去的背影》、笑蜀的《大地主劉文彩》等，市場反映熱烈，有的一再加印。在嚴肅圖書慘澹經營的當下，此叢書能有如此表現，也算一個小小的意外了。

回想我與「新史學叢書」的出版，感慨頗多。這套叢書第一輯八種編好後，曾遊走了三四十家出版社，有的出版社編輯對書稿根本沒感覺，有的出版社編輯對書稿很感興趣，但等到的結果卻是他們領導「不想做這類書」。直到二〇〇七年夏，我找到廣東人民社編輯余小華女士後，這套叢書才算有了轉機。通過幾次電話交流後，覺得余小華女士正是我要找的編輯。

出版過程雖一波三折，但最後總算做成了，並作為廣東人民社的長線書還在做。當然也留下一些遺憾，如沈志華的《十字路口：一九五六～一九五七年的中國》，本來擬在二〇〇八年底第一輯推出的，可至今還沒印出來。為了此書能夠順利通過審讀，我們先是讓沈先生自己找權威的黨史專家（中央黨史研究室副主任章百家、國防大學教授林蘊暉）審讀他的書稿，各自出具了審讀意見，然後報出版總署和中聯部審讀。在這漫長的過程中，我與章百家、林蘊暉兩先生有了聯繫，多次催問審讀進度。兩長者也不厭其煩，每信必覆，令我感動莫名。但卻令我意外的是，沈著按照程序審讀完了，沈也按照「審讀意見」做了修改，本應在「新史學叢書」第二輯推出的，然而相關部門又節外生枝，要求「再過一次程序」，致使該書至今還在「過程序」中。這也是叢書主編和責編的一種無奈，當然更是作者的無奈。

還有留下遺憾的是徐慶全先生的《名家書札與文壇風雲》（中國文史出版社二〇〇九年五月版）這部書稿。徐先生在本書「後記」裏寫道：「二〇〇六年三月，經過向繼東和原在廣西師範大學出版社擔任編輯的周筱贇博士的慷慨無私的努力，這本小書才最終形成了或可令人滿意的體例。」徐先生是周揚研究專家了，他這部書稿主要通過丁玲、趙樹理、夏衍、胡風、常香玉、俞平伯、聶紺弩、劉白羽、臧克家、陳學昭、葉聖陶、翦伯贊、陳望道、陳荒煤、樓適夷、胡喬木等致信周揚的解讀，再現了建國後前三十年的文壇風雲。我很喜歡這本書，但它先與我主編的「回望文叢」（廣西師大出版社出版）擦肩而過，後又與「新史學叢書」失之交臂……

這套書為何要叫「新史學叢書」？記得廣東人民社蕭風華先生曾來信說：「新史學是個模糊的命名，法國年鑒學派後這個名稱被廣泛使用，我們這裏譯文出版社一九八九年推出了國外的《新史學》，臺灣也有《新史學》雜誌，在總序上我們應該把這個大致的定義和範圍界定一下，是在怎樣的意義上來用這樣一個概念……」我告訴蕭先生說：你提到的「新史學」與我想編的「新史學」，其實完全不是一個東西，我只是借用了這個「名頭」。後來，我在叢書總序裏說：「我們希望這套叢書不同於象牙塔裏的高頭講章，要讓普通讀者有閱讀的興味；要討論一些真問題，雖不必讓所有讀者都同意你的說法，但至少要引發他們的思考……」「當下，有真學問的史家也許不少，可要在現有條件下，推出一套適合普通讀者閱讀、對當下一些真問題有所回應的史學書卻並不容易。組來的書稿，因為這樣那樣的原因，有的只能暫且擱置……這套書也就成了並非嚴格意義上的史學叢書，而是一套比較開放的叢書——無論何種寫法，無論何種體裁，只要有新的材料，或是有新的見識，都拿了進來……」叢書陸續出版四年多來，從市場和媒體的反映看，關注度極高，各大有影響的報刊上，不斷刊登「新史學叢書」的批評文章。

由此叢書的出版，我還想到當前出版界的一些問題：

在同等的出版條件下，這套書稿走了那麼多出版社，有的出版社編輯甚至是通過我朋友找到我，要我給他們組編書稿，並提出他們的要求，表達「求稿心切」之情；可一旦把書稿拿去了，不是久久沒有音信，就是「書稿我很喜歡，領導正在審讀」。而「領導的眼睛總是雪亮的」，明明你覺得完全可以做起來的書，他卻「火眼金睛」看出問題來，不是「暫緩」，就是「暫不宜做」。我們追求「免於恐懼的自由」，而有些出版人往往「自生恐懼」，好書無心做；見了真正的好書，猶如葉公好龍。所以從這個層面來說，我是佩服廣東人民社當局的，因為他們還算有膽有識。

幾年前，《雜文選刊》的朋友曾邀我筆談雜文。我說：「最好的雜文是那些沒有刊布出來的，最精彩的段落和句子是那些不得不被刪除的。」其實，當下搞出版也可套用這句話：最好的書是那些不能出版的；書中最精彩的段落和句子就是被編輯不得不忍痛割愛刪去的。有出版社的朋友曾與我討論：究竟什麼樣的書才算好書？我說：只有討論真問題，才有真學問。還有，少說假話、空話、套話，說一點真話，就是好書了。現在出版業貌似「空前繁榮」，但只要走進書店一看，大多是教輔教參；此外便多是什麼發財秘笈、智慧全書之類。我生活的這個城市，據說有全國知名的「出版傳媒集團」，很主流的媒體宣傳說，每年是多少多少碼洋。恕我直說，那些「碼洋」其實大抵就是一點紙漿價值而已。

哪些書能出，哪些書不能出？這個問題很糾結。我在一個紙媒供職，有時也去聽「打招呼」。我覺得，如果老老實實按照上面要求去做，那只有全盤照抄新華社，或者報館關門大吉。搞出版也許一樣，如按照上面的條條框框規定，恐怕能出的就不多了。我們曾屢被告知，敘說歷史一定要以什麼什麼為準，好像標準答案全都有了。如真的是這樣，所有的「歷史研究所」不是都可以撤銷嗎？大學裏的歷史專業也可以不要了，因為歷史無需研究了，背記「歷史知識」的活兒中小學就該完成了，再設歷史專業豈不是浪費？

作為一個出版人，關鍵是要有膽識。我所說的有膽有識，其實「膽」是建立在「識」的基礎上的，絕不是膽大妄為去「闖紅線」。如「新史學叢書」第一輯中的《父母昨日書——李銳、范元甄通信集（一九三八～一九四九）》、第二輯中的《革命年代》，應該說都是很不錯的書。前者厚厚兩大本，是記錄兩位革命人相當典型的個案原始材料。有研究者說：「這套書能做很多博士論文。」這話沒假，譬如「延安整風運動是怎樣進行的」，「人是怎樣被改造的」，「革命年代私人生活是怎樣的」等都是極有意義的論題。後者作者高華，是具有國際影響的著名現代史學者，其著作《紅太陽是怎樣升起來的》和《身份和差異：一九四九～一九六五年中國社會的政治分層》在國際學術界影響巨大，但因為這樣那樣的原因，其著作在國內出版還是首次，一年多時間裏，《革命年代》就加印五次，發行兩萬多冊，現已出了本書《典藏版》，印刷十多次，累計發行四萬餘冊。

高華先生於去年十二月二十六日英年早逝，要是沒有《革命年代》的出版，那一代歷史學家竟然沒能在中國大陸出過一本書！我很幸運，幫助他在廣東人民社出版了《革命年代》。高華先生在此書後記中也說：「我要特別感謝《新史學叢書》的策劃人向繼東先生。我與向先生素未謀面，他在電話中熱情相邀，當時我因母親病重，沒有心情和精力整理文稿，是向先生一再催促，才使我堅持下來。他還對如何將我的文章結集，提出了很好的建議，促成了此書選題的落實。可以說，沒有他的熱情，就沒有這本書的問世。」作為一個喜歡弄點出版的人，我也感到欣慰。

當然，我也知道「新史學叢書」不會成為暢銷書，但絕對是值得讀者信賴的。我想，二十世紀的歷史，二十一世紀上半葉也許還沒有寫出信史的條件，但「新史學叢書」會在有限的話語空間裏，盡可能留下接近信史的東西。

這也是卑微的我，生命中一個小小的奢望。

二〇一二年四月於長沙，次年三月修訂

雜文需要誠實和良知

——《二〇〇八年中國雜文精選》序

什麼是雜文？說法萬千。有人說：雜文屬文學。比較主流的聲音也持這個觀點。我卻未敢苟同。

上世紀八〇年代，文學曾經很紅火了一陣，凡識字者，茶餘飯後，幾乎開口即問讀過什麼小說，甚至徵婚廣告也不忘加上「愛好文學」。如今文學已成明日黃花，邊緣化已是不爭的事實。近十多年來，大牌的文學叢刊或文學期刊，生存艱難。尤其是有的省級文學期刊，幾乎成了零發行，但因有一定的財政撥款支撐，刊物仍在辦，陣地卻成了幾個同人的，自得其樂地在玩。記得在兩年前的一個飯局上，我問一位在文學期刊供職的朋友發行如何，他伸出四個指頭讓我猜，我先是猜四千份，然後猜四百份……，最後他告訴我：「郵局訂數四份。」寫這篇文字時，又讀到《譯文》停刊的報導，得知目前全國有上千種純文學期刊，而能維持正常運轉的不到一百種，發行量過萬份的不超過十種；一些省級文學期刊的發行量不過兩三百份。緣何如此？我想主要有兩個原因：一方面與我們的作家創作本身有關，另一方面與社會大環境也有關係——人都變得浮躁了，生存壓力加大，誰還有閒欣賞文學？可奇怪的是，雜文卻呈現出另一番景象。最具代表性的是一本八〇年代末創刊的《雜文選刊》，由月刊到半月刊，再到旬刊，發行量已突破三十萬份。

為什麼雜文一枝獨秀？因為文學往往虛構，難免粉飾，而雜文卻是直面生活。在這個浮躁的時代，它也許能使人得到一種發洩的愉悅；愉悅之餘，或給人以啟迪和希望、以及面對生活萬象的勇氣。有人說，雜文是處在文學邊緣的一種文體。我覺得這是有道理的，否則就難以解釋其「一枝獨秀」現象了。

雜文現狀如何？我的回答是：乏善可陳。在雜文萎縮的當下，一種叫「時評」的文體卻大行其道，充斥著各大報的版面，煞是好看，但真正有見識者寥寥無幾。正如葉匡政先生在《南方週末》撰文所批評的那樣：「時評，正在成為一種腦殘文體，而且塑造著一種腦殘邏輯。讀者面前堆滿了文字，卻依然找不到任何思想的出路。」雜文，尤其是思想、文采兼具的好雜文躲到哪裏去了？難道真的是沒有刊布出來的那些？

近讀狄馬先生一篇「關於隨筆和雜文」的文字，頗有同感：現代雜文經魯迅鍛造以後，基本上形成了一種特定的屬於反抗者的文體，其主要是用諷刺的手法來批評社會現實，批評妨礙我們走向文明進步的陳腐觀念。魯迅先生學貫中西，博聞強記，將雜文之「雜」發揮得淋漓盡致，或借古諷今，或指桑罵槐，或聲東擊西，或言近旨遠，往往信手拈來，皆成佳構……今人怎麼學都不像。根源在哪裏？狄馬先生說：

當今的雜文家因為讀書太少，知識面窄，當然就談不上建立知識之間的廣泛聯繫。因而大部分作者——包括國內那些名頭很響的作者，做起文章來也只是就事論事，發一通牢騷，說兩句怪話而已。再加上篇幅的限制，也由於缺少理性思維的習慣，雜文就只能是憑一腔道德熱情，義憤填膺地說兩句大而無當的「正確話」罷了。……久而久之，在普通讀者的心目中，雜文就是「砸」文，它的重要標誌就是怪怪地說話，雜文家就是牢騷滿腹，見誰都不順眼的主兒——好像天兄下凡的楊秀清。當然，這些痼疾有的是因為篇幅的限制，但更多的是雜文家自身修煉不夠，而非雜文的「原罪」。／說到底，雜文是一門級別很高的藝術。一個雜文家要想在尺幅之內表現出深刻的思想、高超的見識，遠非一般人想的那麼容易……

我想，狄馬先生這樣說，也許並非主張「雜文高不可攀論」吧。雜文易寫，而雜文又難以寫好倒是大實話。雜文是帶血性的文字，來不得半點的虛偽、矯情和做作。雜文家不是「天兄」，不是不食人間煙火的「聖徒」，但確實需要誠實和良知。

有網友說：「雜文是『反動』的。它的『反動』其實就是其固有的『革命性』，雜文不喜歡歌功頌德，雜文的魅力就在於想人之未想、發人之未發的那種求異性思維，雜文從其誕生的那天起就已經決定了它的啟蒙性、戰鬥性、修復性和重構性的社會功能。」此言似有誇大雜文作用之嫌，但其觀點大體還是站得住的。

最後還得交代一下，這本年選也許不是文學，不是美文，但是直面現實問題的。一切思考著未來的朋友，如果讀了得到一點什麼，就是對編者的最大安慰。

去年我把本書分成「世相」、「雜感」、「隨想」、「溫故」等五輯。今年照舊，只是將最後一輯「新觀察」改成了「新視點」，編輯思想沒變，是想收錄一些觀點性的文章。恕我坦言，這一輯編輯難度最大，也最吃力，本來編了二十多篇，但過五關斬六將，僅剩寥寥數篇了。是作者見解問題嗎？不，作者多為飽學之士，或學者或名流大腕，也許是學問一流、說話技巧三流，大多過不了關口。我們的生活邏輯有許多方面是逆淘汰的，文章命運也如此。悲乎？噫嘻！

二〇〇八年十一月二十五日於長沙

在燈紅酒綠之外
——《二〇〇九中國民間記事年選》序

從民間視角看，二〇〇九年的大事，至少應該有巴東鄧玉嬌案、通鋼陳國君之死、「石首再度失守」、烏魯木齊「七·五」暴亂、還有重慶的打黑風暴……

這本小書，不可能記下當年發生的全部，但還是能看到一個大概：與二〇〇八相比，二〇〇九是平凡的，可又是不平凡的。去年汶川地震大災難，收文數篇，幾成一輯；今年僅錄一篇：《映秀：臨時與永恆》。地震一年之後，「眼下的映秀：一個住在板房裏的小鎮，一個什麼都是臨時的小鎮」，讓人感歎人力之渺小，也有幾分無奈。「從某種意義上說，映秀鎮目前並不存在」——讀到這樣的句子，確實有點兒蒼涼。

二〇〇九最大的盛事是國慶六十周年。這個慶典，首先是以「中國不高興」為鋪墊的，然後是全民上演愛國大排練，盛況空前。打開本書首篇《北京六十大慶》，你不得不感歎：我們的國家是夠強大的！你看那電視轉播的場面，天上飛的，地上走的，氣勢空前絕後，恢宏而非凡。如果沒錢，是絕對做不出來的。同時也得承認：這樣的氣派是以制度背景作支撐的，世界上能做到的國家也是極少的。尤其是安保網路，層層動員，層層設防，「蚊子飛過，也要打下來」，要多少人力物力啊！說實話，我讀過這篇報導，心裏五味雜陳。我們是強大了，可我們仍然面臨許多矛盾和問題。隨著改革的深入推進，社會加速轉型，由企業改制、土地徵用、房屋拆遷、環境污染、涉法涉訴等引發的矛盾衝突仍然很多，相伴而來的信訪問題就令基層幹部十分頭痛。如收入本書的《湖北房縣「民辦教師法制培訓班」調查》、《江蘇響水：上訪者被強行抓進學習班》就很值得一讀，特別是附篇《透視五花八門的「非正常息訪」亂象》，讀了真不知說什麼好。有的基層幹部為了完成上級交代的「息訪」任務，想出種種怪招：如人盯人、陪吃喝、「塞紅包」、免費旅遊，或是「送低保」、「搞公關」，或是「截訪」等等。其實，「花錢買穩定」是個「無底洞」，花錢也買不來穩定。

著名三農問題專家于建嶸先生認為：「用錢來人為堵塞信訪渠道，首先會造成民眾的不信任，並有可能促成政治激進主義」，同時也「破壞了信訪民眾對公平正義的追求」；其次，「花錢買來的穩定是種假像，它不利於中央真正瞭解基層的情況，影響國家政策的形成和調整」；三是「賄買」、「收買」信訪者的金額沒有客觀的標準，在一定程度上提高了信訪民眾的期望值，客觀上鼓勵了「信訪釘子戶」的產生，容易在信訪民眾間造成互相攀比的心裏。今年，中共中央辦公廳、國務院辦公廳轉發了《關於領導幹部定期接待群眾來訪的意見》等三個文件，規定領導幹部要接訪、下訪等，並從制度上明確了地方黨政主要領導的信訪責任，還將下訪列入其工作考核目標。因此，隨著信訪責任制的力度加大，某些地方甚至出現對信訪群眾的打擊也隨之升級，比如送精神病院、送勞動教養、強制辦學習班等，直接剝奪信訪群眾的人身自由，或者迫使其寫下保證書，保證不上訪不告狀。其實，從另一角度看，讓「領導幹部親自接待群眾來訪，本身就是一種與現代國家管理職權化原則相背的制度。現代國家最重要的規則之一，就是各司其職，各負其責。如果主要領導可以隨意對下面職權部門負責的事情指手劃腳，最終的結果就是無人負責。」（於建嶸語）如此，問題可能會越來越多。

本書「吏治」一輯，也許你自會讀出心得：我們的政府是如何重視懲治腐敗的，揭露出一個又一個貪腐的官員，並繩之以法；但從「世相」一輯中，你又會看到有些官員是怎樣的為所欲為、怎樣的失信於民，以及整個社會的誠信淪喪，連學術殿堂也充滿了令人窒息的銅臭。使人不得不發問：我們的社會還有救嗎？與此相呼應的是，處在社會最底層的占絕大多數的普通民眾，他們生活日艱。有七旬老頭因為養老無著，流落街頭「搶劫」，為的竟是入獄好「牢有所養」；有身患重症而又無法得到起碼治療的青年，也毅然選擇「搶劫」入獄，來換取免費治療，以他自己的話說，「搶劫就是為了治病」；有象牙塔裡愚蠢得搶劫銀行的可憐的窮孩子；有無力支付巨額醫藥費的尿毒癥患者，靠自發組織起來，自費購買透析機維持生命的艱難群體；有一一等待死亡的塵肺病人……還有靠木梯和一個滑輪橫渡怒江索道、或是被凍死「在風雪埡口附近的電線杆下」的怒江的孩子；還有那些種大麻竟然不知為犯法的麻木的吉西農民；還有熟讀《莊子》、遭遇理想危機而永遠失蹤的鄉村青年……

面對這一切，身處燈紅酒綠、一片歌舞昇平的都市，我無法寧靜，又無可奈何。我只能對他們深懷悲憫之心。此刻，寫下這懦弱的文字，只希望引起「食肉者」拯救的注意。我們已經實施了許多善政，如城市有低保，有失業救濟，農民免稅、年滿六十周歲的農民將實行退休等等，可我們的惠民政策是否可以更多更大一些呢？前不久，在中部某省參加一個學術座談會議，偶遇中部某市市長。因是故交，會議結束出場時，他竟一拍我肩頭說：「老向，當初我們共產黨革命目標之一就是消滅貧富差別，可如今，我們貧富差別已越來越大了；富的富得驚人，窮的吃飯都成問題……」我本想向他討教，多聊幾句，但見他那麼匆忙，轉眼間進了等候他的小車。我只得望著遠去的小車，想像他良知未泯……

最後還要交代一句，本書是以純民間立場來編選的，強調憂患意識、問題意識和人文關懷，是一切關注當下中國問題而又想瞭解真實中國的一個好讀本；同時，也是不甘於只會寫「本報訊」的媒體人的最好讀本。如果你能耐心讀下去，「人物」一輯或許更值得讀。一個人物，一個世界，既有大人物的描述和表達，又有知識份子的思考，還有被淩辱的小人物的無奈「瘋狂」。「新知」一輯，初看也許是為了吸引眼球，其實正是中國與世界、或是站在中國看世界的一個視角，除了增長見識，也許還另有所獲呢。

二〇〇九年十二月上旬

（《二〇〇九中國民間記事年選》花城出版社二〇一〇年一月出版）

也是為了「一種憑弔」

——《新啟蒙年代：一九八〇年代的閱讀》序

大約十年前，我曾寫過〈一種憑弔〉的短文，說的是有關作家何士光的書事。上世紀八〇年代我做著文學夢，喜歡讀何士光，他的小說大都讀過，印象深刻。大概是兩千年吧，在一特價書店見到何士光的小說集《蒿里行》。書是海南出版社出的，裏面收了〈草青青〉、〈青磚的樓房〉、〈薤露行〉、〈蒿里行〉、〈苦寒行〉、〈種包穀的老人〉、〈喜悅〉、〈日子〉等十多個中短篇。這些小說我都讀過了，且被感動過。見到這本書，我毫不猶豫買下了，但不是為了讀，而是為了一種憑弔。今天編這樣一本書，說實話，也是為了「一種憑弔」……

八〇年代是思想解放的年代，也是新啟蒙的年代，還是思想分化、多元開始的年代。由於幾十年的思想禁錮，在「讀書無禁區」的鼓動下，當時讀書熱蔚然成風，如《走向未來叢書》、李澤厚的美學、《第三次浪潮》等等，幾乎家喻戶曉。一個作家，只要有一個短篇獲獎，一夜之間就全國知名了。其實，文學是邊緣化的，變得如此轟動倒不是正常的。就如現在，哪怕你寫出了準「紅樓夢」，關注也是有限的，因為它畢竟不同於政治和經濟層面的活動，那樣直接地揪人。但那時就是這樣，徵婚廣告往往不忘加上「愛好文學」字樣，好像如此就可以為自己加分——這就是八〇年代的真實圖景。

記得周揚曾在紀念「五四」運動六十周年學術討論會上作報告，他說中國經歷了三次偉大的思想解放運動，第一次是「五四」運動，第二次是延安整風運動，目前正在進行的思想解放運動是第三次。我在這裏引述「三次論」，並非完全贊同他的觀點，如「延安整風運動」研究就有不少新成果，能否算得上還值得商榷。這裏引述，只是強調八〇年代思想解放運動之重要。八〇年代末，王元化先生曾主編《新啟蒙》（湖南教育出版社出版），一共出了四輯，至今還放在我書架上。每每重讀這份沉甸甸的叢刊，總能勾起我對那時的回憶和無限遐想。

在八〇年代，什麼主義和原則，什麼流派和風格，什麼新論和悖論，都可以讀，可以討論。有人說：八〇年代是一道永遠喚不回來的風景。此話確否？我以為有點過於悲觀，從人類的文明發展史來看，美國前總統富蘭克林•羅斯福提出的「四大自由」肯定是發展的主流，大勢所趨，誰也無法逆轉，當然任重道遠也是無疑的。

回想那時，文藝界從傷痕文學到尋根文學，出現了劉心武的《班主任》、韓少功的《爸爸爸》等；史學界以黎澍為代表的覺醒者，大膽質疑「人民群眾是歷史的創造者」和「農民戰爭動力論」等傳統史觀；理論界更是風起雲湧，僅從一九八五年北京三聯書店出版的李洪林的《理論風雲》一書，就可見一斑。該書幾乎記錄了那個時代思想解放的全過程，如〈我們堅持什麼樣的社會主義〉、〈我們堅持什麼樣的無產階級專政〉、〈我們堅持什麼樣的黨的領導〉、〈「信仰危機」說明了什麼〉、〈領袖和人民〉等系列文章，都是那時爭相傳閱、膾炙人口的。本書組稿時，我本來約李老寫一篇「我與〈讀書無禁區〉」之類的文章，但李老晚年寄情於書畫，對於為文，惜墨如金，幾乎不接受任何稿約了。後來我再三堅持，李老發我一篇六萬餘言的〈往事回憶〉，其中有《〈讀書無禁區〉的故事》一節。李老回憶說：

> 一九七九年春天，三聯書店創辦《讀書》雜誌，找我約稿。我寫了一篇《打破讀書禁區》。這篇文章引起《讀書》編委們的興趣，決定把它當作《讀書》雜誌創刊號的開篇文章。他們還嫌題目不夠有力，雜誌創辦人範用就把它改成擲地有聲的響亮口號：〈讀書無禁區〉。果然一炮打響，在知識界引起強烈共鳴。這五個字一直都是《讀書》雜誌的旗幟，成為這本雜誌的驕傲。其實這個著名的口號並非我的原創，他們改題目時也沒有告訴我。我起初曾有恢復原題之意，因為這個新題容易被好事者糾纏不休，不如原題之無懈可擊。但後來又決定認可這個新題，不往回改了，這是因為：
>
> 第一，改題目的編委陳翰伯、范用等出版界元老，與我雖非至交，卻屬知己。他們改題，與文章主旨完全一致，而且更加鏗鏘有力，讀起來也容易上口。我應當尊重和歡迎這種修改，並引以為榮。
>
> 第二，更重要的是，此文一發，立刻引起強烈反響。這裏有兩個「烈」：一是熱烈歡迎，一是猛烈反對。知識界是熱烈歡迎，因為它說出了大家的心裏話。而道學家和

主管思想控制的官員則猛烈反對：讀書無禁區，這還了得！「小學生能看《金瓶梅》嗎？」這是義正詞嚴的神聖討伐令。《讀書》雜誌專門為此展開討論。在這篇文章激起如此軒然大波的情況下，我必須義無反顧地獨自承擔〈讀書無禁區〉從內文到標題的全部責任，所以更加堅定地捍衛「讀書無禁區」這個口號了。

其實那篇文章本身的邏輯是沒有漏洞的。文章的主旨是反對把禁書作為政策，決無鼓勵文化垃圾之意，更不曾提倡小學生去讀《金瓶梅》。白紙黑字俱在，那些一看題目就興師問罪的十字軍，不久也就偃旗息鼓了……

這裏特別感謝李洪林先生，得他允諾把〈讀書無禁區〉收入《新啟蒙年代：一九八〇年代的閱讀》一書，並專門補寫了一個新的「附記」，使讀者在閱讀這篇舊文時，能捕捉到更多的資訊，也為本書增色不少。

還得說說本書的緣起。兩年前的深秋時節，我和廣東人民出版社副社長鍾永甯先生、市場讀物編輯部主任蕭風華先生等出差上海。旅途中，鍾永寧先生談起貴社將要推出的「親歷歷史」叢書，讓我編一本「回憶八〇年代讀書生活」的書，可以放在該叢書裏推出。而此書需要向作者約稿，考慮到稿費標準不高，組稿還真不是件容易的事，所以我遲遲沒有回應。後來在鍾永甯先生的一再催促下，才做起來。現在書已付梓，鍾先生對此書的編排做了大量的工作，尤其是文章的取捨和分類，鍾先生斟酌再三，沒有他的努力，還真不知道此書能否順利出籠。還有責任編輯周米亞、謝海寧為此書也傾注了大量辛勞，在此謹致謝意。

最後還要衷心感謝支持我的朋友們。他們有的雖然寫了文章，也寫得很好，但出於大家知道的原因或受本書篇幅所限，有些很好的文章我們不得不割愛，有些長文還略有刪節。在此一併說明，特致歉意。

二〇一一年四月二十一日，於長沙閒居齋

不說沒有根據的話
——《新史學叢書》總序

讀者看到「新史學」三字，也許會聯想到二十世紀初梁啟超發動的那場史學革命。其實我們並沒有梁啟超那樣的雄心，我們所遇到的問題和困惑，也和他那時大不相同了。昔日梁啟超們痛感舊史等同於為帝王將相作家譜，「因專供特殊階級誦讀，故目的偏重政治，而政治又偏重中樞，遂致吾儕所認為極重要之史跡有時反闕而不載」，所以他主張要寫「新史學」。今天，大概已經很少有人以為歷史只與帝王將相有關了吧？這也是梁啟超們努力的結果。

我非史學界中人，但雅好讀史。對史學研究的現狀，我覺得有這樣幾個毛病：一是對待史料，常憑個人好惡和口味而取捨。為了證明自己觀點的正確，每置大量「不利」的史料於不顧，卻把孤證當寶貝津津樂道；二是回避真問題。一九四九年以來，連篇累牘討論的關於奴隸制和封建制分期、關於中國資本主義萌芽、關於農民起義性質等等問題，幾乎都成了毫無意義的廢話。反之，對日本侵華戰爭燒殺搶掠、無惡不作的罪行，卻很少寫成歷史。到了和日本右翼較量時，歷史學給我們準備的證詞卻是令人沮喪的單薄，拿不出扎實的具有專業水準的實證研究。三是忽略了宏大背景中小人物真實的生活和真切的情感。就像前輩史學家所說，哪一年發生了什麼戰爭，哪一年哪個大臣受到了什麼賞賜，史籍上都清清楚楚，而當時老百姓用什麼食具吃飯，婚娶的風俗是什麼樣的，尋繹卻十分困難。在近現代史研究中，這個毛病更為凸顯，小人物的史跡越來越被一個個宏大的浪潮所淹沒。至於為時風所侵襲，或躲躲閃閃，不敢直面歷史，或譁眾取寵，製造「史學泡沫」，或急功近利，專以「戲說」為事，就更是等而下之的通病了。

我們希望這套叢書不同於象牙塔裏的高頭講章，要讓普通讀者有閱讀的興味；要討論一些真問題，雖不必讓所有讀者都同意你的看法和說法，但至少要引發他們的思考；當然，更不能打著史學的旗號，兜售私貨。要做到這些，我得承認，自己的學養是不夠的，但心是虔誠的，算是「雖不能至，心嚮往之」吧。由於個人的興趣，我更喜歡那些以史料說話的書，因為任何理論都是灰色的，都可能過時，而以扎實史料說話的書，即便「結論」過時了，但史料也許還會活著——儘管它也必然會帶有一定的主觀性，而且不能不受記錄人思想感情、方法手段的影響。還有，我是本叢書的主編，它不可避免地會受到我個人喜好的影響，這些都是要向讀者說明的。

錢潮洶湧，書齋寂寞。當下，有真學問的史家也許不少，可要在現有條件下，推出一套適合普通讀者閱讀、對當下一些真問題有所回應的史學書卻並不容易。組來的書稿，因為這樣那樣的原因，有的只能暫且擱置。恰好手頭另有一套文史叢書，和這個選題互有交叉，於是合二而為一，這套書也就成了並非嚴格意義上的史學叢書，而是一套比較開放的叢書——無論何種寫法，無論何種體裁，只要有新的材料，或是有新的見識，都拿了進來。魯濱孫說：「就廣義說起來，所有人類自出世以來所想的，或所做的成績同痕跡，都包括在歷史裏面。大則可以追述古代民族的興亡，小則可以描寫個人的性情同動作。」據此，說這套「新史學叢書」所反映的是廣義的歷史，也應該是可以的吧？

幾年前編「文史年選」，我在那篇短序裏說過：「絕對真實的歷史是永遠無法獲得的。《聯共（布）黨史》曾被我們奉為聖典，當史達林走下神壇之後，才知道那並非歷史的真實。有人說『那是用血寫成的謊言』，這話確否暫且不論，但它確實只能算是布爾什維克『史達林派』的歷史。要是站在托洛茨基的立場上看，那當然全是顛倒黑白的。」也許可以這樣說，任何歷史都是片面的。關鍵是：我們要學會從片面中感知全面，對歷史保持一種溫情和敬意，並且要有個基本的底線，即使不能全說真話，但決不說沒有根據的假話。

二〇〇八年十月於長沙

歷史的某一維度
——《遮蔽與記憶》序

我曾在一篇小文裏說過：「歷史就是一面多棱鏡，或是一座重巒疊嶂的大山，『橫看成嶺側成峰』，要識得其真面貌，惟有遠近高低看。儘管，結果難免片面，但正是這些『片面』的組合，才能窺其『全面』。」

收入本書的文章，都有自己的角度。單篇來看也許不是歷史，但合起來看，或許就是歷史的某一維度。如把本書林蘊暉的〈三年大饑荒中的人口非正常變動〉和茆家升的〈大躍進中的安徽官場和一個人的覺醒〉連起來看，感覺就不一樣了。前者是史家大角度、全方位探討「三年困難時期」究竟餓死了多少人，後者卻是安徽一省個案的一個視角。作為中共黨史專家的林蘊暉先生說：現有的半官方出版物及國內外學者研究的情況，大體有餓死一千多萬、兩千多萬、三千多萬到四千多萬人四種說法。究竟哪一種說法最接近？至今還是一個謎。

只有真問題，才有真學問。當下，國內土改運動研究雖無課題計畫，也無專案申報，但確實有不少學者在關注，如南昌大學教授胡平今年就發表了〈一九四六～一九四九年邊區土改往事〉（見《同舟共進》二〇〇九年第三期）。二〇〇八年白若莉在《炎黃春秋》發表了她父親白介夫（曾任北京市政協主席、土改時任長白縣委宣傳部部長）寫的〈長白山地區土改運動紀實〉，二〇〇六年何之光發表了《〈土地改革法〉的夭折》。山西省社科院研究員智效民先生去年曾出版《劉少奇與晉綏土改》專著，書是臺灣秀威出版的，可惜讀到的人很少。本書中王文華的《晉察冀解放區的「五月複查」運動》也是寫山西土改中的事。何為「五月複查」運動？王文說：「一九四七年四月下旬，劉少奇、朱德率中央工委進入晉察冀解放區後，發現這裏農民吃、穿、住仍很困難，見有的農民冬天沒有棉衣穿，窗戶上沒紙糊，認為這裏的土改沒有晉冀魯豫解放區搞得徹底。一九四七年五月三日，中央工委在阜平縣城南莊召開領導幹部會議，會上批評晉察冀解放區貫徹《五四指示》不深入，土改不徹底，右了，農民沒有真正翻身，要對土改運動複查，糾正右的錯誤。會上提出『一升租子也是剝削』，『百分之九十以上的群眾意見就是政策，就是法院』，『群眾要怎麼辦就怎麼辦』等左傾口號。」結果「清算地主」演變成「哄搶財物」，亂打亂殺現象嚴重。「僅五月二十日至二十二日，建屏縣就打死一百四十一人，其中洪子店區打死、殺死二十八人，自殺一人。夾峪村處死十三人，有的零刀碎剮，有的亂棒打死，有的石頭砸死。蓋家峪會場上擺著三口鍘刀，臺上一聲喊，三個執行者揮舞鍘刀將六人劈死，把群眾嚇得滾坡的、逃跑的，氣氛十分恐怖……」當然，我也注意到，當年何之光先生的文章發表後，曾遭到批評。但我覺得，批評只要是說理的、擺事實的，道理自會越辯越明，真相只會越說越清楚。

如今五十歲以上的國人，恐怕無人不知《白毛女》的故事了。幾十年來，人們往往都把

《白毛女》當真人真事看。我曾看到有文字記載，說當年在解放區演出此劇時，有苦大仇深者衝上舞臺，或是台下用槍瞄準，硬要殺了黃世仁。其實《白毛女》的故事是虛構創作出來的。本書中景凱旋的〈一個革命話語的產生〉，就詳細披露了此經典話劇的創作全過程。在創作過程中，起著關鍵作用的人就是時任延安魯迅藝術學院院長周揚。「白毛女」是怎樣和「革命話語」聯姻的，讀過此文，大致就知道了。也自然知道了「這個社會生產和流通以真理為功能的話語，以此來維持自身的運轉」的奧秘。三十年河東，三十年河西。當年演出《白毛女》，其他演員謝幕時站在舞臺前面，而黃世仁扮演者只能跪在舞臺一角；而今有文藝評論家到大學講學，不是有九〇後女大學生表達了「喜兒應該嫁給黃世仁」的觀點嗎？真是此一時、彼一時也。景先生還通過《白毛女》誕生過程的梳理，指出從「五四」到「延安」，工農已取代知識份子成為革命的主力軍；知識份子不再是教育民眾、而是受民眾教育的對象；「延安文化」已成為「西方馬列話語」與「東方民間話語」的一種結合。應該說，景先生是有自己見解的。

還要特別提到臺灣學者徐宗懋的〈一九四七年春：中外記者團延安之行〉一文。當年國民黨胡宗南佔領延安後怎樣？徐先生以史家的筆法，提供了不少難得一見的細節。徐先生的優勢是：身在放開「黨禁」、「報禁」之後的臺灣，能看到我們無法看到的史料。還有楊天石的《一九四九：蔣介石在日記中如何反省》、蘇雙碧的《吳晗：學者官員雙重身份的悲劇》、李蟠的《喝過延河水的紅小鬼閻明智》、雷頤的《森有禮的悲劇》等，都是十分可讀的篇什，且又能發人深思。

最後還要說說本書的緣起。近幾年，我一直為南方一出版社編「文史年選」，或許是今年人事生變等原因，編好的書稿突然遇到出版問題。我不想使自己徒勞，於是找到湖南人民社副社長許久文先生，問他有無興趣出這樣的書。他是歷史科班出身，看了書目，表示興趣很大。可我又想，如果單出這麼一種似有不妥，於是就給他們策劃了這套「名家精品年選系列」。策劃書上上下下，經過幾個回合，選題最後敲定，並做起來了。而此時南方又傳來消息，經過折騰，那本「文史年選」還是可以出，於是我只得另編一本。我的選稿標準沒變，要麼有新材料，要麼有點新意。雖是兩本同類型的書，選文側重點卻有不同，但可讀好讀是同樣的，相信讀者朋友自會一察。

是為序。

二〇〇九年十二月三十一日午夜急就於長沙

生存是需要智慧的

那天，一位老朋友把段悅吾兄的書稿《春秋小賦》發給我，囑我作序。我沒研究過文體史。何為賦，我是沒有發言權的。至於段悅吾兄，素昧平生，他這本賦文寫得如何，無須多說，讀者朋友自有一察。全書分三輯，或記遊蹤，或神話傳說，或歷史掌故，皆入賦。古人說，開卷有益，想必是無疑的。

段兄多才多藝，有音樂書畫天賦。先是任教中小學，二十六歲時被華容縣師訓班「挖去」教音體美，後又被南縣師訓班「挖」回來，並直到退休。從教數十年，段兄先後帶過文藝宣傳隊十多個，參加過各種匯演、調演，成了遠近聞名的「大導演」。說起「導演」的來歷，他至今還頗有感慨：那時每個單位都有「毛澤東思想文藝宣傳隊」，合唱《東方紅》時，他見大家埋著頭唱，他就說，唱到「太陽升」時要抬起頭，接著他做了個「抬頭仰望」的舞臺動作。正是這一「抬頭」動作，他後來被指定為文藝宣傳隊導演，並一「導」就紅……

如今已過耳順之年的段悅君兄，回首人生，甚感滄海桑田。一九六三年夏，他初中畢業，成績雖考了個班級前茅，但因為他是「地主崽子」而被剝奪了升學的權利。好在那時農村裏缺少讀書人，他雖十七歲，卻又有幸當上了民辦教師。由於天資聰穎，且加勤奮好學，年紀輕輕就成了教學骨幹。學校缺音體美教師，他就教音體美。幾年下來，教學相長，提升很快。「文革」中，他是「地主崽子」，沒資格參加「造反派」，革命的權利被剝奪——這反而使他有更多的時間鑽研教學業務。

有人說，「文革」中寫字是不能隨便潦草的。我就曾聽舞蹈家顧自立說，當年洣江勞改農場就有一位衡陽鐵路中學的女老師，因為把「毛主席萬萬歲」（編注：「萬」，簡體字寫作「万」）寫成了「毛主席刀刀歲」，結果以「現行反革命罪」判了二十年徒刑。段兄自然深知非常年代的生存智慧，幹什麼都唯命是從、唯恐出錯，一絲不苟，畢恭畢敬。有一天，他正在辦公室練「全世界無產者聯合起來」宋體字，被突然進來的校長看見了，大驚道：「啊，字寫得像印刷的一樣！這樣吧，你明天就把校園美化一下。」於是一個星期裏，教學之外，他把學校裏裏外外牆上寫滿了標語，諸如「你們要關心國家大事，把無產階級文化大革命進行到底」、「中國共產黨萬歲」、「偉大領袖毛主席萬歲」、「教育必須為無產階級政治服務……」等等。後來公社領導來學校視察指導工作，見牆上的字寫得漂亮，就說：「讓段老師到公社也去美化一下吧。」於是段悅吾的字在當地家喻戶曉了，到處可見他寫的字，如「無產階級文化大革命就是好」、「無產階級文化大革命勝利萬歲」、「千萬不要忘記階級鬥爭」、「大批資本主義，大幹社會主義……」等等。每有最高最新指示發表，他都被第一時間叫去，幾乎成了宣傳不可或缺的人，吃香得很。

由段悅吾我想到故鄉的兩位非常年代的遇難者，一位是小土地兼營出身的教師武文俊，另一位是富農子弟蕭和清。武文俊當時是溆浦縣低莊公社楊和坪大隊小學教師。一九七六年四月二十四日，他給當時的國務院總理華國鋒寫去一封「匿名信」。信裏表達了對現實政治的看法，他說現在「竭力煽動鼓勵人們之間鬥爭，說是階級鬥爭，使人們自己打自己，自己消滅自己」。「所謂革命……一時運用這股力量，打倒一方，一時運用那股力量打倒另一方」。「農民一年到頭，天天勞動，起早摸黑，比封建社會給地主做長工辛苦得多，可是收入很少，只能維持半飽生活」，但「又不許搞點副業收入，說是資本主義道路，要退賠，要批判」。甚至在信中大膽提出如何治理國家的若干建議。同年七月二十五日，武文俊被捕。一九七七年一月九日上午，武文俊被判「現行反革命罪」，槍殺在縣城對河的沙坑裏，時年四十歲。四年後複查，說是「有罪錯殺」，對其家屬賠了八百元。能說武文俊不聰明嗎？那時他能寫出那樣先知先覺的信。他是聰明反被聰明誤啊。

如果說武文俊是死於有文化、缺少隱忍智慧，而蕭和清的死就是缺少文化。蕭和清是溆浦縣洑水灣公社楓香大隊第九生產隊人，初小文化，三十四歲，妻子早逝，家有三個孩子及雙目失明的母親，生活很苦，正常的一日兩餐都吃不飽，還要幹生產隊最苦最累的活。一有「階級鬥爭新動向」，他總被叫去開會，告說「只許老老實實，不許亂說亂動」。一九七六年九月九日毛澤東去世了，九月十八日上午全國統一開追悼會。他於十七日晚上把事先用毛筆寫好的兩小張「反動標語」，貼在去大隊路邊的電線桿上，說「這個當代的秦始皇可有萬年之紅嗎……

死得最好……他做事做的（得）決（絕）……」短短二七五個字，錯別字就達十多個。十一月二日，蕭和清被捕歸案，經過兩個多月的審訊，與武文俊同時宣判，以「現行反革命罪」執行死刑。後複查為「屬於錯殺」，家屬照樣獲得八百元賠償。與武文俊不同的是，武的屍體連夜被妻子、兄弟拉回老家下葬，而蕭和清的屍體卻無人認領。那時蕭最大的兒子才十來歲，老母是瞎子；和母親離婚多年的富農父親曾被判刑勞改五年，又怎敢去認領「現行反革命」的屍體？真是死無葬身之地。去年清明時，我回老家曾去尋訪蕭和清的後代，三個兒女日子都算過得不錯，唯一遺憾的是他們每年祭懷父親都不知到哪裏去……

話扯遠了，還是回頭說段悅吾兄吧。他確實有自己的生存智慧，不但保護了自己，還為自己獲得了發展空間，活過了「階級鬥爭，一抓就靈」的年代，即便是經歷「文革」那樣的大動亂年代，他也挺過來了。他與武文俊、蕭和清等比，不以卵擊石，自然要高明得多。如今段兄老來自得其樂，或著書撰文，或書畫山水，其樂融融。他說：「用小賦、韻文抒發情感，是我多年的願望。」其新著出版之際，我寫上這些，不知段兄為然否？

二〇一〇年一月

歷史深處有暗角

去年我編「文史年選」一書，收了李新宇的《「草原英雄小姐妹」背後的故事》。書出版後，有不少朋友打來電話或是發來郵件說：「這故事騙了我們幾十年，原來不是那麼回事啊！」說過之後，不勝感歎。那是一個非常的年代，真正救了「小姐妹」的人因為是「右派分子」而換成了別人；更不可思議的是，媒體在大肆塑造「救人英雄」的同時，卻要另一個真正的「救人者」承受人生的磨難。是媒體人的錯嗎？確實也一言難盡。

有人說過，今天的新聞，就是明天的歷史。自己作為傳統媒介從業者，卻沒能躬身踐行。現在有一種很強勢的觀點：說當下媒體的競爭就是觀點的競爭。其實這說絕對了，「事實為王」恐怕是永遠不能變的，記下了事實，就記下了歷史，因為任何觀點都是可能被顛覆的，這一點媒體人且不可忘記。再者，如果基本的事實也沒弄清楚，就說三道四，無異於瞎子摸象，難免瞎說。更有人直截了當地說，新聞之所以不能成為歷史，就因為我們過於強調它的「宣傳功用」、過於強調「角度」了。這是有道理的。一九五八年「畝產過萬斤」不是各大報競相報導的頭版頭條嗎？——因為要「宣傳大躍進」的成就。一九六〇年二月發生在山西平陸縣的六十一人中毒案，人們是通過報導〈為了六十一個階級弟兄〉最先知道的——這就是所謂的有「角度」的經典報導，讚揚這是「崇高的階級友愛精神」，是譜寫了「又一曲共產主義的凱歌」！明明是有人投毒，但該報導隻字不提，把壞事變成好事，最後演繹成了黨和政府對六十一位階級弟兄的大救援——一箱來自北京特藥商店的二硫基丙醇，被及時空投到山西平陸，使六十一個中毒民工因此脫險；而中毒事件的內幕、以及是誰投毒，事後才慢慢知曉。也許，《二〇〇八中國文史精華年選》（花城出版社二〇〇九年一月版）中的〈六十一個階級弟兄和他們的階級敵人〉，是人們首次看到的完整披露這一事件內幕的文章。

由此我想，新聞講角度是必要的，但講角度不能掩蓋事實真相，不能欺騙人們，而是為了更好地展現新聞場景本身。我在業界混了近二十年，耳聞目睹多多，如何把新聞寫成歷史確實絕非新聞記者本身的事。我們要角度，首先要想到新聞基本事實的真實，否則幾十年後的人們，也會像今天的我們笑話當年的「畝產過萬斤」一樣。至於〈為了六十一個階級弟兄〉還被當作新聞經典教材，這只能說明我們的社會在某些方面進步太小了。

我們曾經歷過「千條萬條突出政治是第一條」的年代。在那個年代裏，有不少人曾因說錯了一句話，寫錯了一個字，或殺頭，或坐牢。原因在哪裏？就在於一切日常生活都被「極端政治化」了。「極端政治化」掩蓋下的歷史，是沒有真相可言的。根據需要，什麼都可以編造出來。

如今大凡三四十歲以上的人，應該都還記得小學課文〈半夜雞叫〉吧。〈半夜雞叫〉中的地主周扒皮，每天半夜裏起來學雞叫，把剛剛入睡的長工們叫起來下地幹活。可日子一長，被長工們發現了秘密，周扒皮反被長工們當小偷在雞窩邊一頓臭打。此文選自自傳體小說《高玉寶》，作者就是當年轟動一時的「文盲作家」高玉寶。幾十年後，記者採訪問高玉寶：書中寫的周扒皮是否確有其人？如果真有其人，周扒皮是否真的那麼壞？他回答說：《高玉寶》出版時，寫明了是小說，而小說是允許虛構的。但在那個「以階級鬥爭為綱」的年代，人們硬是把「周扒皮」的形象坐實在一個叫周春富的東北農民身上。其實這個周春富，是個腰間常年「捆著破布條」（因為節儉）、「從不閒著」的農民。他一輩子就是勤儉，再勤儉，然後買地。一九四七年，在土改的暴風驟雨中，他家被劃為「地主」，並在開鬥爭會時被活活打死了。周春富死了，其後代在「階級鬥爭、一抓就靈」的時代，境遇淒慘，可想而知。〈「周扒皮」的一九四七〉（載《二〇〇八中國文史精華年選》）就澄清了這個事實，人們在感慨唏噓的同時，還看到了歷史深處的暗角。

二〇世紀下半葉的中國，由於《高玉寶》、「收租院」等宣傳品的巨大影響，以周春富為原型的「周扒皮」，還有川中大地主「劉文彩」等，都成了中國家喻戶曉的「地主」代表。他們的「罪惡」被寫進書裏，繪成連環畫，拍成電影，成為「千萬不要忘記階級鬥爭」的經典教具。本來地主們的財產早就被剝奪乾淨了，淪入社會最底層，可仍被隔三差五地拉出來批鬥。而且他們的原罪還要禍及子孫，除非子孫與父輩們徹底斬斷倫理關係，加入到揭批父輩原罪的革命大軍中來；否則，這些曾經的地主子孫就要繼承父輩們的原罪，不僅成為被革命、被專政、被改造、被批鬥的物件，甚至男婚女嫁都成了巨大的問題……

歷史終於翻過這沉重的一頁，但要清理這段歷史，還有許多事情要做。我們也知道，有些尚需時間沉澱，不便貿然言說，然而決不可放棄。我們要抱定一顆平常心，一點一點地去耐心做吧。

二〇〇八年十一月六日草就，二〇〇九年一月修訂

【後記】

幾年前，我在秀威出過一本小書，當時限於篇幅，刪了六七萬字。幾年過去了，編書之餘，也寫了一些，但確實寫得不多。鍾叔河先生是我敬仰的前輩，我們住在同一座城市，間有聚會，也常去討教。他見我就說：「你還是能寫的，要多寫一點。你編書，再怎麼編，還是編人家的東西……」想想也是，然痼習難改。編這本小書，也算是聽了前輩的忠告。還記得，鍾先生囑我「要擺脫職業寫作」，偏偏這本以「訪談」為主體的書，仍屬職業行為。好在不是應某人某媒體之約去作，所以就能談得自由和隨意了。

本書分「人在江湖」、「其人其事」和「書裏書外」三輯。「人在江湖」是本書的主體部分，主要是我訪名人與學者，也有兩篇是自己答問的。何謂「江湖」？我覺得無論達官貴人，還是一介平民，人生在某種意義上說，其實是一種無奈；當年，江青從繁華的上海演藝圈奔向「紅色延安」，也是跑「江湖」。〈江青秘書談江青〉近五萬字。受訪者閻長貴先生曾做過江青的秘書，掌握不少江青的內幕，披露了江青與毛澤東，江青與林彪、與周恩來、與陳伯達以及江青與家人等大量一手史料。在中共檔案未能解禁之前，這樣的文字，遠比那些道聽塗說、胡亂編造之書可靠。這一輯裏，還談到李達與毛澤東、陳獨秀等人的關係、以及恩怨糾葛，談到楊第甫和黃克誠在歷史的某個時刻等。當然也有談觀點的，如對話楊小凱、馮象、劉軍寧等。極權專制社會是要求統一思想的，而這些人談的就是對極權專制的稀釋之道，是追求多元的啟蒙。我想，要研究大陸中國，這些恐怕是不能忽略的。

名人和政要的心路歷程，永遠是讀者的興趣所在。第二輯也可以說就是人物考略和記事。記得〈孤證不立——也談毛澤東的入黨時間問題〉一文發表後，曾產生一定影響，中國人民大學書報資料複印中心也予以轉載。近幾年來，那些吃中共「黨研飯」者不斷有人寫文章與我「商榷」，而我則一概不予回應。我的原則是：有十分材料，只說三分話。幾篇懷人文字，也只略記與其交往點滴，以免溢美之嫌。

借別人的酒杯，澆心中的塊壘。從「書裏書外」那些長短不一的文字裏，讀者也許可以看出我的取向和追求。編書是我的業餘愛好。也許我會聽從前輩的建議，以後會編得少一些，寫得多一些。

2013年5月15日，於長沙閒居齋

讀歷史35　PC0341

歷史深處有暗角
——中國現代名人訪談錄

作　　者／向繼東
主　　編／蔡登山
責任編輯／陳彥廷
圖文排版／賴英珍、詹凱倫
封面設計／秦禎翊

發 行 人／宋政坤
法律顧問／毛國樑　律師
出版發行／秀威資訊科技股份有限公司
114台北市內湖區瑞光路76巷65號1樓
電話：+886-2-2796-3638　傳真：+886-2-2796-1377
http://www.showwe.com.tw
劃撥帳號／19563868　戶名：秀威資訊科技股份有限公司
讀者服務信箱：service@showwe.com.tw
展售門市／國家書店（松江門市）
104台北市中山區松江路209號1樓
電話：+886-2-2518-0207　傳真：+886-2-2518-0778
網路訂購／秀威網路書店：http://www.bodbooks.com.tw
國家網路書店：http://www.govbooks.com.tw

2013年12月　BOD一版
定價：390元

國家圖書館出版品預行編目

歷史深處有暗角：中國現代名人訪談錄 / 向繼東著. -- 一版. -- 臺北市：秀威資訊科技, 2013.12
面；　公分
BOD版
ISBN 978-986-326-179-7 (平裝)

1. 思想史 2. 近代哲學 3. 中國

112.707　　102015990

讀者回函卡

感謝您購買本書，為提升服務品質，請填妥以下資料，將讀者回函卡直接寄回或傳真本公司，收到您的寶貴意見後，我們會收藏記錄及檢討，謝謝！
如您需要了解本公司最新出版書目、購書優惠或企劃活動，歡迎您上網查詢或下載相關資料：http:// www.showwe.com.tw

您購買的書名：________________________________

出生日期：________年________月________日

學歷：□高中（含）以下　□大專　□研究所（含）以上

職業：□製造業　□金融業　□資訊業　□軍警　□傳播業　□自由業
　　　□服務業　□公務員　□教職　□學生　□家管　□其它_____

購書地點：□網路書店　□實體書店　□書展　□郵購　□贈閱　□其他

您從何得知本書的消息？

□網路書店　□實體書店　□網路搜尋　□電子報　□書訊　□雜誌
□傳播媒體　□親友推薦　□網站推薦　□部落格　□其他__________

您對本書的評價：（請填代號　1.非常滿意　2.滿意　3.尚可　4.再改進）

封面設計____　版面編排____　內容____　文／譯筆____　價格____

讀完書後您覺得：

□很有收穫　□有收穫　□收穫不多　□沒收穫

對我們的建議：________________________________

____

____

____

請貼
郵票

11466
台北市內湖區瑞光路 76 巷 65 號 1 樓
秀威資訊科技股份有限公司 收
BOD 數位出版事業部

（請沿線對折寄回，謝謝！）

姓　　名：＿＿＿＿＿＿＿＿　年齡：＿＿＿＿　性別：□女　□男

郵遞區號：□□□□□

地　　址：＿＿＿＿＿＿＿＿＿＿＿＿＿＿＿＿

聯絡電話：(日)＿＿＿＿＿＿＿＿　(夜)＿＿＿＿＿＿＿＿

E-mail：＿＿＿＿＿＿＿＿＿＿＿＿＿＿＿＿